绵阳师范学院学术著作出版基金资助项目
四川县域经济发展研究中心资助项目
川西北乡村人居环境建设
四川省高校工程研究中心资助项目

四川省县域经济综合竞争力时空演化及驱动机制研究

韩剑萍 李秀萍 邓小菲 陈 娟

中国环境出版集团 · 北京

图书在版编目 (CIP) 数据

四川省县域经济综合竞争力时空演化及驱动机制研究 / 韩剑萍等著 .
—北京：中国环境出版集团，2021.9
ISBN 978-7-5111-4874-2

Ⅰ. ①四… Ⅱ. ①韩… Ⅲ. ①县级经济—区域经济发展—研究—四川 Ⅳ. ① F127.71

中国版本图书馆 CIP 数据核字（2021）第 184609 号

出 版 人 武德凯
责任编辑 韩 睿
责任校对 任 丽
封面设计 彭 杉

出版发行 中国环境出版集团
（100062 北京市东城区广渠门内大街 16 号）
网 址：http: //www.cesp.com.cn
电子邮箱：bjg1@cesp.com.cn
联系电话：010-67112765（编辑管理部）
发行热线：010-67125803，010-67113405（传真）
印 刷 北京中科印刷有限公司
经 销 各地新华书店
版 次 2021 年 9 月第 1 版
印 次 2021 年 9 月第 1 次印刷
开 本 787×960 1/16
印 张 17.5
字 数 299 千字
定 价 68.00 元

前言

“民乃邦之本，县乃国之基。安邦之难，难在固本；治国之难，难在强基。”县域是我国的基本行政单元，是上承省市、下启乡村的关键区域。县域经济“承启城乡、联结工农”，是国民经济的重要支撑点，是解决“三农”问题、统筹城乡发展的潜力所在和关键所在，是全面推进乡村振兴和小康建设的工作重点。

四川省处于“长江经济带”与“丝绸之路经济带”的接合部，是“成渝地区双城经济圈建设”的重要组成部分。四川省与河北省并列为全国县域数量最多的省份，共有县级行政单位——县（市、区）183 个。近年来，四川省委、省政府对县域经济发展高度重视，实行激励性财政政策，实施了扩权强县改革，先后出台了多项政策措施，有力地推动了四川省县域经济发展。但从全国范围来看，四川省县域经济综合实力总体水平较低，不仅与发达省份差距较大，而且其内部县域间的差异也很大。目前，四川省县域经济综合竞争力到底如何？近 20 年来有怎样的时空演变趋势与特征？不同县域间的发展速度、地域差异发生了怎样的变化？不同类型的县域（如城市主城区、重点开发区县、农产品主产区县和重点生态功能区县）之间的时空差异性如何？这一系列问题的研究对于大力提升四川省县域经济综合竞争力，发展壮大县域经济具有重要的实践意义。

基于此，近几年我们申报并承担了四川省哲学社会科学研究“十三五”规划基地重大项目“四川县域经济综合竞争力时空演化及驱动机理研究”（项目编号：SC20EZD016）、四川省社会科学研究“十三五”规划学科建设项目“县域生态环境与经济协调发展的时空演变——以四川省绵阳市为例”（项目编号：SC16XK038）、四川县域经济发展研究中心重点项目“四川县域经济综合竞争力评价（2007—2017）”（项目编号：xy2018009）和四川县域经济发展研究中心一般项目“绵阳市县域城乡一体化水平测度、适宜模式及其推进路径研究”（项目编号：xy2017047）等。围绕这些课题的研究并以此为基础，我们完成了本专著。基于2001—2018年时间序列数据的四川省县域经济综合竞争力评价和时空演变及其驱动机制研究，不仅可以从多个角度和尺度客观、系统、综合地反映不同类型、不同层次县域经济的综合竞争力水平，还可揭示其近年来的时空演变趋势、区域分异特征及其驱动机制，使各县域客观地认识自身发展的优势和劣势，反思县域经济发展中存在的问题，努力探寻和挖掘提升县域经济发展的切入点和增长点，破解发展“瓶颈”，为省、市（州）、县（市、区）各级政府制定发展规划和政策提供参考依据，促进全省县域经济综合竞争力的发展和提升。同时，通过构建评价指标体系、模型测算及分析评价，探索县域经济发展演变和区域分异特征、规律，为学术界进一步研究探讨县域经济竞争力评价和县域经济发展提供有益补充。

全书由九个章节构成：第一章绪论在概括21世纪以来四川省县域经济发展状况的基础上，简要回顾了国内外研究现状及本书写作的背景和意义。第二章是数据来源与研究方法，从经济实力、经济结构和效率、民生水平和发展基础四个方面选取20项指标构建了四川省县域经济综合竞争力水平测评指标体系，并确定了综合指数评价模型、差异指数测度模型和探索性空间数据分析（ESDA）模型等，也确定了县域经济综合竞争力水平及增长分类标准等。第三章运用测评数据分析了四川省县域经济综合竞争力的时序演化及空间分异特征和规律。时序演变分析，分别从县域经济综合竞争力指数、增长率以及在183个县域中的位序等多个方面分析其演化特征。空间分异分析，除了在2001年、2006年、2011年、2016年和2018年五个时间截面运用变异系数分析其差异性，还通过对县域经济综合竞争力指数及其增长率进行排序、分类进行差异性分析，并利用ESDA模型分析其空间分布格局及其演变。第四章分析了四大类型（城市主城区、重点开发区县、农产品主产区县和重点生态功能区县）县域经济综合竞争力近20年来的演化特征和趋势，也分析了不同类型县域经济的差异性（内外部差异性）及分异规律，为促进县域经济差异化、高质量发展提供依据和参考。第五章从行政区划角度，分析了四川省21个市（州）县域经济综合竞争力的时空演变特征及差异性规律，为促进各市（州）县域经济发展提供依据。鉴于四川省的许多区域发展战略规划及管理措施等多是基于五大经济区开展的现实，第六章以四川省五大经济区为基本尺度单位，分析、探讨了各经济区县域经济综合竞争力的时空演变特征及差异性规律，为推动五大经济区的协同发展提供参考依据。结合前面的分析，第七章在定性分析的基础上，定量验证了区位、经济、社会、制度政策等因素对四川省县域经济综合竞争力时空演化和分异的驱动作用。第八章基于前述实证分析结果，综合区域经济学、制度经济学、社会学、管理学等学科的理论和方法，提出了提升四川省县域经济综合竞争力的政策建议。第九章结合我们已有的研究成果，分析了绵阳市县域2005—2018年的生态环境与经济发展及其耦合协调水平的时序演变和空间分异，为绵阳市各县域有效促进生态环境与经济协调发展，制定相关政策、规划提供参考依据。当然，这一研究也是对四川省县域经济综合竞争力时空演化研究的重要补充，为今后进一步研究四川省县域生态环境与经济协调发展的时空演变起到抛砖引玉的作用。

专著付梓获得了绵阳师范学院各级领导和同人的关心和支持。感谢川西北乡村人居环境建设四川省高校工程研究中心何云晓教授和陈娟教授，感谢绵阳师范学院经济管理学院院长杜漪教授，感谢四川省社会科学重点研究基地四川县域经济发展研究中心主任许小君教授，感谢绵阳师范学院资源环境工程学院院长董廷旭教授，他们对本书所给予的重视、建言和资助，使得本书能够顺利出版发行。感谢兰州交通大学2020级地理信息科学专业本科生韩向兵、绵阳师范学院2018级地理科学专业本科生刘霞、郭玟林，他们承担了全书部分图表的绘制工作。感谢绵阳师范学院学术著作出版基金资助项目、四川县域经济发展研究中心资助项目、川西北乡村人居环境建设四川省高校工程研究中心资助项目。最后，感谢中国环境出版集团的编辑韩睿女士为本书出版付出的大量心血。

囿于时间和学术水平，以及统计数据的部分缺失和偏差，尽管著者殚精竭虑，数易其稿，本书难免还有疏漏和不足，敬请各位专家、同人指正。

韩剑萍

2021年3月29日于绵阳

目录

第一章　绪论……1
一、四川省县域经济发展概况……1
（一）发展成就……1
（二）不足与制约……3
二、研究现状及趋势……4
三、研究背景及意义……6
第二章　数据来源与研究方法……8
一、构建评价指标体系……8
二、数据来源……10
三、研究方法……11
（一）综合指数评价模型……11
（二）差异指数测度模型……12
（三）位序变动及其类型划分标准……14
（四）县域经济综合竞争力发展及增长分类标准……14
（五）探索性空间数据分析（ESDA 模型）……15
第三章　四川省县域经济综合竞争力时空演化……19
一、时序演化……19
（一）总体演化特征……19
（二）县域演化特征……22
二、空间分异……31
（一）县域经济综合竞争力水平分类……39
（二）县域经济综合竞争力空间关联分析……51
（三）县域经济综合竞争力增长的空间分类……60
三、主要结论与讨论……67

（一）主要结论 …… 67
（二）讨论 …… 70

第四章 四大类型县域经济综合竞争力时空演化 …… 71
一、时序演化 …… 72
（一）四大类型县域经济综合竞争力指数的演化 …… 72
（二）四大类型县域经济综合竞争力指数增长率的演化 …… 73
（三）位序演化 …… 74
（四）差异性演化 …… 76
二、空间分异 …… 78
（一）总体差异 …… 78
（二）内部差异 …… 82
三、主要结论 …… 125
（一）时序演化 …… 125
（二）空间分异 …… 125

第五章 21个市（州）县域经济综合竞争力时空演化 …… 127
一、总体分析 …… 129
（一）综合竞争力水平 …… 129
（二）综合竞争力增长率 …… 137
（三）综合竞争力位序 …… 145
二、市（州）内部差异分析 …… 148
（一）绝对差异与相对差异 …… 148
（二）各市（州）不同综合竞争力水平类型县域的分布 …… 156
三、主要结论 …… 164
（一）综合竞争力水平 …… 164
（二）综合竞争力增长率 …… 165
（三）综合竞争力位序 …… 165
（四）各市（州）内部差异 …… 165

第六章 五大经济区县域经济综合竞争力时空演化 …… 167
一、时序演化 …… 168
（一）综合竞争力指数的演化 …… 168

（二）综合竞争力指数增长率的演化 …… 169
（三）位序演化 …… 170
（四）差异性演化 …… 171
二、差异性分析 …… 172
（一）五大经济区总体差异 …… 172
（二）五大经济区内部差异 …… 176
三、主要结论 …… 193
（一）时序演化 …… 193
（二）空间分异 …… 193

第七章　四川省县域经济综合竞争力时空演化驱动机制 …… 195
一、四大因素作用概述 …… 195
（一）各因素的驱动作用 …… 195
（二）四大因素的综合作用 …… 197
二、四大因素的驱动作用分析 …… 197
（一）区位因素的作用 …… 197
（二）经济因素的作用 …… 202
（三）社会因素的作用 …… 209
（四）制度政策因素的作用 …… 212
三、驱动作用的变化与差异分析 …… 213
（一）驱动因素作用的变化 …… 213
（二）驱动因素作用的差异性 …… 214
四、主要结论与讨论 …… 216
（一）主要结论 …… 216
（二）讨论 …… 216

第八章　四川省县域经济综合竞争力提升对策 …… 218
一、提升县域经济综合竞争力的基本原则 …… 218
（一）科学、系统、全面发展原则 …… 218
（二）差异化、特色化原则 …… 219
（三）区域协调发展原则 …… 219
（四）可持续发展原则 …… 220
（五）市场导向和政府推动相结合原则 …… 220

二、四川省县域经济综合竞争力提升对策…………………………………………… 221
（一）培育和完善县域产业体系，促进产业结构优化和转型升级 ………… 221
（二）推动新型城镇化，促进城乡融合发展，释放县域发展新动能 ………… 222
（三）科学统筹县域经济系统，缩小区域差距，促进县域经济全面协调发展… 222
（四）持续加强基础设施和人力资源建设，构筑更坚实的发展基础………… 223
（五）积极探索体制和制度创新，激发县域经济活力 ……………………… 224
（六）充分发挥政府的作用 ……………………………………………………… 224

第九章 绵阳市县域生态环境与经济协调发展时空演变………………………… 226
一、研究背景及意义……………………………………………………………… 226
（一）研究背景 …………………………………………………………………… 226
（二）国内外研究现状 …………………………………………………………… 226
（三）研究目的及意义 …………………………………………………………… 227
二、绵阳市概况…………………………………………………………………… 227
（一）辖区范围 …………………………………………………………………… 227
（二）社会经济发展 ……………………………………………………………… 228
（三）生态环境状况 ……………………………………………………………… 228
三、研究方法与数据来源………………………………………………………… 229
（一）构建测评指标体系 ………………………………………………………… 229
（二）评价单元及数据来源 ……………………………………………………… 230
（三）研究方法与步骤 …………………………………………………………… 230
四、结果与分析…………………………………………………………………… 235
（一）绵阳市时序演变 …………………………………………………………… 235
（二）县域时序演变 ……………………………………………………………… 237
（三）县域空间分异 ……………………………………………………………… 246
五、绵阳市县域生态环境与经济协调发展时空演化机理 ……………………… 253
六、促进绵阳市县域生态环境与经济协调发展的对策 ………………………… 259
七、主要结论与讨论……………………………………………………………… 262
（一）主要结论 …………………………………………………………………… 262
（二）讨论 ………………………………………………………………………… 263

参考文献……………………………………………………………………………… 264

第一章　绪论

一、四川省县域经济发展概况

21 世纪以来，四川省委、省政府高度重视县域经济发展，实行激励性财政政策，实施了扩权强县改革[1]，先后出台了《关于推进平原地区、丘陵地区盆周山区、民族地区县域经济发展的指导意见》[2]，印发了《关于支持百万人口大县改革发展的政策措施》[3]、《2014 年县域经济发展改革工作要点及责任分工方案》[4]、《四川省县域经济发展考核办法（2019）》[5]、《关于推动县域经济高质量发展的指导意见》[6]等。这些政策措施的出台与实施，有力地推动了四川省县域经济的发展。

（一）发展成就

1. 县域经济总体实力不断增强

21 世纪以来，四川省县域经济总体实力不断增强。2001 年，四川省共有县级行政单位（包括区、县、县级市和自治县）178 个。2018 年，四川省共有县级行政单位（包括区、县、县级市和自治县）183 个，2001—2018 年共增设了 5 个区，2 个县改设为县级市，9 个县改设为区。按不变价格计算，2018 年的县域地区生产总值增加了 6.94 倍，社会固定资产投资总额增加了 17.86 倍，公共财政收入增加了 13.31 倍。

2. 县域社会经济结构进一步调整优化

2001—2018 年，四川省县域经济发展中产业结构进一步调整优化，发展方式进一步转变，产业规模不断扩大，非农经济已成为推动县域经济增长的“主力军”。三次产业结构从 2001 年的 22.13：39.33：38.54 调整优化为 2018 年的 10.45：43.87：45.68，第一产业比重下降了 11.68%，第二产业比重上升了

4.54%，第三产业比重上升了 7.14%，总体而言，产业结构得到了进一步优化（图 1-1）。县域经济中非农经济所占比重由 2001 年的 77.87% 提高到 2018 年的 89.55%，提高了 11.68 个百分点，非农经济已成为县域经济发展的主导力量。

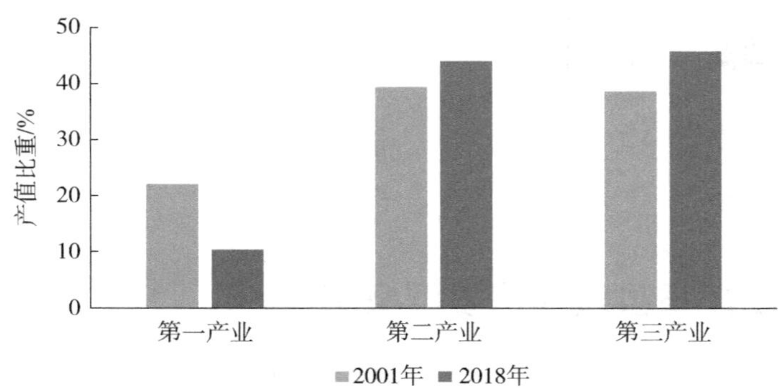

图 1-1　2001 年和 2018 年四川省县域经济产业结构变化

2001 年，四川省 178 个县域的城镇化水平为 18.81%（以非农人口占总人口比重测算）；2018 年，县域城镇化水平为 52.29%（以城镇人口占总人口比重测算）。测算方法虽有所不同，但以上数据足以表明，21 世纪以来，随着工业化进程和新型城镇化建设的推进，四川省县域城镇化水平持续提高，城乡结构进一步优化。

3. 县域经济发展效率显著提高

与 2001 年相比，2018 年四川省县域地区生产总值增速有所减缓（2001 年县域平均增速为 10.16%，2018 年县域平均增速为 7.96%），但县域经济在效率方面有很大的提高，2018 年县域平均全员劳动生产率为 7.68 万元 /（人・a），比 2001 年的平均水平 0.94 万元 /（人・a）提高了 8 倍多。

4. 县域居民收入水平和民生条件显著提高和改善

21 世纪以来，四川省县域居民收入水平和消费水平有了很大提高。2001 年，县域人均地区生产总值为 5 237 元，人均社会消费品零售总额为 1 947 元；2018 年，县域人均地区生产总值为 48 051 元，人均社会消费品零售总额为 21 238 元。18 年间县域人均地区生产总值和人均社会消费品零售总额分别增加了约 9.18 倍和 10.91 倍。同时，随着社会经济的发展，县域在医疗、教育等方面的民生服务条件得到了显著改善。2001 年，县域平均每万人拥有医院和卫生院床位数为 20 张，2018 年县域平均每万人拥有医院和卫生院床位数已达到53.01张；2001年，县域平均每万名中小学生所拥有的专任教师人数为450人，2019年该项指标的数值为663人。

5. 县域基础设施等条件不断完善

21世纪以来，在党中央及地方各级政府的支持下，投资于四川省县域的项目和资金逐渐增多，县域基础设施建设不断加强，基础条件不断完善。2018年，县域人均固定资产投资额达到40 500元，大约是2001年1 532元的26倍。2018年县域公路密度达到0.67 km/km^2，等级公路密度达0.61 km/km^2，比2001年的县域公路密度0.29 km/km^2和等级公路密度0.15 km/km^2分别增加了约131%和307%。同时，农业基础设施建设也不断加强，农村生产生活条件不断改善，2001年县域农田有效灌溉面积比重为51.56%，2019年达到57.57%，比2001年有较大幅度的提高。

（二）不足与制约

在全国县域经济整体发展和推进的背景下，21世纪以来，四川省县域经济发展虽然取得了不小的成就和进步，但从全国范围来看，四川省县域经济综合实力总体水平较低，与发达省份差距较大。

1. 四川省县域经济整体竞争力水平低于先进省份，在全国百强县（市）中所占席位越来越少

根据全国县域经济基本竞争力与县域科学发展评价报告（2014年第13届），四川省进入全国百强县（市）的只有3个[7]；中国社会科学院财经战略研究院县域经济课题组完成并发布的《中国县域经济发展报告（2019）》显示，2019年全国综合竞争力百强县（市）中四川只占2席，全国综合竞争力百强区中四川占6席[8]；在中国社会科学院发布的《中国县域经济发展报告（2020）》中，2020年全国综合竞争力百强县（市）中四川只占1席[9]；在赛迪顾问股份有限公司县域经济研究中心发布的《2020中国县域经济百强研究》和《2019年县域经济高质量发展指数研究成果》[10,11]中，四川省均无缘百强县。

2. 县域经济发展不平衡性突出，差距巨大

根据区域经济发展相关理论，区域经济差距一般要经历低—高—低的变化，呈倒“U”形的趋势变化过程。目前四川省县域经济基本上仍处在经济差距不断扩大的发展阶段。加上一些因素的影响，特别是不同区域之间的资源要素流动仍受到经济社会、自然区位条件及制度性等因素的阻碍，区域经济发展中的不平衡性问题非常突出。2018 年，四川省 183 个县域在地区生产总值、固定资产投资总额、地方公共财政收入和社会消费品零售总额方面的极值比分别达到了 177 倍、72 倍、602 倍和 637 倍；在人均地区生产总值、人均社会消费品零售总额方面的极值比分别为 15 倍、49 倍。

3. 相当部分的县域经济发展活力不足

研究发现，21 世纪以来，四川省相当部分的县域经济发展活力不足（共 88 个县域）。这部分县域不仅不具有有利的自然区位条件和资源环境条件，而且其社会经济发展也相对滞后；在自然条件和社会条件的双重制约下，其县域经济往往在产业上缺乏竞争力，不具有强势的主导产业，特色经济也不突出，县域经济发展的整体动力不足，活力不高。

4. 特殊类型县域数量多，分布广

四川省地域辽阔，县域数量多，县域涵盖了除边境地区以外的所有特殊类型地区：民族地区、革命老区、欠发达地区、资源型地区、生态退化地区、老工业区。21 世纪以来，这些特殊类型的县域经济虽取得了显著发展，但底子薄、欠发达的基本情况并没有根本改变，县域经济发展仍面临产业体系不优、市场机制不活、开放程度不够等突出问题，实现县域经济高质量发展的难度大，制约因素多。

二、研究现状及趋势

县域是我国的基本行政单元。县域经济的全面、健康发展在解决“三农”问题、统筹城乡发展和全面建成小康社会等方面发挥着举足轻重的作用。自党的十六大强调提出“壮大县域经济”以来，县域经济发展在很大程度上引起了政界和学术界的广泛关注，研究成果不断增多。

在已有的相关研究中，县域经济实力特别是县域经济竞争力评价是热点之一[12,13]。在评价尺度方面，有诸多研究机构，如中郡县域经济研究所、全国县域经济基本竞争力评价中心、赛迪顾问股份有限公司和新华社《瞭望周刊》社（2017）、中国社会科学院财经战略研究院（2015）等以及一些学者如朱允卫[14]、左继红等[15]都对全国县域经济竞争力进行了测算评价和排名；也有学者对不同省域或市域尺度的县域经济竞争力做了评价研究，如胡荣华等[16]研究评价了江苏省县域经济竞争力水平，薄锡年[17]测算评价了河北省县域经

济竞争力水平，刘进军等[18]分析评价了甘肃省县域经济竞争力水平，杨鹏[19]评价了广西壮族自治区县域经济竞争力水平，姜瑞[20]综合分析评价了云南省县域经济竞争力水平，成丹[21]量化评价了辽宁省县域经济发展水平等。在评价方法上，主要有主成分分析法[22]、因子分析法[23]、层次分析法[24]、聚类分析法[25]、熵值法[26]、灰色关联分析法[27]、神经网络分析法[28]、TOPSIS 法[29]和判别分析法[30]等。

在县域经济研究中，空间差异也是诸多学者的关注点，不同研究者分别选取不同时段、采用不同评价指标和评价方法对不同空间尺度的县域经济差异进行了研究，如吴玉鸣[31]通过计量分析 2000 年全国 2 000 多个县域的增长率与差异情况，对相邻县域经济增长的空间依赖性进行了初步验证；周腰华[32]采用 2003—2012 年的实际 GDP 和名义 GDP 指标，分析研究了全国 1 902 个县域 8 个经济区的内部差异及原因；闵杰等[33]运用 2005—2013 年人均 GDP 数据，分析了成渝经济区 146 个县域中的密度、距离及分割等因素对其经济增长差异的影响。以省域尺度分析县域经济差异的文献也有很多，几乎涵盖了全国所有省级区域。

通过文献梳理可以看出，学术界在县域经济研究中，尤其在研究尺度方面表现为更加多元化，从传统的较多关注省、市、县等行政区的研究逐步转向关注经济区（带）、流域、边缘山区等，从较多关注发达地区的研究开始转向关注欠发达地区的发展。在研究方法上呈现出多种方法组合应用的综合化趋势特征，如在县域经济空间差异研究方面，呈现出在原有的区域经济差异常用度量方法的基础上，引入了空间计量模型等方法的新特征；在县域经济实力评价方面，研究呈现出更加综合化及全面化的特征和趋势，主要表现在指标选取上，从原来只注重经济方面的指标向社会、经济、民生、资源、环境等全面化指标方向发展，也从原来只注重现状评价向现状、潜力等综合评价方向发展。

总体而言，已有的研究成果为后续县域经济相关研究工作提供了重要的研究基础、启发和指导，但仍有以下欠缺和不足：一是研究尺度主要以传统的省、市、县等行政区为主，对经济区（带）、山区、民族区、流域等的研究和关注不够；二是研究视角的单向性，即已有研究以横向研究为主，在研究视角上，主要以县域内或县域间的分析为主，但县域经济必然会受到中央、省、市等相关政策的影响和制约，然而纵向视角研究县域经济的文献相对较少；三是在县域经济实力评价上，虽呈现出多指标基础上的综合化、全面化趋势，但大多数评价研究只是基于某一个或几个截面数据上的静态分析，基于长周期时间序列数据的评价研究及其动态演化分析很少；四是在县域经济空间差异研究中，出现了在时间序列数据基础上的时空演化分析，但对县域经济差异的测度大多数是基于单一指标（地区生产总值或人均地区生产总值），对县域经济发展的空间属性考虑得不多，在反映县域经济空间差异上具有一定的片面性。

三、研究背景及意义

四川省处于“长江经济带”与“丝绸之路经济带”的接合处，是“成渝地区双城经济圈建设”的重要组成部分。四川省与河北省并列为全国县域数量最多的省份，共有县级行政单位 183 个。近年来，四川省委、省政府对县域经济发展高度重视，实行激励性财政政策，实施了扩权强县改革，先后出台了多项政策措施，有力地推动了四川省县域经济的发展。但从全国范围来看，四川省县域经济综合实力总体水平较低，不仅与发达省份差距较大，而且其内部县域间的差异也很大。目前，四川省县域经济综合竞争力到底如何？近 20 年来有怎样的时空演变趋势与特征？不同县域间的发展速度、地域差异发生了怎样的变化？不同类型的县域（如城市主城区、重点开发区县、农产品主产区县和重点生态功能区县）之间的时空差异性如何？这一系列问题的研究对于大力提升四川省县域经济综合竞争力，发展壮大县域经济具有重要实践意义。而已有研究中虽有一些针对四川省县域经济竞争力的评价研究，如四川省社会科学院“四川区域综合竞争力研究”课题组[63]（2010）运用 13 项指标对 2008 年四川省 181 个县（市、区）的综合竞争力所做的评价，赵铮等[34]对灾后重建地区县域经济竞争力的评价，蒋华[35]对四川省县域经济进行的评价和分类研究等，但这些评价研究总体上仍局限于县域经济基本竞争力的评价，而且比较零星、松散；李秀萍等[36]虽运用 35 项指标对四川省县域经济竞争力进行了综合、系统的实证评价研究，但其研究只是在 2013 年的截面数据基础上进行的评价研究[37]；张淑源[38]、赵全科[39]、邓小菲等[40]运用不同时段的动态数据分析研究了四川省县域经济时空差异，但对县域经济的测度均是单一指标（地区生产总值或人均地区生产总值），不能全面、综合地反映县域经济发展水平。

综上，基于 2001—2018 年时间序列数据的四川省县域经济综合竞争力评价和时空演变及其驱动机制的研究，不仅可以从多个角度和尺度客观、系统、综合地反映不同类型、不同层次县域经济的综合竞争力水平，还可以揭示其近年来的时空演变趋势、区域分异特征及其驱动机制，使各县域客观地认识自身发展的优势和劣势，反思县域经济发展中存在的问题，努力探寻和挖掘提升县域经济发展的切入点和增长点，破解发展“瓶颈”，为省、市（州）、县（市、区）各级政府制定发展规划和政策提供参考依据，促进全省县域经济综合竞争力的发展和提升。同时，通过构建评价指标体系、模型测算及分析评价，探索县域经济发展演变和区域分异的特征、规律，为学术界进一步研究探讨县域经济竞争力评价和县域经济发展提供一些有益的补充。

第二章　数据来源与研究方法

一、构建评价指标体系

依据县域经济综合竞争力的概念内涵，遵循系统性、全面性、代表性、科学性、数据可得性等原则，紧密结合四川省县域实际情况，参考相关研究成果[36, 58, 75]中使用频度和效度较高的指标，从经济实力、经济结构和效率、民生水平和发展基础四个层次选取20项指标，设计构建了四川省县域经济综合竞争力评价指标体系（表2-1）。

表2-1　四川省县域经济综合竞争力评价指标体系

	一级指标	二级指标	权重
县域经济综合竞争力	经济实力	地区生产总值 / 万元	0.069 3
		公共财政收入 / 万元	0.079 1
		社会固定资产投资总额 / 万元	0.051 3
		出口总额 / 万美元	0.091 5
		规模以上工业总产值 / 万元	0.052 9
	经济结构和效率	城镇化率 /%	0.077 9
		非农产业结构系数 /%	0.055 2
		规模以上工业产值利税率 /%	0.016 3
		地区生产总值增长速度 /%	0.018 5
		全员劳动生产率 /［万元 /（人 · a）］	0.081 6

	一级指标	二级指标	权重
县域经济综合竞争力	民生水平	人均地区生产总值 /（元 / 人）	0.038 4
		非私营单位职工平均工资 /（元 / 人）	0.016 4
		人均社会消费品零售总额 /（元 / 人）	0.054 4
		人均公共财政支出 /（元 / 人）	0.049 1
		每万人拥有医院、卫生院床位数 /（张 / 万人）	0.042 5
	发展基础	人均耕地面积 /（hm^2/ 人）	0.026 4
		有效灌溉面积比重 /%	0.029 1
		等级公路密度 /（km/km^2）	0.041 8
		人口密度 /（人 /km^2）	0.083 7
		每万名中小学生拥有的教师数 /（人 / 万人）	0.024 5

经济实力是一个区域在一定时期内经济活动的总成果，在很大程度上反映了区域经济的实力、地位及影响力，常用地区生产总值、公共财政收入、社会固定资产投资总额、出口总额、规模以上工业总产值 5 项指标表征。经济结构和效率是衡量区域经济发展水平的重要标准，分别用城镇化率、非农产业结构系数表征城乡结构和产业结构，分别用规模以上工业产值利税率、全员劳动生产率表征工业生产效率和劳动力生产效率，用地区生产总值增长速度反映经济总量的增长速率。区域经济发展的最终目标是不断提升人民的生活水平。民生水平的高低是决定县域经济综合竞争力强弱的重要部分，常用人均地区生产总值，非私营单位职工平均工资，人均社会消费品零售总额，人均公共财政支出，每万人拥有医院、卫生院床位数 5 项指标来表征。县域在人口、基础设施、教育等方面的条件对于提高其综合竞争力至关重要，这些条件的差异也在很大程度上反映出其经济发展水平及综合竞争力的高低。因而，用人均耕地面积、有效灌溉面积比重、等级公路密度、人口密度、每万名中小学生拥有的教师数 5 项指标来表征县域经济发展基础。

评价指标说明：①构建的评价指标体系中的 20 项指标均为正向指标，即指标数据越大，县域经济综合竞争力水平就越高；②因本次测评的时间跨度（18 年）较长，在此期间价格的变化是很大的。为了更加客观地反映研究单元在此期间的经济发展状况，必须充分考虑不同年份物价水平对相关指标数据的影响。为此，基于数据的可获得性，运用全国定基价格指数对相关经济指标数据进行了调整。用历年居民消费物价指数（以 1978 年为基年）对受价格影响的有关指标进行了调整，其中，对固定资产投资额运用固定资产投资价格指数（以 1990 年为基年）进行了计算调整；③为满足尺度效应分析对空间单元完整性及其属性数据的嵌套结构要求[49]，同时考虑到统计年鉴中部分更大尺度单元指标数据总量并不等于相应的县域单元的数据总和，本书中的更大尺度单元数据［如不同市（州）和经济区数据］均由相应县域的数据推算而得。

部分指标计算公式：①由于不同年份的统计年鉴和统计指标不同以及出于对数据可得性的考量，本书中 2013—2018 年的城镇化率 = 城镇总人口 / 年末常住总人口 ×100%，2001—2012 年的城镇化率 = 非农总人口 / 年末户籍总人口 ×100%；②非农产业结构系数 = $\sqrt{PL}$，P 为第二、第三产业产值比重，L 为第二、第三产业就业比重；③规模以上工业产值利税率 = 规模以上工业企业利税总额 / 规模以上工业企业总产值 ×100%；④全员劳动生产率 = 社会生产总值 / 劳动从业人员；⑤地区生产总值增长速度 =（本年度地区生产总值 - 上年度地区生产总值）/ 上年度地区生产总值 ×100%。

二、数据来源

本书所需要的基础数据主要有三大类，即经济社会统计数据、地理辅助数据及区域发展规划、政策资料。为尽可能地保证指标数据的统一性和权威性，经济社会统计数据以公开统计数据为基础，原始数据资料来源于公开出版的各种统计资料，主要有 2000—2019 年的《四川省统计年鉴》《中国统计年鉴》以及《绵阳市统计年鉴》[41-43] 等。对于个别年份相关统计数据中缺失的指标数据，部分通过查取并参考四川省 21 个市（州）国民经济和社会发展统计公报等资料进行插值，使数据具有较好的连续性和较高的可靠性。地理辅助数据主要包括四川省、四川省 21 个市（州）和各县级行政边界数据，主要来源于中国国家基础地理信息中心发布的中国 1∶400 万行政边界矢量数据（http://ngcc.sbsm.gov.cn/）。区域发展规划、政策资料主要包括国家、四川省、四川省 21 个市（州）、各县域的国民经济和社会发展第十三个五年规划纲要，成渝经济区发展规划，成渝城市群发展规划，新型城镇化规划，主体功能区规划等各种类型的规划和相关政策文件。

三、研究方法

（一）综合指数评价模型

1. 数据标准化

为避免因原始指标数据量纲不同而对统计分析结果造成影响，需要将原始数据按变量进行标准化处理（采用极差标准化方法），标准化后的指标数值范围都在 0～1。测评指标有正向和逆向之分。正向指标数据越大对评价结果越有利，逆向指标越小对评价结果越有利。其标准化公式[44]为

正向指标：
$$x_{ij}=\frac{X_{ij}-\min(X_{ij})}{\max(X_{ij})-\min(X_{ij})} \quad (2-1)$$

逆向指标：
$$x_{ij}=\frac{\max(X_{ij})-X_{ij}}{\max(X_{ij})-\min(X_{ij})} \quad (2-2)$$

式中：x_{ij}—— 第 i 个县域单元第 j 项指标标准化后的数值；

X_{ij}—— 第 i 个县域单元第 j 项指标的数据原值；

$\max(X_{ij})$、$\min(X_{ij})$ —— 所评价（第 i 个县域）单元第 j 项指标的最大值和最小值。

2. 计算指标权重

确定权重对于综合指数评价来说非常重要。赋权方法通常有主观赋权法和客观赋权法两种。客观赋权法是根据各指标之间的关联程度或各指标所含信息量的大小来确定指标权重的大小，即其赋权的原始信息主要来自客观环境。在原始数据标准化的基础上，本书采用客观赋权法——熵值法来确定各指标的权重。在信息论中，熵是对信息量大小的一种测量，信息量越大，熵值越小；信息量越小，熵值越大。熵值法可以避免主观赋权法的主观性和片面性，在综合考虑各因素的基础上，可以准确反映综合评价体系中各指标所含的信息量[45,46]。具体步骤为：

（1）指标说明：设 r 为序列年份，要测算评价的有 n 个单元和 m 个指标，则 x_{ij} 为第 i 个县（市、区）的第 j 项指标值的标准化值（i=1, 2, ⋯, n；j=1, 2, ⋯, m）。本书中，r=18，n=3 263，m=20。

（2）计算第 j 项指标下第 i 个县域占该指标的比重：

$$p_{ij}=\frac{x_{ij}}{\sum_{i=1}^{n}x_{ij}} \quad (2-3)$$

式中：$i=1, 2, \cdots, n$；$j=1, 2, \cdots, m$。

（3）计算第 j 项指标的熵值：

$$h_j = -k\sum_{i=1}^{n} p_{ij} \ln(p_{ij}) \tag{2-4}$$

式中：k——常数，$k>0$，$k=1/\ln n$；$h_j \geqslant 0$。

（4）计算第 j 项指标的差异系数。对于第 j 项指标而言，其差异系数越大，对系统的影响就越大，熵值也越小。计算差异系数的公式为

$$k_j = \frac{1-h_j}{m-\sum_{j=1}^{m} h_j} \tag{2-5}$$

（5）计算第 j 项指标的权重公式为

$$w_j = \frac{k_j}{\sum_{j=1}^{m} k_j} \tag{2-6}$$

式中：w_j——指标权重值；

k_j——差异系数。

3. 综合指数测度模型

采用综合指数测度模型计算县域经济综合竞争力水平，计算公式为

$$F(x) = \sum_{j=1}^{m} w_j x_{ij} \tag{2-7}$$

式中：$F(x)$——县域经济综合竞争力评价指数；

w_j——指标权重；

x_{ij}——各县域各指标标准化值。

（二）差异指数测度模型

一般而言，绝对差异法和相对差异法是区域经济差异计算中的两种常用方法，这两种分析法分别是指一定变量偏离其参照数值的绝对值和相对值。在对某一特定区域的经济差异变化的研究中，因受到所选指标不同以及对指标赋权的不同等因素的影响，不同的研究者可能会得出完全不同的结论。绝对差异测量方法主要有平均差、标准差、极差，相对差异测量方法主要有变异系数、基尼系数、极值比率、泰尔系数等[44]。

为了能够更好地揭示和反映四川省县域经济综合竞争力差异的多尺度、

多维度特征，提高研究的可靠性和可比性，综合已有研究和四川省县域经济实际情况，在四川省县域经济综合竞争力差异分析中，综合采用绝对差异法和相对差异法两种测算方法。绝对差异法主要用于计算分析平均差与标准差，相对差异法主要用于计算分析变异系数和极值比率。

1. 平均差与标准差

平均差的计算公式为

$$R = \frac{1}{n}\sum_{i=1}^{n}\left|x_i - \bar{x}\right| \quad (2-8)$$

标准差的计算公式为

$$S = \sqrt{\frac{1}{n}\sum_{i=1}^{n}(x_i - \bar{x})^2} \quad (2-9)$$

式中：R——平均差；

S——标准差；

x_i——第 i 区域的样本值；

$\bar{x}$——均值；

n——样本数。

2. 变异系数

变异系数的计算公式为

$$V = \frac{1}{\bar{x}}\sqrt{\frac{1}{n}\sum_{i=1}^{n}(x_i - \bar{x})^2} \quad (2-10)$$

式中：V—— 变异系数；

x_i—— 第 i 区域的样本值；

$\bar{x}$ —— 均值；

n—— 样本数。

3. 极值比率

极值比率的计算公式为

$$e = x_{\max} / x_{\min} \quad (2-11)$$

式中：e—— 极值比率；

$x_{\max}$、$x_{\min}$—— 最大值和最小值。

极值比率越大，差异越大。

（三）位序变动及其类型划分标准

县域位序是指某县域的综合竞争力指数在四川省 183 个县域中所占的位次（按综合竞争力指数从大到小依次排名为 1, 2, 3, ⋯, 183）。位序变化主要用于分析 2001—2018 年各县域在全省县域中的位序动态变化特征：上升、下降和不变；稳定和波动（不同程度的波动）。

参考相关文献[47,48]，再结合本书实际，用位序变化量（rank shift，R_s）表示县域位序在某研究时段内是上升还是下降，用位序变化绝对量（absolute rank shift，R_{as}）表示县域位序在某研究时段内的波动强度，其计算公式为

$$R_s = R_{i,t} - R_{i,t-n} \tag{2-12}$$

$$R_{as} = \sum \left| R_{i,t} - R_{i,t-1} \right| / n \tag{2-13}$$

式中：i—— 某一县域；

n—— 年份数。

i 在 t-1 或 t-n 时刻的位序 $R_{i,\ t-1}$ 或 $R_{i,\ t-n}$，在 t 时刻变为 $R_{i,\ t}$。

用县域位序变化量指标 R_s 表示县域位序变化，当 $R_s<0$ 时，县域位序上升；当 $R_s>0$ 时，县域位序下降；当 $R_s=0$ 时，县域位序不变。

用县域位序变化绝对量指标 R_{as} 表示县域位序在考察阶段内的波动强度，当 $R_{as}=0$ 时，县域位序稳定；当 $R_{as}>0$ 时，县域位序波动，R_{as} 越大，县域位序波动就越大。这里主要考察四川省各县域在 2001—2018 年综合竞争力位序的变化情况，因时间跨度较长，故在参考相关文献的基础上，结合研究结果确定了新的判断标准：即当 $0\leqslant R_{as}<2$ 时，县域位序基本稳定；当 $2\leqslant R_{as}<5$ 时，县域位序小幅波动；当 $5\leqslant R_{as}<10$ 时，县域位序中幅波动；当 $10\leqslant R_{as}<15$ 时，县域位序较大幅度地波动；当 $15\leqslant R_{as}<20$ 时，县域位序大幅波动。

（四）县域经济综合竞争力发展及增长分类标准

在参考相关文献并考虑四川省县域经济综合竞争力水平测度值的前提下，本书确定了四川省县域经济综合竞争力水平分类标准[49-51]（表 2-2）。以各年份全省 183 个县域经济综合竞争力指数的平均值为基础，将不同县域经济综合竞争力水平分为低水平、中低水平、中等水平、中高水平、高水平 5 种类型；类似地，将县域经济综合竞争力增长率水平值也划分为低水平、中低水平、中等水平、中高水平、高水平 5 种类型。

表 2-2　四川省县域经济综合竞争力水平分类标准

类型	分类标准
高水平	大于等于平均值的 140%
中高水平	大于等于平均值的 110% 且小于平均值的 140%
中等水平	大于等于平均值的 90% 且小于平均值的 110%
中低水平	大于等于平均值的 60% 且小于平均值的 90%
低水平	小于平均值的 60%

注：考虑县域经济综合竞争力增长率均值有正有负，故先采用极差法对增长率进行标准化。

（五）探索性空间数据分析（ESDA 模型）

著名空间计量经济学家卢卡·安瑟林（Luc Anselin）[52] 教授指出，探索性空间数据分析（Exploratory Spatial Data Analysis，ESDA）是一系列空间数据分析方法与技术的集合，其核心是通过空间关联测度，揭示空间数据潜在的空间依赖性与空间异质性，涉及构建空间权重矩阵、测算全局空间自相关和局部空间自相关等 [53]。ESDA 模型是基于数据驱动的。基于 GIS 平台的 ESDA 模型能够将地理数据的空间分析与专题属性数据的关联测度功能相融合。同时，利用 GIS 的可视化技术，可以很好地把数据处理结果标示到基础底图上，增强数据的直观性和可读性 [54]。ESDA 技术中的 Moran's I、Getis-Ord General G、Getis-Ord G_i^* 指数等方法从不同角度为揭示区域经济空间格局及其空间机理，定量研究区域差异提供了有力支撑 [55]。

ESDA 分析的前提和基础是构建空间权重矩阵，其重点和难点问题就是如何合适地选择空间权重矩阵 [56]。可以说，利用不同的空间关系进行计算，得到的结果是完全不一样的，所以在进行空间分析时，需要选定好不同的空间关系——没有最好，只有最合适。“地理学第一定律”指出：相互之间的距离越远，权重就越小，而距离越近，权重就越大。这种模型的优点在于它可以确保每个目标要素都能找到相邻的要素，特别是在一些研究区域内，要素分布非常不均匀，密度差别非常大的情况下，也能保证有相邻要素的存在。潘竞虎 [57]、王晓彤 [58] 和平卫英 [59] 等已利用 ESDA 模型开展了相关经济区和县域的研究。

1. 全局空间自相关

全局空间自相关是对事物或现象的属性值在整个区域空间分布特征的描述，用于判断整个研究区域某一要素或现象在空间上是否有集聚存在，但其并不能确切地指出集聚发生在哪些地区。常用测度指标有 Moran's I 和 Geary's C。本书采用统计量 Moran's I 表示，计算公式[60]为

$$I=\frac{\sum_{i=1}^{n}\sum_{j\neq 1}^{n}w_{ij}(x_i-\overline{x})(x_j-\overline{x})}{s^2\sum_{i=1}^{n}\sum_{j\neq 1}^{n}w_{ij}} \tag{2-14}$$

式中：I——Moran's I；

n——研究单元数；

s^2——样本方差；

x_i、x_j——考察变量 x 在空间单元 i、j 上的观测值；

$\overline{x}$——考察变量 x 的均值。

w_{ij}——空间权重矩阵，是研究区域内各单元之间的空间关系概念化模型。

空间权重矩阵的构建有邻接规则和距离规则等多种方法，本书采用 K=4 最近相邻要素法作为空间关系概念化模型。Moran's I 的取值范围为 [−1,1]。当 $I>0$ 时，为空间正相关，表明空间上有集聚分布的现象，越接近 1，说明相似观测值的空间单元在地理分布中越倾向于集聚在一起；当 $I<0$ 时，为空间负相关，表明整个研究区域存在空间分散格局，越接近 −1，说明不同观测值的空间单元在地理分布中越倾向于集聚在一起；当 I=0 时，说明整个研究区域内各空间单元的观测值呈独立随机分布。I 的绝对值越大，表示空间分布集聚性越强。通常用标准化统计量 Z 来检验全局 Moran's I 的显著性，即检验 n 个区域是否存在显著的空间自相关关系，其计算公式为

$$Z=\left[I-E(I)\right]/\sqrt{\mathrm{var}(I)} \tag{2-15}$$

式中：$E(I)$——数学期望；

$\mathrm{var}(I)$——方差。

Z 值为正且显著时，表明存在正的空间自相关；Z 值为负且显著时，表明存在负的空间自相关；Z 值为 0 时，观测值呈独立随机分布。

2. 局部空间自相关

本书选取四川省 2001 年、2006 年、2011 年、2016 年和 2018 年五个时间截面各县域经济综合竞争力指数，采用 LISA（Local Indicators of Spatial association）分析方法来探测在不同时间截面，四川省各县域经济综合竞争力的空间关联格局。

全局 Moran's I 统计量属于总体统计指标，是对研究区域内观测变量空间自相关整体情况的描述，仅说明所有研究单元与其邻居单元之间空间差异的平均程度，却掩盖了研究区内部空间格局的动态特征，也不能反映单个空间单元的情况，需通过局部空间自相关对研究区域做进一步的异质性探测。局部空间自相关可反映每个区域与其周边地区之间同一属性值的相似性，用于验证局部区域存在的空间异质性，可弥补全局空间自相关的缺陷[60]。通常采用 Moran 散点图和 LISA 集聚图进行分析。

Moran 散点图常用来研究局部的空间不稳定性，分别用 4 个象限来表示区域单元与其邻居单元之间 4 种类型的局部空间联系形式[52]，是探究空间不稳定性的可视化二维图示，能够进一步区分区域单元与其邻居单元之间的空间联系形式。第Ⅰ象限（HH）为高—高集聚型，第Ⅱ象限（LH）为低—高集聚型，第Ⅲ象限（LL）为低—低集聚型，第Ⅳ象限（HL）为高—低集聚型。LISA 是用来进一步衡量观测单元属性和其周边单元之间相近（正相关）或差异（负相关）程度及其显著性的重要指标，优势在于可对每个观测单元周围的局部空间集聚的显著性进行评估，揭示对全局联系影响较大的单元[61]。Moran 散点图直观、形象，借助象限分析能很好地识别出局部空间集聚分布的空间联系形式类型。LISA 集聚图是将 Moran 散点图与地图相结合，研究指标四大空间关联类型的可视化，显示的是通过显著性水平检验的各类型区域。局部 Moran 指数是衡量局部区域范围内空间关联形式的指标，被定义为[56]

$$I_i = \frac{(x_i - \overline{x})}{S^2} \sum_j w_{ij}(x_j - \overline{x}) \qquad (2\text{-}16)$$

式中：I_i——局部 Moran 指数，即 LISA，取值范围为 [-1, 1]；

$$S^2 = \frac{1}{n} \sum_i (x_i - \overline{x})^2;$$

S^2——样本方差；

w_{ij}——空间权重矩阵；

x_i、x_j——县域 i、j 的观测值；

n——县域个数。

3. 探测冷热点

本书采用热点指数 Getis-Ord G_i^* 探测县域经济综合竞争力空间差异的冷

热点集聚地区[56]，计算公式为

$$G_i^*(d)=\sum_{i=1}^{n}w_{ij}(d)X_i \tag{2-17}$$

式中：$G_i^*(d)$ 值显著为正，则表明 i 地区周围的值相对较高，属于热点区，反之则为冷点区；

X_i——i 地区的观测值；

w_{ij}——空间权重矩阵，空间关系概念化选择 zone-of-indifference[62]。

鉴于 ESDA 模型对数据样本的要求，空间关联重点分析县级尺度经济综合竞争力的空间关联特征。

第三章　四川省县域经济综合竞争力时空演化

一、时序演化

（一）总体演化特征

2001—2018 年，四川省县域经济综合竞争力平均水平呈持续上升趋势，综合竞争力平均指数从 2001 年的 0.033 0 上升到 2018 年的 0.142 3（图 3-1、表 3-1），大约增长了 3.3 倍。当然，县域经济综合竞争力平均指数的持续上升是其经济实力、经济结构与效率、民生水平和发展基础指数近 18 年来不断上升的结果，这些指数分别从 2001 年的 0.005 0、0.009 7、0.005 4、0.012 9 上升到 2018 年的 0.047 3、0.027 9、0.043 6、0.023 5，这表明 21 世纪以来，四川省县域经济规模不断扩大，结构进一步优化升级，经济效率、民生水平以及发展基础都在不断提高和完善，县域经济综合竞争力水平整体显著提升。

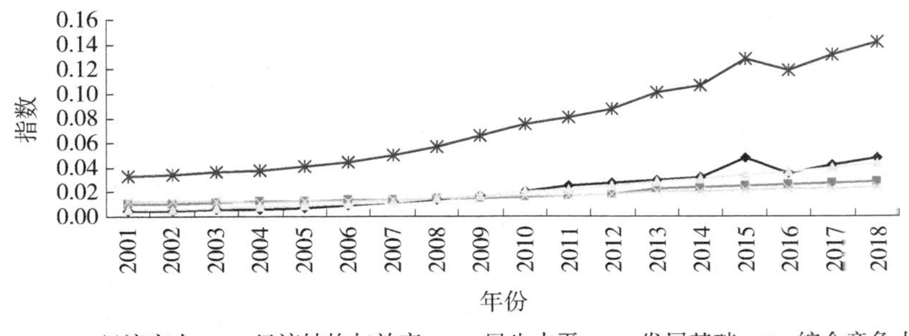

图 3-1　2001—2018 年四川省县域经济综合竞争力平均指数变化

表 3-1 2001—2018 年四川省县域经济综合竞争力平均指数及增长率

年份	经济实力		经济结构与效率		民生水平		发展基础		综合竞争力	
	指数	增长率 /%	指数	增长率 /%	指数	增长率 /%	指数	增长率 /%	指数	增长率 /%
2001	0.005 0	—	0.009 7	—	0.005 4	—	0.012 9	—	0.033 0	—
2002	0.004 6	-6.13	0.010 1	4.45	0.006 2	14.19	0.012 8	-0.74	0.033 8	2.45
2003	0.005 2	11.93	0.011 2	10.55	0.007 0	11.84	0.012 8	0.49	0.036 2	7.17
2004	0.006 0	14.38	0.011 9	6.51	0.007 9	13.90	0.011 3	-11.82	0.037 1	2.56
2005	0.007 2	20.74	0.012 4	4.08	0.008 7	9.26	0.012 0	6.21	0.040 3	8.51
2006	0.008 9	23.18	0.013 1	5.64	0.009 9	14.40	0.012 4	3.28	0.044 3	9.95
2007	0.011 3	27.29	0.013 9	5.65	0.011 7	18.44	0.013 3	7.34	0.050 2	13.31
2008	0.013 5	19.40	0.014 3	3.16	0.014 5	23.51	0.014 3	7.14	0.056 5	12.62
2009	0.017 1	26.84	0.015 2	5.98	0.017 3	19.03	0.015 9	11.14	0.065 4	15.59
2010	0.021 0	22.89	0.016 2	7.02	0.020 4	17.98	0.016 9	6.41	0.074 4	13.91
2011	0.024 6	17.34	0.017 5	7.50	0.021 4	5.26	0.017 5	3.69	0.081 0	8.80
2012	0.026 7	8.62	0.018 3	4.67	0.024 4	13.99	0.018 3	4.31	0.087 7	8.26
2013	0.029 7	11.26	0.022 9	25.35	0.028 0	14.56	0.019 9	9.16	0.100 5	14.68
2014	0.032 3	8.47	0.023 8	4.01	0.030 6	9.27	0.020 5	2.79	0.107 1	6.55
2015	0.047 8	48.04	0.024 7	3.62	0.033 9	10.81	0.022 0	7.56	0.128 3	19.80
2016	0.035 3	-26.14	0.025 6	3.73	0.036 4	7.39	0.022 3	1.19	0.119 5	-6.85
2017	0.042 3	19.88	0.026 8	4.74	0.039 4	8.33	0.023 0	3.15	0.131 5	10.01
2018	0.047 3	11.83	0.027 9	4.11	0.043 6	10.64	0.023 5	2.25	0.142 3	8.22
平均	0.021 4	15.28	0.017 5	6.52	0.020 4	13.11	0.016 8	3.74	0.076 1	9.15

2001—2018 年，四川省县域经济综合竞争力平均指数增长率呈高低起伏的波动特征，年均增长率为 9.15%。根据其波动特征（图 3-2、表 3-1），可将 18 年以来的县域经济综合竞争力平均指数变化划分为三个阶段：第一阶段（2001—2004 年），较低速率波动上升，年均增长率为 4.06%，2003 年为该阶段的峰值（7.17%），但 2002 年和 2004 年的增长率较低，分别为 2.45% 和 2.56%；第二阶段（2005—2011 年），较高速率波动上升，年均增长率为 11.81%，该阶段从 2005 年起县域经济综合竞争力指数增长率持续上升，但 2008 年略有下降，2009 年达到峰值（15.59%）后呈现下降趋势，2011 年增长率为 8.80%；第三阶段（2012—2018 年），中高速率波动上升，年均增长率为 8.67%，但波动幅度显著增大：2013 年增长率升至 14.68%，2014 年降至 6.55%，2015 年升至 18 年来的最高点 19.80%，2016 年降至最低点 -6.85%，

2017 年又升至 10.01%。

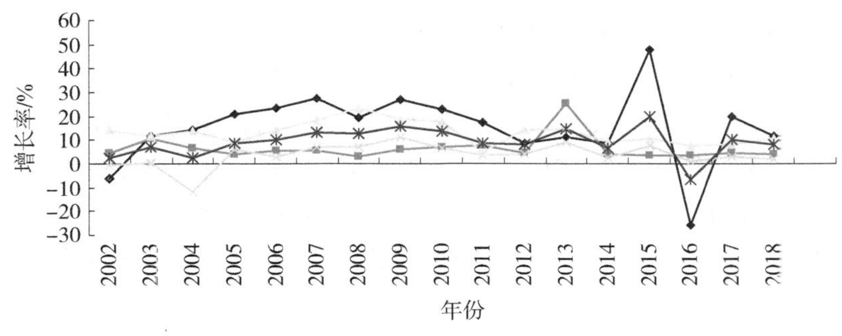

图 3-2　2002—2018 年四川省县域经济综合竞争力平均指数增长率变化

在县域经济综合竞争力分项指数中，经济实力指数增长率最高，年均增长率为 15.28%；其次为民生水平指数，年均增长率为 13.11%；再次为经济结构与效率指数，年均增长率为 6.52%；发展基础指数年均增长率最低，为 3.74%（图 3-3、表 3-1）。分项指数在 18 年间的总体波动趋势与综合指数的波动趋势基本一致，经济实力指数的波动幅度相对较大。另外，需要关注的是各分项指数在不同时间点上的显著波动。如发展基础指数在 20C4 年的增长率为 -11.82%，大大低于该时间点其他指数的增长率；2008 年其他指数增长率均略有下降，而民生水平指数则上升至 18 年中的最高点 23.51%；2013 年经济结构与效率指数增长率不仅大大高于其他指数，也达到其在 18 年中的最高点 25.35%；经济实力指数增长率则在 2015 年和 2016 年分别达到所有指数在 18 年中的最高点 48.04% 和最低点 -26.14%。

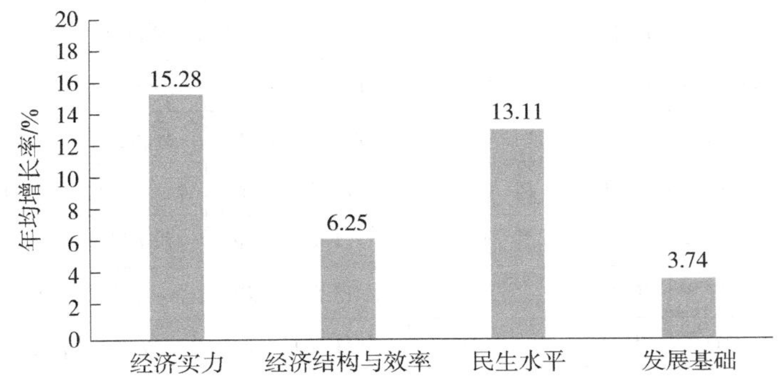

图 3-3　2002—2018 年四川省县域经济分项竞争力指数平均增长率

（二）县域演化特征

1. 县域综合竞争力指数的变化

2001—2018 年，四川省县域经济综合竞争力指数总体上呈不断上升的趋势特征。其中，综合指数年均增长率在 10%～17% 的县域共 91 个，占县域总数的 49.73%；年均增长率在 9%～10%、8%～9%、7%～8% 和 5%～7% 的县域分别为 36 个、28 个、15 个和 9 个，各占县域总数的 19.67%、15.30%、8.20% 和 4.92%；年均增长率小于 5% 的县域共 4 个，占县域总数的 2.19%（表 3-2）。

表 3-2　2001—2018 年四川省县域经济综合竞争力指数年均变化量和增长率

县域	变化量	增长率 /%	县域	变化量	增长率 /%	县域	变化量	增长率 /%
锦江区	0.015 7	7.12	安居区	0.006 3	14.25	汉源县	0.003 5	9.63
青羊区	0.016 2	6.90	蓬溪县	0.005 0	10.95	石棉县	0.004 5	7.47
金牛区	0.025 9	10.01	射洪县	0.006 9	9.20	天全县	0.003 8	9.48
武侯区	0.017 9	8.56	大英县	0.005 3	10.75	芦山县	0.003 4	9.29
成华区	0.025 2	11.09	内江市市中区	0.006 2	7.23	宝兴县	0.004 1	8.81
龙泉驿区	0.024 5	14.46	东兴区	0.004 3	6.25	巴州区	0.005 6	10.91
青白江区	0.022 9	14.56	威远县	0.007 8	10.32	恩阳区	0.006 4	13.26
新都区	0.016 5	11.21	资中县	0.004 5	9.82	通江县	0.004 4	11.64
温江区	0.016 3	11.57	隆昌市	0.006 9	10.39	南江县	0.005 3	12.67
双流区	0.017 8	11.18	乐山市市中区	0.009 1	9.04	平昌县	0.005 6	11.70
郫都区	0.013 0	10.28	沙湾区	0.007 1	9.22	雁江区	0.009 2	10.70
金堂县	0.009 2	10.68	五通桥区	0.010 4	11.92	安岳县	0.006 5	12.96
大邑县	0.006 5	8.31	金口河区	0.005 5	10.03	乐至县	0.005 9	11.33
蒲江县	0.007 5	9.22	犍为县	0.004 7	9.42	马尔康市	0.004 3	6.67
新津县	0.010 4	10.45	井研县	0.004 4	9.06	汶川县	0.004 3	7.46
都江堰市	0.007 8	8.70	夹江县	0.005 5	9.09	理县	0.004 3	8.85
彭州市	0.010 3	11.71	沐川县	0.004 4	9.87	茂县	0.004 2	10.41
邛崃市	0.007 0	8.84	峨边县	0.003 6	7.83	松潘县	0.004 0	8.41

县域	变化量	增长率/%	县域	变化量	增长率/%	县域	变化量	增长率/%
崇州市	0.008 6	9.31	马边县	0.003 7	9.77	九寨沟县	0.004 3	7.63
简阳市	0.009 7	12.70	峨眉山市	0.001 3	2.84	金川县	0.003 6	9.02
自流井区	0.000 5	1.80	顺庆区	0.008 6	8.72	小金县	0.004 1	9.67
贡井区	0.004 6	5.76	高坪区	0.006 2	10.45	黑水县	0.004 9	10.60
大安区	0.006 8	7.83	嘉陵区	0.006 2	11.89	壤塘县	0.003 9	8.83
沿滩区	0.005 5	9.73	南部县	0.006 8	11.68	阿坝县	0.003 0	10.14
荣县	0.005 4	9.98	营山县	0.005 0	10.88	若尔盖县	0.003 3	9.28
富顺县	0.006 7	11.61	蓬安县	0.005 3	10.72	红原县	0.003 7	9.00
攀枝花东区	0.008 1	4.56	仪陇县	0.005 2	12.20	康定市	0.004 0	6.16
攀枝花西区	0.006 3	5.63	西充县	0.005 1	10.52	泸定县	0.003 3	7.56
仁和区	0.007 8	9.96	阆中市	0.005 7	9.97	丹巴县	0.003 5	8.19
米易县	0.007 0	10.91	东坡区	0.010 0	11.40	九龙县	0.003 4	8.43
盐边县	0.005 8	10.11	彭山区	0.006 9	9.31	雅江县	0.003 5	8.19
江阳区	0.011 0	9.89	仁寿县	0.007 0	11.52	道孚县	0.003 3	7.74
纳溪区	0.002 6	4.34	洪雅县	0.004 8	10.21	炉霍县	0.005 3	9.92
龙马潭区	0.011 7	11.95	丹棱县	0.004 3	9.01	甘孜县	0.002 9	6.20
泸县	0.007 3	10.10	青神县	0.004 6	8.54	新龙县	0.003 5	8.13
合江县	0.005 7	10.25	翠屏区	0.020 7	13.07	德格县	0.002 6	9.52
叙永县	0.005 0	11.45	南溪区	0.005 5	10.27	白玉县	0.004 4	10.50
古蔺县	0.005 4	12.95	宜宾县	0.009 0	16.19	石渠县	0.003 9	12.00
旌阳区	0.010 3	8.74	江安县	0.006 2	12.53	色达县	0.006 0	13.34
罗江县	0.005 4	10.13	长宁县	0.005 9	11.32	理塘县	0.003 3	8.21
中江县	0.006 2	9.50	高县	0.005 2	11.58	巴塘县	0.004 5	8.74
广汉市	0.011 8	10.98	珙县	0.005 4	10.08	乡城县	0.003 8	7.43
什邡市	0.009 0	8.70	筠连县	0.005 2	12.42	稻城县	0.004 5	9.42
绵竹市	0.010 9	10.61	兴文县	0.004 5	11.13	得荣县	0.004 2	7.79
涪城区	0.010 2	5.86	屏山县	0.004 0	12.29	西昌市	0.008 9	9.44

县域	变化量	增长率 /%	县域	变化量	增长率 /%	县域	变化量	增长率 /%
游仙区	0.006 6	8.83	广安区	0.005 6	10.09	木里县	0.003 4	8.87
安州区	0.005 4	9.47	前锋区	0.013 8	11.46	盐源县	0.003 4	10.13
三台县	0.005 1	10.21	岳池县	0.007 0	12.08	德昌县	0.003 2	6.78
盐亭县	0.004 0	9.40	武胜县	0.007 6	12.65	会理县	0.005 0	10.79
梓潼县	0.004 3	8.82	邻水县	0.007 1	13.25	会东县	0.004 6	11.25
北川县	0.004 3	10.73	华蓥市	0.007 4	10.40	宁南县	0.004 4	10.23
平武县	0.003 6	8.91	通川区	0.006 3	7.14	普格县	0.003 4	9.49
江油市	0.007 2	8.70	达川区	0.006 2	10.40	布拖县	0.002 4	8.53
利州区	0.008 0	9.34	宣汉县	0.006 3	12.11	金阳县	0.003 1	10.05
昭化区	0.004 8	10.87	开江县	0.004 1	8.57	昭觉县	0.002 7	10.20
朝天区	0.004 4	11.67	大竹县	0.006 4	10.21	喜德县	0.002 8	9.30
旺苍县	0.003 9	8.86	渠县	0.006 0	11.17	冕宁县	0.003 7	9.67
青川县	0.003 5	10.00	万源市	0.004 5	10.47	越西县	0.002 7	8.96
剑阁县	0.004 6	11.31	雨城区	0.004 7	7.03	甘洛县	0.002 6	8.27
苍溪县	0.004 6	10.76	名山区	0.003 3	7.93	美姑县	0.002 7	11.58
船山区	0.012 1	12.84	荥经县	0.003 3	7.81	雷波县	0.003 9	11.64

注：部分县域设置年份较晚，其年均增长率不是2001—2018年的数据，如前锋区和恩阳区是2013—2018年的；安居区是2004—2018年的；攀枝花东区和西区是2003—2018年的。下同。

2. 县域位序变化

2001—2018年，在四川省的183个县域中，有160个县域的经济综合竞争力位序表现出不同程度的波动，占县域总数的87.43%；23个县域位序基本稳定，占比12.57%。在位序波动的县域中，85个县域位序中幅波动，占县域总数的46.45%；41个县域小幅波动，占比22.40%；较大幅度波动的县域30个，占比16.39%；大幅波动的县域4个，占比2.19%（表3-3、表3-4）。

表 3-3　2001—2018 年四川省县域经济综合竞争力位序变化

县域	位序变化量 R_s	位序变化绝对量 R_{as}	县域	位序变化量 R_s	位序变化绝对量 R_{as}	县域	位序变化量 R_s	位序变化绝对量 R_{as}
锦江区	6	1.06	安居区	105	17.24	汉源县	13	6.06
青羊区	2	0.82	蓬溪县	−27	9.71	石棉县	47	4.06
金牛区	−5	0.88	射洪县	5	2.53	天全县	48	13.76
武侯区	0	1.29	大英县	−16	11.76	芦山县	46	19.06
成华区	−6	1.65	内江市市中区	27	3.24	宝兴县	58	12.82
龙泉驿区	−17	1.47	东兴区	54	7.29	巴州区	−22	12.35
青白江区	−13	1.35	威远县	−14	3.29	恩阳区	162	13.76
新都区	−3	0.76	资中县	11	8.65	通江县	−22	7.18
温江区	−5	1.35	隆昌市	−6	3.53	南江县	−57	11.59
双流区	−1	1.12	乐山市市中区	2	2.82	平昌县	−40	9.65
郫都区	2	1.41	沙湾区	2	4.35	雁江区	−12	5.06
金堂县	−14	5.76	五通桥区	−22	7.29	安岳县	−36	9.18
大邑县	17	4.29	金口河区	13	10.88	乐至县	−43	4.76
蒲江县	3	6.18	犍为县	13	4.18	马尔康市	57	6.18
新津县	−13	2.41	井研县	25	6.29	汶川县	52	8.00
都江堰市	7	3.59	夹江县	14	5.41	理县	53	10.76
彭州市	−31	3.71	沐川县	4	7.29	茂县	1	11.94
邛崃市	7	3.82	峨边县	54	6.71	松潘县	56	9.76
崇州市	3	3.00	马边县	5	2.41	九寨沟县	54	9.18
简阳市	−46	4.47	峨眉山市	39	6.65	金川县	27	7.47
自流井区	29	2.06	顺庆区	5	1.59	小金县	[illegible]5	8.88
贡井区	51	5.47	高坪区	−17	9.00	黑水县	−3	15.35
大安区	17	3.94	嘉陵区	−59	9.47	壤塘县	45	12.88
沿滩区	1	7.12	南部县	−42	6.82	阿坝县	39	12.76
荣县	−2	5.76	营山县	−16	8.12	若尔盖县	18	4.12
富顺县	−46	7.29	蓬安县	−19	5.82	红原县	21	9.59

县域	位序变化量 R_s	位序变化绝对量 R_{as}	县域	位序变化量 R_s	位序变化绝对量 R_{as}	县域	位序变化量 R_s	位序变化绝对量 R_{as}
攀枝花东区	14	1.53	仪陇县	−44	11.06	康定市	65	7.12
攀枝花西区	36	2.94	西充县	−19	5.47	泸定县	77	10.29
仁和区	−11	4.65	阆中市	0	6.24	丹巴县	50	5.76
米易县	−27	9.71	东坡区	−24	4.00	九龙县	51	11.71
盐边县	−14	9.76	彭山区	3	4.65	雅江县	49	7.82
江阳区	−5	1.59	仁寿县	−33	6.18	道孚县	79	13.71
纳溪区	60	9.18	洪雅县	−11	9.59	炉霍县	5	11.00
龙马潭区	−26	4.94	丹棱县	24	10.12	甘孜县	107	7.71
泸县	−6	5.88	青神县	35	7.12	新龙县	49	6.76
合江县	−7	7.71	翠屏区	−5	1.59	德格县	7	1.47
叙永县	−31	10.06	南溪区	−12	9.18	白玉县	−16	10.59
古蔺县	−70	5.76	宜宾县	−103	17.59	石渠县	−15	4.76
旌阳区	4	1.18	江安县	−81	6.88	色达县	−78	8.12
罗江县	32	7.65	长宁县	−47	5.59	理塘县	55	6.06
中江县	−22	7.65	高县	−50	6.47	巴塘县	40	8.94
广汉市	−13	2.76	珙县	−8	6.35	乡城县	71	9.12
什邡市	5	2.65	筠连县	−57	7.94	稻城县	27	13.00
绵竹市	−11	2.88	兴文县	−26	3.29	得荣县	59	10.18
涪城区	5	1.00	屏山县	−15	7.71	西昌市	−3	1.59
游仙区	12	5.18	广安区	4	9.06	木里县	31	7.24
安州区	7	6.53	前锋区	38	6.59	盐源县	5	6.06
三台县	2	8.24	岳池县	−55	8.06	德昌县	86	8.12
盐亭县	22	7.41	武胜县	−63	8.76	会理县	−25	11.35
梓潼县	36	7.06	邻水县	−69	10.88	会东县	−34	7.18

县域	位序变化量 R_s	位序变化绝对量 R_{as}	县域	位序变化量 R_s	位序变化绝对量 R_{as}	县域	位序变化量 R_s	位序变化绝对量 R_{as}
北川县	−8	11.88	华蓥市	−12	2.82	宁南县	−13	5.00
平武县	30	10.12	通川区	27	3.24	普格县	20	3.18
江油市	9	2.29	达川区	−7	6.53	布拖县	14	2.00
利州区	−2	4.24	宣汉县	−65	8.41	金阳县	3	2.76
昭化区	−26	6.47	开江县	55	10.18	昭觉县	5	1.24
朝天区	−31	4.18	大竹县	−7	4.06	喜德县	10	1.65
旺苍县	33	5.12	渠县	−32	6.35	冕宁县	15	8.94
青川县	26	12.24	万源市	−15	5.71	越西县	15	1.65
剑阁县	−25	5.71	雨城区	47	6.65	甘洛县	30	5.06
苍溪县	−11	10.18	名山区	66	10.47	美姑县	4	0.82
船山区	−41	3.12	荥经县	77	10.29	雷波县	−14	4.47

表 3-4　2001—2018 年四川省县域经济综合竞争力位序波动

波动程度	县域数 / 个	占比 /%	县域
基本稳定 $0 \leqslant R_{as} < 2$	23	12.75	成华区、喜德县、越西县、江阳区、顺庆区、翠屏区、西昌市、攀枝花东区、龙泉驿区、德格县、郫都区、青白江区、温江区、武侯区、昭觉县、旌阳区、双流区、锦江区、涪城区、金牛区、青羊区 美姑县、新都区
小幅波动 $2 \leqslant R_{as} < 5$	41	22.40	龙马潭区、乐至县、石渠县、仁和区、彭山区、简阳市、雷波县、沙湾区、大邑县、利州区、朝天区、犍为县、若尔盖县、大竹县、石棉县、东坡区、大安区、邛崃市、彭州市、都江堰市、隆昌县、威远县、兴文县、内江市市中区、通川区、普格县、船山区、崇州市、攀枝花西区、绵竹市、乐山市市中区、华蓥市、广汉市、金阳县、什邡市、射洪县、新津县、马边县、江油市、自流井区、布拖县

波动程度	县域数 / 个	占比 /%	县域
中幅波动 $5 \leqslant R_{as} < 10$	85	46.45	盐边县、松潘县、米易县、蓬溪县、平昌县、洪雅县、红原县、嘉陵区、纳溪区、南溪区、安岳县、九寨沟县、乡城县、广安区、高坪区、巴塘县、冕宁县、小金县、武胜县、资中县、宣汉县、三台县、营山县、色达县、德昌县、岳池县、汶川县、筠连县、雅江县、合江县、屏山县、甘孜县、罗江县、中江县、金川县、盐亭县、富顺县、东兴区、五通桥区、沐川县、木里县、通江县、会东县、沿滩区、青神县、康定市、梓潼县、江安县、南部县、新龙县、峨边县、峨眉山市、雨城区、前锋区、安州区、达川区、昭化区、高县、珙县、渠县、井研县、阆中市、蒲江县、仁寿县、马尔康市、汉源县、理塘县、盐源县、泸县、蓬安县、金堂县、荣县、古蔺县、丹巴县、剑阁县、万源市、长宁县、贡井区、西充县、夹江县、游仙区、旺苍县、雁江区、甘洛县、宁南县
较大幅度波动 $10 \leqslant R_{as} < 15$	30	16.39	天全县、恩阳区、道孚县、稻城县、壤塘县、宝兴县、阿坝县、巴州区、青川县、茂县、北川县、大英县、九龙县、南江县、会理县、仪陇县、炉霍县、金口河区、邻水县、理县、白玉县、名山区、荥经县、泸定县、苍溪县、开江县、得荣县、平武县、丹棱县、叙永县
大幅波动 $15 \leqslant R_{as} < 20$	4	2.19	芦山县、宜宾县、安居区、黑水县

四川省县域经济综合竞争力位序变化表现为位序上升、位序下降和位序不变。2018 年，县域经济综合竞争力位序相较 2001 年不变的只有武侯区、阆中市 2 个县域，其他县域位序都有不同程度的上升或下降。在位序上升的县域中，有 25 个县域上升的位次在 11～20 位，所占比例最高，占县域总数的 13.66%；其次是上升位次在 1～10 位的 18 个县域，占县域总数的 9.84%；上升位次在 21～30 位的县域有 12 个，上升位次在 51～100 位的县域有 11 个，分别占县域总数的 6.56% 和 6.01%。值得关注的是，上升位次最高的宜宾县，2018 年较 2001 年位次上升了 103 位。在位序下降的县域中，有 30 个县域下降位次在 1～10 位，所占比例最高，占县域总数的 16.39%；其次是下降位次在 51～100 位的 21 个县域，占县域总数的 11.84%；下降位次在 11～20 位的县域有

15个，下降位次在21～30位的县域有12个，分别占县域总数的8.20%和6.56%（表3-5）。

表3-5　2001—2018年四川省县域经济综合竞争力位序变化量统计

上升	位序变化量	1～10	11～20	21～30	31～40	41～50	51～100	101～110
	县域数 / 个	18	25	12	7	8	11	1
	占比 /%	9.84	13.66	6.56	3.83	4.37	6.01	0.55
不变	县域数	2						
下降	位序变化量	1～10	11～20	21～30	31～40	41～50	51～100	101～110
	县域数 / 个	30	15	12	10	8	21	3
	占比 /%	16.39	8.20	6.56	5.46	4.37	11.48	1.64

3. 县域经济综合竞争力差异性演化

1）县域经济综合竞争力指数的差异性演化

（1）绝对差异变化特征。

2001—2018年，四川省县域经济综合竞争力绝对差异呈现出不断扩大的趋势（图3-4、表3-6）。县域经济综合竞争力指数的平均差和标准差都不断增大，平均差从2001年的0.015 5增加到2018年的0.057 9，标准差从2001年的0.025 5增加到2018年的0.087 1。平均差和标准差的变化可大致划分为四个阶段：第一阶段，2001—2005年的缓慢增长阶段，平均差和标准差均低速缓慢增长；第二阶段，2006—2012年的快速增长阶段，平均差和标准差增加幅度变大，增速较快；第三阶段，2013—2016年，增长放缓，增幅变小；第四阶段，2017—2018年，增速加快，增幅变大，其中，2017年的增幅达到最大。

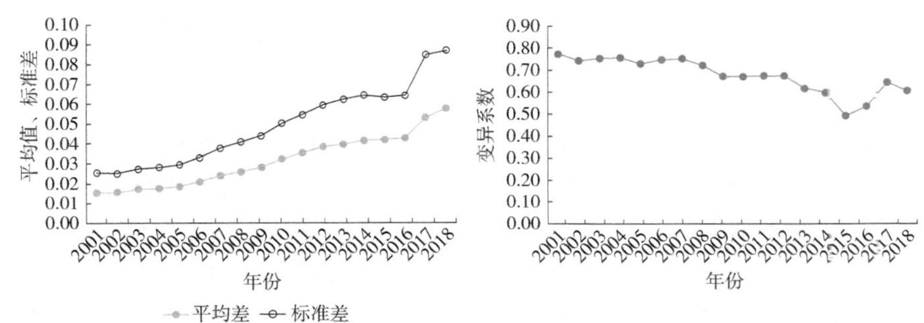

图3-4　2001—2018年四川省县域经济综合竞争力指数差异变化

表 3-6 2001—2018 年四川省县域经济综合竞争力指数差异变化

年份	县域经济综合竞争力指数差异			县域经济综合竞争力指数增长率差异		
	平均差	标准差	变异系数	平均差	标准差	变异系数
2001	0.015 5	0.025 5	0.774 6	—	—	—
2002	0.015 5	0.025 1	0.742 6	5.232 9	8.739 0	2.256 1
2003	0.017 1	0.027 4	0.756 1	4.234 2	6.602 1	1.340 2
2004	0.017 7	0.028 1	0.757 9	6.553 6	9.939 1	2.967 4
2005	0.018 6	0.029 4	0.730 6	6.707 3	9.871 9	0.995 5
2006	0.021 1	0.033 1	0.747 8	5.749 3	7.945 0	0.865 2
2007	0.024 1	0.037 9	0.754 7	5.035 6	7.393 2	0.556 6
2008	0.026 1	0.040 9	0.723 2	6.279 4	8.873 0	0.632 8
2009	0.028 4	0.044 1	0.675 2	6.337 1	8.519 4	0.487 8
2010	0.032 5	0.050 2	0.674 9	5.457 1	8.140 0	0.577 8
2011	0.035 7	0.054 7	0.675 4	6.864 6	11.470 7	1.273 4
2012	0.038 5	0.059 5	0.678 1	4.464 7	7.429 2	0.849 2
2013	0.039 7	0.062 4	0.620 6	7.185 0	10.388 7	0.579 6
2014	0.041 7	0.064 5	0.602 0	3.342 3	4.886 6	0.706 2
2015	0.042 1	0.063 4	0.494 2	10.703 4	13.575 1	0.548 4
2016	0.043 0	0.064 3	0.537 7	5.784 6	7.213 2	0.918 0
2017	0.053 3	0.084 8	0.645 2	5.811 6	10.788 1	1.437 8
2018	0.057 9	0.087 1	0.611 7	7.031 4	11.936 8	1.265 6

（2）相对差异变化特征。

2001—2018 年，四川省县域经济综合竞争力相对差异呈现出缩小的趋势特征，县域经济综合竞争力指数变异系数总体呈波动式下降趋势（图 3-4、表 3-6）。变异系数的变化可大致划分为三个阶段：第一阶段，2001—2012 年，变异系数呈波动式下降特征，12 年间变异系数从 2001 年的 0.774 6 波动下降到 2012 年的 0.678 1；第二阶段，2013—2015 年，变异系数表现为快速下降特征，于 2015 年快速下降到最小值 0.494 2；第三阶段，2016—2018 年，为变异系数快速回升阶段，于 2017 年回升到了 0.645 2，但 2018 年又微弱下降至 0.611 7。

2）县域综合竞争力增长率的差异性演化

（1）绝对差异变化。

由县域经济综合竞争力指数差异及其增长率差异的时序变化过程（表 3-6）可知，与县域经济综合竞争力指数绝对差异不断增大的特征不同，县域经济综合竞争力增长率绝对差异指数的变化呈现出阶段性的上升—下降—上升—下降的波浪形变化特征，变动趋势更显复杂化，这表明相较于县域经济综合竞争力水平，其增长率的时效差异更为敏感。在频繁的波动中，县域经济综合竞争力指数增长率的平均差和标准差的最低点和最高点分别出现在 2014 年和 2015 年。

（2）相对差异变化。

县域经济综合竞争力增长率在县域间相对差异的时序变化总体上呈波浪形下降趋势。变异系数由 2002 年的 2.256 1 下降到 2018 年的 1.255 6。分阶段看，县域经济综合竞争力增长率差异表现为"两头大，中间小"的特征，即 2001—2003 年与 2016—2017 年变异系数较大，2004—2015 年除 2011 年外均相对较小（图 3-5、表 3-6）。

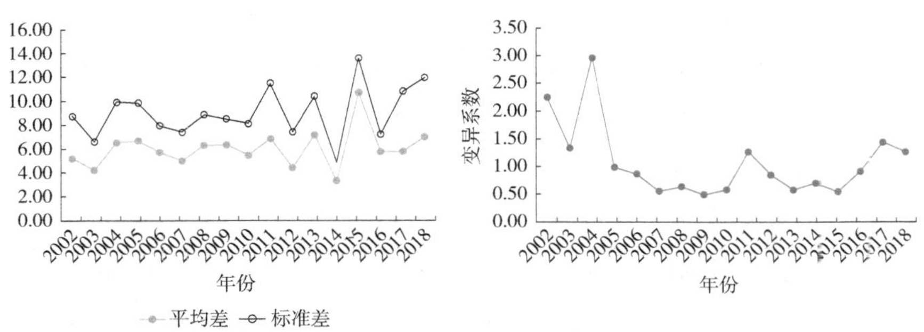

图 3-5　2001—2018 年四川省县域经济综合竞争力增长率差异变化

二、空间分异

为揭示四川省县域经济综合竞争力的空间分异性特征，结合以上时序特征分析，选取 2001 年、2006 年、2011 年、2016 年和 2018 年 5 个时间截面，首先计算出在这五个时间截面中，四川省各县域经济综合竞争力指数及其相应位序排名（表 3-7）。

表 3-7 五个时间截面四川省县域经济综合竞争力指数及位序

县域	2001 年		2006 年		2011 年		2016 年		2018 年	
	指数	位序	指数	位序	指数	位序	指数	位序	指数	位序
锦江区	0.143 4	2	0.187 8	4	0.316 6	3	0.351 1	5	0.409 5	8
青羊区	0.134 8	4	0.209 2	1	0.333 8	1	0.378 1	4	0.410 8	6
金牛区	0.119 8	6	0.188 1	3	0.275 6	5	0.340 9	6	0.560 9	1
武侯区	0.126 3	5	0.205 5	2	0.333 3	2	0.384 3	2	0.430 6	5
成华区	0.106 0	8	0.148 6	6	0.241 2	6	0.299 4	7	0.534 6	2
龙泉驿区	0.051 1	20	0.085 3	15	0.221 4	8	0.380 9	3	0.467 2	3
青白江区	0.053 5	17	0.082 7	16	0.152 9	15	0.212 7	14	0.443 2	4
新都区	0.057 6	13	0.095 2	12	0.197 0	10	0.259 1	9	0.337 7	10
温江区	0.056 6	16	0.092 8	13	0.194 9	11	0.241 4	10	0.333 4	11
双流区	0.065 3	10	0.117 2	8	0.285 7	4	0.402 4	1	0.368 0	9
郫都区	0.061 0	11	0.116 4	9	0.232 1	7	0.224 4	11	0.282 8	13
金堂县	0.036 3	45	0.062 4	26	0.087 7	50	0.166 1	25	0.192 0	31
大邑县	0.043 2	33	0.044 6	57	0.085 4	51	0.125 1	55	0.154 4	50
蒲江县	0.040 1	36	0.047 5	51	0.082 6	56	0.125 5	54	0.167 0	39
新津县	0.041 8	34	0.072 3	21	0.129 4	20	0.205 2	16	0.218 8	21
都江堰市	0.045 6	27	0.066 4	23	0.120 4	23	0.155 6	32	0.178 5	34
彭州市	0.032 6	54	0.055 8	32	0.100 6	37	0.160 7	28	0.208 0	23
邛崃市	0.039 0	39	0.052 4	40	0.087 8	49	0.127 6	51	0.157 5	46
崇州市	0.044 1	30	0.051 7	42	0.093 2	45	0.138 1	43	0.190 6	33
简阳市	0.026 7	78	0.047 4	52	0.105 2	31	0.161 0	27	0.191 3	32
自流井区	0.185 5	1	0.097 2	11	0.143 0	16	0.185 1	20	0.194 2	30
贡井区	0.057 3	14	0.045 2	55	0.082 7	55	0.118 0	63	0.135 8	65
大安区	0.047 9	26	0.053 3	38	0.103 4	36	0.133 3	48	0.163 9	43
沿滩区	0.025 6	82	0.033 4	89	0.067 8	84	0.108 1	78	0.119 6	83
荣县	0.024 3	92	0.034 5	81	0.071 9	69	0.106 0	87	0.115 9	90

县域	2001年		2006年		2011年		2016年		2018年	
	指数	位序	指数	位序	指数	位序	指数	位序	指数	位序
富顺县	0.022 8	108	0.034 0	84	0.070 5	74	0.106 9	83	0.137 2	62
攀枝花东区	—	—	0.133 9	7	0.180 1	12	0.220 4	12	0.253 1	14
攀枝花西区	—	—	0.077 9	18	0.135 5	18	0.159 1	30	0.173 3	36
仁和区	0.033 9	51	0.053 7	36	0.103 7	35	0.147 8	35	0.166 6	40
米易县	0.025 4	85	0.036 6	74	0.068 9	82	0.118 0	64	0.143 9	58
盐边县	0.024 4	91	0.045 1	56	0.074 9	65	0.111 3	70	0.122 3	77
江阳区	0.048 5	23	0.061 5	27	0.120 0	24	0.204 1	17	0.236 2	18
纳溪区	0.084 4	9	0.043 0	60	0.063 0	97	0.116 7	65	0.127 8	69
龙马潭区	0.037 6	42	0.043 1	59	0.093 9	42	0.160 0	29	0.237 1	16
泸县	0.033 2	53	0.033 0	91	0.069 7	78	0.125 9	52	0.157 3	47
合江县	0.025 5	83	0.026 1	140	0.052 0	128	0.106 6	85	0.122 8	76
叙永县	0.019 1	142	0.024 6	152	0.043 8	153	0.084 3	132	0.104 6	111
古蔺县	0.014 9	172	0.019 0	173	0.053 7	123	0.097 4	100	0.107 1	102
旌阳区	0.057 3	15	0.090 1	14	0.166 9	13	0.217 6	13	0.233 2	19
罗江县	0.025 2	57	0.033 6	63	0.069 0	77	0.115 8	82	0.117 4	89
中江县	0.031 3	86	0.040 7	86	0.070 1	81	0.106 9	67	0.136 1	64
广汉市	0.045 1	28	0.075 6	19	0.141 8	17	0.191 8	18	0.245 6	15
什邡市	0.051 1	19	0.073 5	20	0.114 4	26	0.157 0	31	0.204 4	24
绵竹市	0.044 0	31	0.080 6	17	0.111 7	27	0.161 2	26	0.228 8	20
涪城区	0.117 0	7	0.160 2	5	0.210 5	9	0.280 7	8	0.291 1	12
游仙区	0.037 4	43	0.050 7	44	0.094 1	41	0.134 8	47	0.150 3	55
安州区	0.026 7	77	0.038 3	70	0.066 0	88	0.107 0	80	0.118 9	84
三台县	0.023 8	95	0.031 5	101	0.059 8	101	0.092 3	112	0.111 2	97
盐亭县	0.020 6	124	0.026 0	141	0.051 3	132	0.079 3	141	0.088 2	146
梓潼县	0.024 8	89	0.032 8	92	0.058 8	106	0.089 6	118	0.098 3	125
北川县	0.018 8	146	0.023 9	154	0.054 6	118	0.076 4	148	0.092 0	138
平武县	0.021 1	119	0.027 6	127	0.044 6	149	0.073 5	154	0.082 8	149

县域	2001年		2006年		2011年		2016年		2018年	
	指数	位序	指数	位序	指数	位序	指数	位序	指数	位序
江油市	0.040 4	35	0.057 6	31	0.093 5	43	0.148 5	34	0.163 2	44
利州区	0.039 9	37	0.055 7	34	0.097 4	40	0.141 2	41	0.175 8	35
昭化区	0.018 6	147	0.023 5	155	0.051 0	134	0.090 9	115	0.099 5	121
朝天区	0.015 2	171	0.018 6	176	0.041 3	163	0.075 7	151	0.090 7	140
旺苍县	0.022 2	112	0.028 7	118	0.054 0	120	0.081 9	135	0.088 2	145
青川县	0.018 9	143	0.025 3	144	0.042 2	158	0.070 3	166	0.078 4	169
剑阁县	0.017 0	157	0.023 0	158	0.046 3	146	0.085 9	127	0.094 7	132
苍溪县	0.019 6	138	0.025 7	143	0.051 6	129	0.085 4	128	0.097 5	127
船山区	0.031 3	58	0.057 9	30	0.124 1	21	0.187 6	19	0.236 5	17
安居区	—	—	0.021 4	166	0.050 6	136	0.086 8	125	0.106 4	105
蓬溪县	0.019 9	134	0.026 4	139	0.060 4	99	0.091 9	113	0.105 6	107
射洪县	0.036 0	46	0.048 0	49	0.088 7	48	0.134 8	46	0.154 0	51
大英县	0.022 3	111	0.031 1	103	0.079 2	60	0.106 6	86	0.113 2	95
内江市市中区	0.048 1	25	0.058 1	29	0.104 8	33	0.147 4	36	0.153 4	52
东兴区	0.050 2	21	0.036 2	75	0.070 4	76	0.106 9	84	0.123 1	75
威远县	0.032 3	55	0.052 6	39	0.105 3	30	0.145 8	37	0.165 1	41
资中县	0.022 1	113	0.033 1	90	0.070 9	73	0.104 5	90	0.098 5	124
隆昌市	0.029 0	62	0.039 8	64	0.081 8	58	0.127 7	50	0.145 7	56
乐山市市中区	0.048 1	24	0.066 4	24	0.107 9	28	0.149 9	33	0.202 6	26
沙湾区	0.035 3	47	0.054 5	35	0.104 9	32	0.142 3	38	0.155 8	49
五通桥区	0.036 8	44	0.051 0	43	0.093 4	44	0.124 0	57	0.214 3	22
金口河区	0.028 1	69	0.038 7	67	0.100 1	38	0.090 7	116	0.120 9	82
犍为县	0.023 4	101	0.034 3	82	0.062 8	98	0.096 3	102	0.103 8	114
井研县	0.023 6	97	0.032 0	97	0.057 6	111	0.087 0	123	0.098 9	122
夹江县	0.028 2	67	0.041 0	61	0.071 7	71	0.110 9	72	0.121 4	81
沐川县	0.020 6	125	0.028 9	115	0.047 1	143	0.086 9	124	0.095 8	129

县域	2001年		2006年		2011年		2016年		2018年	
	指数	位序	指数	位序	指数	位序	指数	位序	指数	位序
峨边县	0.023 9	94	0.030 1	110	0.047 2	142	0.076 6	146	0.084 3	148
马边县	0.016 8	160	0.022 9	160	0.039 8	165	0.067 3	169	0.079 0	165
峨眉山市	0.142 3	3	0.051 7	41	0.098 3	39	0.135 9	45	0.164 1	42
顺庆区	0.049 0	22	0.068 1	22	0.122 7	22	0.168 7	24	0.195 4	27
高坪区	0.025 4	84	0.038 4	69	0.069 2	80	0.107 0	81	0.131 0	67
嘉陵区	0.020 2	130	0.033 6	87	0.066 2	87	0.107 5	79	0.125 1	71
南部县	0.023 3	103	0.035 4	78	0.076 5	63	0.125 8	53	0.138 7	61
营山县	0.020 7	122	0.027 1	133	0.053 9	122	0.094 7	105	0.106 1	106
蓬安县	0.021 2	115	0.032 7	94	0.064 4	93	0.103 2	92	0.112 1	96
仪陇县	0.017 7	152	0.027 3	131	0.060 1	100	0.094 9	104	0.105 5	108
西充县	0.020 7	123	0.027 9	125	0.053 9	121	0.094 1	106	0.106 8	104
阆中市	0.027 4	72	0.038 9	65	0.072 1	68	0.110 5	73	0.125 1	72
东坡区	0.034 1	49	0.055 8	33	0.106 9	29	0.168 9	23	0.204 1	25
彭山区	0.034 1	50	0.048 6	47	0.083 7	53	0.129 3	49	0.151 7	53
仁寿县	0.024 4	90	0.038 7	66	0.078 5	62	0.138 6	42	0.144 0	57
洪雅县	0.020 4	128	0.035 6	77	0.058 9	105	0.092 3	111	0.102 7	117
丹棱县	0.023 3	104	0.032 0	96	0.058 1	109	0.092 7	110	0.096 5	128
青神县	0.027 3	74	0.035 1	79	0.064 9	92	0.098 3	99	0.105 0	109
翠屏区	0.059 5	12	0.110 7	10	0.156 6	14	0.207 8	15	0.410 7	7
南溪区	0.023 6	99	0.030 1	109	0.068 7	83	0.098 4	98	0.117 7	87
宜宾县	0.019 5	140	0.031 0	104	0.064 1	94	0.141 8	39	0.172 6	37
江安县	0.017 6	155	0.026 8	137	0.066 0	89	0.116 3	66	0.123 3	74
长宁县	0.020 5	127	0.027 8	126	0.059 6	103	0.099 8	97	0.121 5	80
高县	0.017 7	153	0.027 0	135	0.055 5	113	0.097 2	101	0.106 8	103
珙县	0.023 5	100	0.034 1	83	0.066 6	86	0.105 4	89	0.115 5	92
筠连县	0.015 4	170	0.023 2	157	0.059 1	104	0.091 1	114	0.104 5	113

县域	2001年		2006年		2011年		2016年		2018年	
	指数	位序	指数	位序	指数	位序	指数	位序	指数	位序
兴文县	0.016 5	162	0.021 9	162	0.045 8	147	0.084 5	131	0.093 6	136
屏山县	0.013 3	176	0.018 8	175	0.039 2	169	0.072 4	162	0.080 7	161
广安区	0.027 1	75	0.040 8	62	0.091 1	46	0.108 6	76	0.121 5	79
前锋区	—	—	—	—	—	—	0.124 4	56	0.171 2	38
岳池县	0.022 1	114	0.032 8	93	0.064 0	96	0.111 2	71	0.141 5	59
武胜县	0.021 2	117	0.034 8	80	0.071 7	70	0.122 6	59	0.150 3	54
邻水县	0.020 2	129	0.030 3	108	0.088 9	47	0.118 8	62	0.140 3	60
华蓥市	0.030 2	60	0.046 1	53	0.084 0	52	0.136 2	44	0.156 9	48
通川区	0.051 9	18	0.063 1	25	0.104 6	34	0.141 7	40	0.159 0	45
达川区	0.027 3	73	0.036 6	72	0.072 9	67	0.112 9	68	0.132 2	66
宣汉县	0.019 9	135	0.030 7	107	0.064 9	91	0.108 8	75	0.126 6	70
开江县	0.027 4	71	0.028 7	117	0.055 0	115	0.086 7	126	0.097 6	126
大竹县	0.028 1	70	0.038 6	68	0.078 7	61	0.121 6	60	0.137 1	63
渠县	0.023 2	105	0.030 7	105	0.067 8	85	0.110 1	74	0.125 0	73
万源市	0.018 8	145	0.026 9	136	0.051 1	133	0.087 2	122	0.095 5	130
雨城区	0.039 4	38	0.050 5	46	0.081 7	59	0.105 7	88	0.118 8	85
名山区	0.025 2	87	0.024 7	150	0.053 0	125	0.077 2	145	0.082 1	153
荥经县	0.025 7	80	0.035 7	76	0.058 2	108	0.080 3	137	0.081 3	157
汉源县	0.016 9	159	0.025 2	145	0.044 3	151	0.070 4	165	0.075 8	172
石棉县	0.033 4	52	0.044 0	58	0.075 4	64	0.102 3	93	0.110 7	99
天全县	0.023 8	96	0.031 6	100	0.049 8	138	0.082 5	133	0.088 7	144
芦山县	0.020 9	120	0.029 5	114	0.049 9	137	0.078 5	144	0.078 8	166
宝兴县	0.028 8	65	0.033 8	85	0.058 3	107	0.093 6	107	0.098 6	123
巴州区	0.022 5	110	0.028 0	123	0.054 5	119	0.108 5	77	0.117 7	88
恩阳区	—	—	—	—	—	—	0.072 7	160	0.080 1	162
通江县	0.016 6	161	0.021 9	163	0.043 4	154	0.079 4	140	0.091 0	139

县域	2001年		2006年		2011年		2016年		2018年	
	指数	位序	指数	位序	指数	位序	指数	位序	指数	位序
南江县	0.017 0	158	0.022 1	161	0.050 6	135	0.095 3	103	0.107 3	101
平昌县	0.020 2	131	0.024 9	146	0.051 5	131	0.100 9	95	0.115 6	91
雁江区	0.038 3	40	0.053 6	37	0.117 4	25	0.175 8	22	0.194 8	28
安岳县	0.017 7	154	0.031 4	102	0.074 3	66	0.122 9	58	0.128 3	68
乐至县	0.020 8	121	0.032 0	98	0.070 4	75	0.119 3	61	0.121 6	78
马尔康市	0.038 0	41	0.046 0	54	0.071 6	72	0.101 0	94	0.115 2	93
汶川县	0.034 9	48	0.050 6	45	0.082 1	57	0.103 4	91	0.108 6	100
理县	0.028 8	66	0.037 0	71	0.064 1	95	0.093 1	108	0.101 9	119
茂县	0.019 3	141	0.028 2	121	0.055 5	114	0.081 9	136	0.090 2	142
松潘县	0.025 9	79	0.033 6	88	0.053 1	124	0.082 0	134	0.093 7	135
九寨沟县	0.031 6	56	0.047 6	50	0.059 7	102	0.089 0	121	0.104 7	110
金川县	0.020 1	132	0.024 8	148	0.044 2	152	0.073 0	157	0.081 2	159
小金县	0.020 6	126	0.024 8	149	0.042 1	159	0.079 5	139	0.090 4	141
黑水县	0.021 1	118	0.029 5	113	0.049 7	139	0.092 7	109	0.103 6	115
壤塘县	0.023 6	98	0.024 8	147	0.049 6	140	0.071 6	163	0.090 0	143
阿坝县	0.019 7	136	0.023 2	156	0.065 6	90	0.065 7	171	0.071 5	175
若尔盖县	0.017 1	156	0.020 8	168	0.039 2	170	0.065 4	172	0.072 7	174
红原县	0.020 0	133	0.027 6	128	0.048 2	141	0.076 5	147	0.082 1	154
康定市	0.045 1	29	0.048 6	48	0.069 4	79	0.099 8	96	0.117 8	86
泸定县	0.025 7	81	0.027 2	132	0.052 0	127	0.075 9	150	0.081 2	158
丹巴县	0.023 4	102	0.027 4	130	0.043 0	155	0.073 1	156	0.082 6	152
九龙县	0.021 2	116	0.031 7	99	0.051 6	130	0.067 9	168	0.078 8	167
雅江县	0.023 1	106	0.022 9	159	0.041 2	164	0.073 6	153	0.082 0	155
道孚县	0.028 2	68	0.028 7	119	0.042 5	156	0.073 0	158	0.085 1	147
炉霍县	0.025 0	88	0.028 0	124	0.042 0	160	0.085 0	130	0.111 1	98
甘孜县	0.029 5	61	0.030 7	106	0.042 5	157	0.071 0	164	0.078 6	168

县 域	2001年		2006年		2011年		2016年		2018年	
	指数	位序	指数	位序	指数	位序	指数	位序	指数	位序
新龙县	0.022 9	107	0.027 5	129	0.038 6	171	0.066 6	170	0.082 0	156
德格县	0.013 7	174	0.016 7	180	0.024 6	180	0.045 0	182	0.058 1	181
白玉县	0.018 5	149	0.027 1	134	0.041 8	162	0.072 5	161	0.094 1	133
石渠县	0.016 2	166	0.018 8	174	0.024 5	181	0.050 2	179	0.082 7	151
色达县	0.016 2	164	0.021 7	164	0.031 8	175	0.085 3	129	0.113 8	94
理塘县	0.022 8	109	0.025 8	142	0.039 7	166	0.073 0	159	0.079 7	164
巴塘县	0.026 9	76	0.028 2	120	0.042 0	161	0.075 9	149	0.103 3	116
乡城县	0.028 9	63	0.029 6	112	0.054 6	117	0.078 8	143	0.093 7	134
稻城县	0.024 1	93	0.028 1	122	0.057 7	110	0.089 4	120	0.101 3	120
得荣县	0.031 2	59	0.032 1	95	0.057 4	112	0.089 6	119	0.102 5	118
西昌市	0.043 3	32	0.061 0	28	0.129 5	19	0.181 4	21	0.194 6	29
木里县	0.019 6	139	0.021 5	165	0.044 5	150	0.073 5	155	0.076 8	170
盐源县	0.015 9	168	0.020 3	169	0.046 9	144	0.065 3	173	0.074 2	173
德昌县	0.028 9	64	0.029 7	111	0.052 1	126	0.079 1	142	0.082 7	150
会理县	0.019 6	137	0.036 6	73	0.083 2	54	0.111 7	69	0.104 6	112
会东县	0.016 2	165	0.028 7	116	0.054 9	116	0.090 0	117	0.094 8	131
宁南县	0.018 4	150	0.023 9	153	0.046 4	145	0.080 3	138	0.092 6	137
普格县	0.017 9	151	0.021 0	167	0.034 0	173	0.057 7	174	0.076 1	171
布拖县	0.015 5	169	0.019 0	171	0.030 7	177	0.048 8	180	0.056 6	183
金阳县	0.014 2	173	0.018 6	177	0.039 6	168	0.055 0	176	0.066 8	176
昭觉县	0.013 3	175	0.017 0	179	0.026 9	179	0.051 2	178	0.059 5	180
喜德县	0.016 1	167	0.017 3	178	0.031 3	176	0.056 3	175	0.063 5	177
冕宁县	0.018 9	144	0.026 4	138	0.045 5	148	0.074 8	152	0.081 1	160
越西县	0.016 4	163	0.019 0	172	0.033 6	174	0.052 9	177	0.062 0	179
甘洛县	0.018 6	148	0.024 7	151	0.038 6	172	0.048 6	181	0.062 6	178

县域	2001年		2006年		2011年		2016年		2018年	
	指数	位序	指数	位序	指数	位序	指数	位序	指数	位序
美姑县	0.010 4	178	0.015 8	181	0.028 0	178	0.043 7	183	0.056 6	182
雷波县	0.012 9	177	0.020 2	170	0.039 6	167	0.069 4	167	0.079 8	163

（一）县域经济综合竞争力水平分类

1. 县域经济综合竞争力水平分类

为更好地分析四川省不同县域经济综合竞争力水平的差异性特征，依据分类标准（表2-2），将2001年、2006年、2011年、2016年和2018年五个时间截面的各县域经济综合竞争力水平进行分类（表3-8～表3-12），据此也可以分析不同县域综合竞争力水平及类型在时间上的演化差异性。

2001年，四川省178个县域经济综合竞争力指数的平均值为0.033 0，居于第一位的自流井区的指数为0.185 5，最末位的美姑县的指数为0.010 4，两者之差为0.175 1，前者是后者的17.79倍；县域经济综合竞争力指数的平均差为0.015 5，标准差为0.025 5，变异系数为0.774 6。综合竞争力处于高水平的县域为26个，占县域总数的14.61%；处于中高水平的县域为20个，占县域总数的11.24%；处于中等水平的县域为20个，占县域总数的11.24%；处于中低水平的县域最多，为83个，占县域总数的46.63%；处于低水平的县域为29个，占县域总数的16.29%（表3-8）。

表3-8 2001年四川省县域经济综合竞争力水平分类

类型	综合指数 F	位序	县域	数量/个	占比/%
高水平	$F \geqslant 0.046$	1～26	自流井区、锦江区、峨眉山市、青羊区、武侯区、金牛区、涪城区、成华区、纳溪区、双流县、郫县、翠屏区、新都区、贡井区、旌阳区、温江县、青白江区、通川区、什邡市、龙泉驿区、东兴区、顺庆区、江阳区、乐山市市中区、内江市市中区、大安区	26	14.61

类型	综合指数 F	位序	县域	数量/个	占比/%
中高水平	0.036≤ F＜0.046	27～46	都江堰市、广汉市、康定县、崇州市、绵竹市、西昌市、大邑县、新津县、江油市、蒲江县、广元市中区、雨城区、邛崃市、雁江区、马尔康县、龙马潭区、游仙区、五通桥区、金堂县、射洪县	20	11.24
中等水平	0.029≤ F＜0.036	47～66	沙湾区、汶川县、东坡区、彭山县、仁和区、石棉县、泸县、彭州市、威远县、九寨沟县、罗江县、遂宁市中区、得荣县、华蓥市、甘孜县、隆昌县、乡城县、德昌县、宝兴县、理县	20	11.24
中低水平	0.019≤ F＜0.029	67～149	夹江县、道孚县、金口河区、大竹县、开江县、阆中市、达县、青神县、广安区、巴塘县、安县、简阳市、松潘县、荥经县、泸定县、沿滩区、合江县、高坪区、米易县、中江县、名山县、炉霍县、梓潼县、仁寿县、盐边县、荣县、稻城县、峨边县、三台县、天全县、井研县、壤塘县、南溪县、珙县、犍为县、丹巴县、南部县、丹棱县、渠县、雅江县、新龙县、富顺县、理塘县、巴州区、大英县、旺苍县、资中县、岳池县、蓬安县、九龙县、武胜县、黑水县、平武县、芦山县、乐至县、营山县、西充县、盐亭县、沐川县、小金县、长宁县、洪雅县、邻水县、嘉陵区、平昌县、金川县、红原县、蓬溪县、宣汉县、阿坝县、会理县、苍溪县、木里县、宜宾县、茂县、叙永县、青川县、冕宁县、万源市、北川县、元坝区、甘洛县、白玉县	83	46.63

类型	综合指数 *F*	位序	县域	数量 / 个	占比 / %
低水平	*F*＜0.019	150～178	宁南县、普格县、仪陇县、高县、安岳县、江安县、若尔盖县、剑阁县、南江县、汉源县、马边县、通江县、兴文县、越西县、色达县、会东县、石渠县、喜德县、盐源县、布拖县、筠连县、朝天区、古蔺县、金阳县、德格县、昭觉县、屏山县、雷波县、美姑县	29	16.29

2006 年，四川省 181 个县域经济综合竞争力指数的平均值为 0.044 3，居于首位的青羊区（指数为 0.209 2）与居于最末位的美姑县（指数为 0.015 8）的指数之差为 0.193 4，前者是后者的 13.24 倍；县域经济综合竞争力指数平均差为 0.021 1，标准差为 0.033 1，变异系数为 0.747 8。综合竞争力处于高水平的县域为 26 个，占县域总数的 14.36%；处于中高水平的县域为 23 个，占县域总数的 12.71%；处于中等水平的县域为 19 个，占县域总数的 10.50%；处于中低水平的县域最多，为 73 个，占县域总数的 40.33%；处于低水平的县域为 40 个，占县域总数的 22.10%（表 3-9）。

表 3-9　2006 年四川省县域经济综合竞争力水平分类

类型	综合指数 *F*	位序	县域	数量 / 个	占比 / %
高水平	*F*≥0.062	1～26	青羊区、金牛区、武侯区、成华区、锦江区、涪城区、攀枝花东区、双流县、郫县、翠屏区、自流井区、新都区、温江区、旌阳区、龙泉驿区、青白江区、绵竹市、攀枝花西区、广汉市、什邡市、新津县、顺庆区、都江堰市、乐山市市中区、通川区、金堂县	26	14.36
中高水平	0.048≤*F*＜0.062	27～49	江阳区、西昌市、内江市市中区、船山区、江油市、彭州市、东坡区、利州区、沙湾区、仁和区、雁江区、大安区、威远县、邛崃市、峨眉山市、崇州市、五通桥区、游仙区、汶川县、雨城区、彭山县、康定县、射洪县	23	12.71

类型	综合指数 F	位序	县域	数量/个	占比/%
中等水平	$0.039 \leqslant F < 0.048$	50～68	九寨沟县、蒲江县、简阳市、华蓥市、马尔康县、贡井区、盐边县、大邑县、石棉县、龙马潭区、纳溪区、夹江县、广安区、罗江县、隆昌县、阆中市、仁寿县、金口河区、大竹县	19	10.50
中低水平	$0.026 \leqslant F < 0.039$	69～141	高坪区、安县、理县、达县、会理县、米易县、东兴区、荥经县、洪雅县、南部县、青神县、武胜县、荣县、犍为县、珙县、富顺县、宝兴县、中江县、嘉陵区、松潘县、沿滩区、资中县、泸县、梓潼县、岳池县、蓬安县、得荣县、丹棱县、井研县、乐至县、九龙县、天全县、三台县、安岳县、大英县、宜宾县、渠县、甘孜县、宣汉县、邻水县、南溪县、峨边县、德昌县、乡城县、黑水县、芦山县、沐川县、会东县、开江县、旺苍县、道孚县、巴塘县、茂县、稻城县、巴州区、炉霍县、西充县、长宁县、平武县、红原县、新龙县、丹巴县、仪陇县、泸定县、营山县、白玉县、高县、万源市、江安县、冕宁县、蓬溪县、合江县、盐亭县	73	40.33
低水平	$F < 0.026$	142～181	理塘县、苍溪县、青川县、汉源县、平昌县、壤塘县、金川县、小金县、名山县、甘洛县、叙永县、宁南县、北川县、元坝区、阿坝县、筠连县、剑阁县、雅江县、马边县、南江县、兴文县、通江县、色达县、木里县、安居区、普格县、若尔盖县、盐源县、雷波县、布拖县、越西县、古蔺县、石渠县、屏山县、朝天区、金阳县、喜德县、昭觉县、德格县、美姑县	40	22.10

2011 年，四川省 181 个县域经济综合竞争力指数的平均值为 0.081 0，居于首位的青羊区（指数为 0.333 8）与居于最末位的石渠县（指数为 0.024 5）的指数之差为 0.309 3，前者是后者的 13.62 倍；县域经济综合竞争力指数平均差为 0.037 5，标准差为 0.054 7，变异系数为 0.675 4。综合竞争力处于高水平的县域为 26 个，占县域总数的 14.36%；处于中高水平的县域为 22 个，占县域

总数的12.15%；处于中等水平的县域为24个，占县域总数的13.26%；处于中低水平的县域最多，为69个，占县域总数的38.12%；处于低水平的县域为40个，占县域总数的22.10%（表3-10）。

表3-10　2011年四川省县域经济综合竞争力水平分类

类型	综合指数 F	位序	县域	数量/个	占比/%
高水平	$F \geqslant 0.113$	1～26	青羊区、锦江区、武侯区、双流县、成华区、金牛区、龙泉驿区、郫县、涪城区、新都区、温江区、攀枝花东区、旌阳区、翠屏区、青白江区、自流井区、广汉市、攀枝花西区、西昌市、新津县、船山区、顺庆区、都江堰市、江阳区、雁江区、什邡市	26	14.36
中高水平	$0.089 \leqslant F < 0.113$	27～48	绵竹市、乐山市市中区、东坡区、威远县、简阳市、沙湾区、内江市市中区、通川区、仁和区、大安区、彭州市、金口河区、峨眉山市、利州区、游仙区、龙马潭区、江油市、五通桥区、崇州市、广安区、邻水县、射洪县	22	12.15
中等水平	$0.072 \leqslant F < 0.089$	49～72	邛崃市、金堂县、大邑县、华蓥市、彭山县、会理县、贡井区、蒲江县、汶川县、隆昌县、雨城区、大英县、大竹县、仁寿县、南部县、石棉县、盐边县、安岳县、达县、阆中市、荣县、武胜县、夹江县、马尔康县	24	13.26
中低水平	$0.048 \leqslant F < 0.072$	73～141	资中县、富顺县、乐至县、东兴区、罗江县、泸县、康定县、高坪区、中江县、米易县、南溪区、沿滩区、渠县、珙县、嘉陵区、安县、江安县、阿坝县、宣汉县、青神县、蓬安县、宜宾县、理县、岳池县、纳溪区、犍为县、蓬溪县、仪陇县、三台县、九寨沟县、长宁县、筠连县、洪雅县、梓潼县、宝兴县、荥经县、丹棱县、稻城县、井研县、得荣县、高县、茂县、开江县、会东县、乡城县、北川县、巴州区、旺苍县、西充县、营山县、古蔺县、松潘县、名山县、德昌县、泸定县、合江县、苍溪县、九龙县、平昌县、盐亭县、万源市、元坝区、南江县、安居区、芦山县、天全县、黑水县、壤塘县、红原县	69	38.12

类型	综合指数 F	位序	县域	数量 / 个	占比 / %
低水平	F＜0.048	142～181	峨边县、沐川县、盐源县、宁南县、剑阁县、兴文县、冕宁县、平武县、木里县、汉源县、金川县、叙永县、通江县、丹巴县、道孚县、甘孜县、青川县、小金县、炉霍县、巴塘县、白玉县、朝天区、雅江县、马边县、理塘县、雷波县、金阳县、屏山县、若尔盖县、新龙县、甘洛县、普格县、越西县、色达县、喜德县、布拖县、美姑县、昭觉县、德格县、石渠县	40	22.10

2016 年，四川省 183 个县域经济综合竞争力指数的平均值为 0.119 5，居于首位的双流区（指数为 0.402 4）与居于最末位的美姑县（指数为 0.043 7）的指数之差为 0.358 7，前者是后者的 9.21 倍；县域经济综合竞争力指数的平均差为 0.043 0，标准差为 0.064 3，变异系数为 0.537 7。综合竞争力处于高水平的县域为 24 个，占县域总数的 13.11%；处于中高水平的县域为 24 个，占县域总数的 13.11%；处于中等水平的县域为 38 个，占县域总数的 20.77%；处于中低水平的县域最多，为 77 个，占县域总数的 42.08%；处于低水平的县域为 20 个，占县域总数的 10.93%（表 3-11）。

表 3-11 2016 年四川省县域经济综合竞争力水平分类

类型	综合指数 F	位序	县域	数量 / 个	占比 / %
高水平	F≥0.167	1～24	双流区、武侯区、龙泉驿区、青羊区、锦江区、金牛区、成华区、涪城区、新都区、温江区、郫都区、攀枝花东区、旌阳区、青白江区、翠屏区、新津县、江阳区、广汉市、船山区、自流井区、西昌市、雁江区、东坡区、顺庆区	24	13.11
中高水平	0.131≤F＜0.167	25～48	金堂县、绵竹市、简阳市、彭州市、龙马潭区、攀枝花西区、什邡市、都江堰市、乐山市市中区、江油市、仁和区、内江市市中区、威远县、沙湾区、宜宾县、通川区、利州区、仁寿县、崇州市、华蓥市、峨眉山市、射洪县、游仙区、大安区	24	13.11

类型	综合指数 F	位序	县域	数量/个	占比/%
中等水平	$0.107 \leq F < 0.131$	49～86	彭山区、隆昌县、邛崃市、泸县、南部县、蒲江县、大邑县、前锋区、五通桥区、安岳县、武胜县、大竹县、乐至县、邻水县、贡井区、米易县、纳溪区、江安县、中江县、达川区、会理县、盐边县、岳池县、夹江县、阆中市、渠县、宣汉县、广安区、巴州区、沿滩区、嘉陵区、安州区、高坪区、罗江县、富顺县、东兴区、合江县、大英县	38	20.77
中低水平	$0.072 \leq F < 0.107$	87～163	荣县、雨城区、珙县、资中县、汶川县、蓬安县、石棉县、马尔康市、平昌县、康定市、长宁县、南溪区、青神县、古蔺县、高县、犍为县、南江县、仪陇县、营山县、西充县、宝兴县、理县、黑水县、丹棱县、洪雅县、三台县、蓬溪县、筠连县、昭化区、金口河区、会东县、梓潼县、得荣县、稻城县、九寨沟县、万源市、井研县、沐川县、安居区、开江县、剑阁县、苍溪县、色达县、炉霍县、兴文县、叙永县、天全县、松潘县、旺苍县、茂县、荥经县、宁南县、小金县、通江县、盐亭县、德昌县、乡城县、芦山县、名山区、峨边县、红原县、北川县、巴塘县、泸定县、朝天区、冕宁县、雅江县、平武县、木里县、丹巴县、金川县、道孚县、理塘县、恩阳区、白玉县、屏山县、壤塘县	77	42.08
低水平	$F < 0.072$	164～183	峨边县、沐川县、盐源县、宁南县、剑阁县、兴文县、冕宁县、平武县、木里县、汉源县、金川县、叙永县、通江县、丹巴县、道孚县、甘孜县、青川县、小金县、炉霍县、巴塘县、白玉县、朝天区、雅江县、马边县、理塘县、雷波县、金阳县、屏山县、若尔盖县、新龙县、甘洛县、普格县、越西县、色达县、喜德县、布拖县、昭觉县、德格县、石渠县、美姑县	20	10.93

2018 年，四川省共有 183 个县域，县域经济综合竞争力指数的平均值为 0.142 3，居于首位的金牛区（指数为 0.560 9）与居于最末位的布拖县（指数为 0.056 6）的指数之差为 0.504 3，前者是后者的 9.91 倍；县域经济综合竞争力指数平均差为 0.057 9，标准差为 0.087 1，变异系数为 0.611 7。综合竞争力处于高水平的县域为 26 个，占县域总数的 14.21%；处于中高水平的县域为 23 个，占县域总数的 12.57%；处于中等水平的县域为 20 个，占县域总数的 10.93%；处于中低水平的县域最多，为 78 个，占县域总数的 42.62%；处于低水平县域为 36 个，占县域总数的 19.67%（表 3-12）。

表 3-12　2018 年四川省县域经济综合竞争力水平分类

类型	综合指数 F	位序	县域	数量 / 个	占比 / %
高水平	$F \geqslant 0.199$	1～26	金牛区、龙泉驿区、成华区、青白江区、武侯区、翠屏区、青羊区、锦江区、温江区、双流区、新都区、涪城区、郫都区、攀枝花东区、广汉市、龙马潭区、船山区、江阳区、旌阳区、绵竹市、新津县、五通桥区、彭州市、什邡市、东坡区、乐山市市中区	26	14.21
中高水平	$0.156 \leqslant F < 0.199$	27～49	顺庆区、雁江区、西昌市、自流井区、金堂县、简阳市、崇州市、都江堰市、利州区、攀枝花西区、宜宾县、前锋区、蒲江县、仁和区、威远县、峨眉山市、大安区、江油市、通川区、邛崃市、泸县、华蓥市、沙湾区	23	12.57
中等水平	$0.128 \leqslant F < 0.156$	50～69	大邑县、射洪县、内江市市中区、彭山区、武胜县、游仙区、隆昌县、仁寿县、米易县、岳池县、邻水县、南部县、富顺县、大竹县、中江县、贡井区、达川区、高坪区、安岳县、纳溪区	20	10.93

类型	综合指数 F	位序	县域	数量 / 个	占比 / %
中低水平	0.085≤ F<0.128	70～147	宣汉县、嘉陵区、阆中市、渠县、江安县、东兴区、合江县、盐边县、乐至县、广安区、长宁县、夹江县、金口河区、沿滩区、安州区、雨城区、康定市、南溪区、巴州区、罗江县、荣县、平昌县、珙县、马尔康市、色达县、大英县、蓬安县、三台县、炉霍县、石棉县、汶川县、南江县、古蔺县、高县、西充县、安居区、营山县、蓬溪县、仪陇县、青神县、九寨沟县、叙永县、会理县、筠连县、犍为县、黑水县、巴塘县、洪雅县、得荣县、理县、稻城县、昭化区、井研县、宝兴县、资中县、梓潼县、开江县、苍溪县、丹棱县、沐川县、万源市、会东县、剑阁县、白玉县、乡城县、松潘县、兴文县、宁南县、北川县、通江县、朝天区、小金县、茂县、壤塘县、天全县、旺苍县、盐亭县、道孚县	78	42.62
低水平	F<0.085	148～183	峨边县、平武县、德昌县、石渠县、丹巴县、名山区、红原县、雅江县、新龙县、荥经县、泸定县、金川县、冕宁县、屏山县、恩阳区、雷波县、理塘县、马边县、芦山县、九龙县、甘孜县、青川县、木里县、普格县、汉源县、盐源县、若尔盖县、阿坝县、金阳县、喜德县、甘洛县、越西县、昭觉县、德格县、美姑县、布拖县	36	19.67

2. 县域经济综合竞争力类型的空间分布格局

四川省县域经济综合竞争力水平的不同类型县域在空间分布上的集聚与分异特征明显，即高、中高、中等水平县域更加集中地分布于成都平原及其东部地区，且自 2011 年以来这种特征更加显著。具体表现为：高水平及中高水平县域总体呈现“集聚 + 分散”的分布格局，呈块状集聚分布在成都平原及其周边地区，呈点状分散分布在其他市（州）的城市主城区如翠屏区、乐山市市中区、西昌市、攀枝花东区、江阳区、船山区、利州区等；其中，高水平县域数量基本稳定在 14% 左右，中高水平县域数量基本稳定在 12% 左右；中等水平县域数量除2016年（21%）外基本稳定在11%左右，分布较为分散，在成都平原周边、川东北、川东南等地区均有分布；中低水平和低水平县域占绝对主导地位，这两类县域数量占比除2016年（53%）外基本稳定在60%以上，空间范围上呈片状集聚分布，分布范围广，集中分布在川西三州、川东北、川东南等地区，在成都平原周边地区分布得较为分散；其中，中低水平县域数量基本稳定在40%左右，低水平县域数量呈跳跃式变化，在五个时间截面的比例分别为16%、22%、22%、11%和20%（图3-6）。

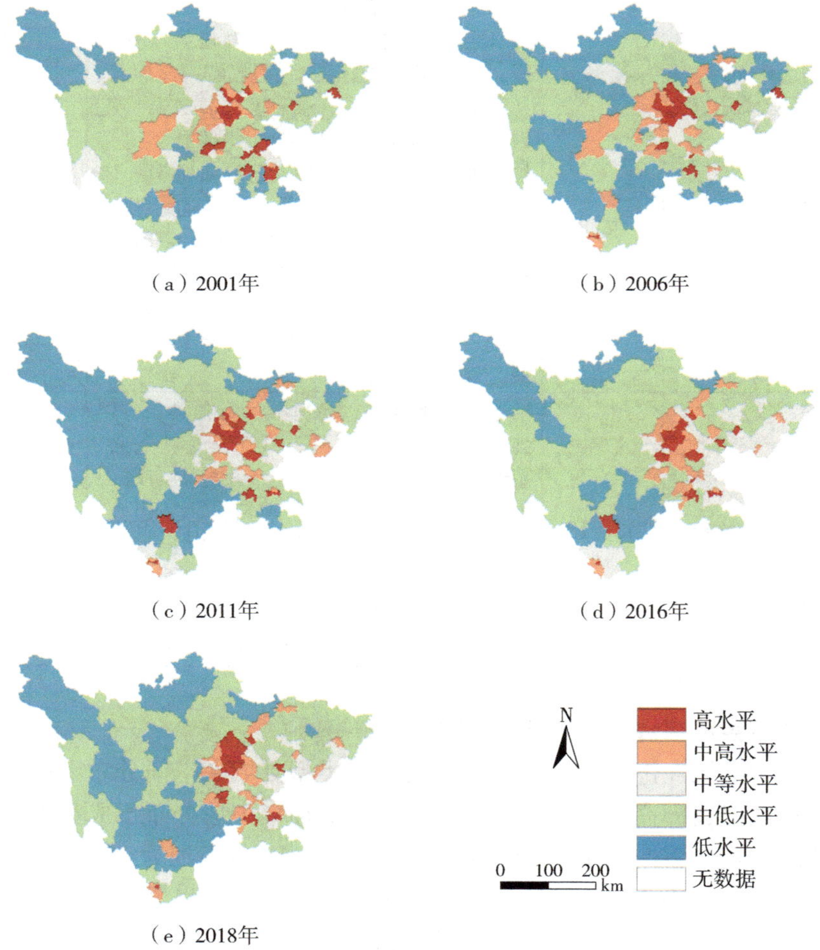

图3-6 五个时间截面四川省县域经济综合竞争力水平的不同类型县域空间分布及演化

综上所述，四川省县域经济综合竞争力水平差异性很大，五个时间截面的首位县域、末位县域综合指数的差距均在 8 倍以上；其绝对差异（极差、平均差、标准差）在近 18 年来不断扩大，相对差异（变异系数、极值比率）有缩小趋势；县域经济综合竞争力水平总体较低，中低水平和低水平县域占据发展类型主体（除 2016 年为 53.10% 外，其他 4 个年份的占比均在 60% 以上），而中高水平和中等水平县域所占比例相对较低（除 2016 年为 33.88% 外，其他 4 个年份的占比均在 22%～26%）。四川省县域经济综合竞争力水平类型在空间分布上的集聚与分异特征明显，且 2011 年以来这种特征更加显著。

3. 县域经济综合竞争力水平类型的演化

结合县域经济综合竞争力水平分类，以研究期初（2001 年）和研究期末（2018 年）为时间节点，并参照各年份县域经济综合竞争力指数均值，将四川省县域经济综合竞争力水平类型的演化分为Ⅲ个大类 15 个亚类（表 3-13），并对各县域经济综合竞争力水平类型的演化进行分类（表 3-14），据此分析四川省县域经济综合竞争力水平类型的演化特征。

表 3-13　四川省县域经济综合竞争力水平类型演化分类标准

大　类	亚　类
路径依赖型Ⅰ	高水平—高水平（Ⅰ 1类） 中高水平—中高水平（Ⅰ 2类） 中等水平—中等水平（Ⅰ 3类） 中低水平—中低水平（Ⅰ 4类） 低水平—低水平（Ⅰ 5类）
正向演化型Ⅱ	中等或中高水平—高水平（Ⅱ 1类） 中等水平—中高水平（Ⅱ 2类） 低或中低水平—中等水平（Ⅱ 3类） 低水平—中低水平（Ⅱ 4类） 低或中低水平—中高或高水平（Ⅱ 5类）
负向演化型Ⅲ	高水平—中高水平（Ⅲ 1类） 高或中高水平—中等水平（Ⅲ 2类） 中等水平—中低水平（Ⅲ 3类） 中等或中低水平—低水平（Ⅲ 4类） 高或中高水平—低或中低水平（Ⅲ 5类）

表 3-14 四川省县域经济综合竞争力水平类型演化

大类	亚类	县域	数量 / 个	占比 / %
路径依赖型Ⅰ	Ⅰ 1类	金牛区、成华区、龙泉驿区、青白江区、武侯区、青羊区、翠屏区、锦江区、双流区、新都区、温江区、涪城区、郫都区、攀枝花东区、江阳区、旌阳区、什邡市、乐山市市中区	18	9.84
	Ⅰ 2类	雁江区、西昌市、金堂县、崇州市、都江堰市、利州区、蒲江县、江油市、邛崃市、沙湾区	10	5.46
	Ⅰ 3类	彭山区、隆昌县	2	1.09
	Ⅰ 4类	宣汉县、嘉陵区、阆中市、渠县、合江县、盐边县、乐至县、广安区、长宁县、夹江县、金口河区、沿滩区、安县、南溪县、巴州区、荣县、平昌县、珙县、炉霍县、大英县、蓬安县、三台县、西充县、营山县、蓬溪县、青神县、叙永县、会理县、犍为县、黑水县、巴塘县、洪雅县、稻城县、昭化区、井研县、资中县、梓潼县、开江县、苍溪县、丹棱县、沐川县、万源市、白玉县、松潘县、北川县、小金县、茂县、壤塘县、天全县、旺苍县、盐亭县、道孚县	52	28.42
	Ⅰ 5类	石渠县、雷波县、马边县、普格县、汉源县、盐源县、若尔盖县、金阳县、屏山县、恩阳区、喜德县、越西县、昭觉县、德格县、美姑县、布拖县	16	8.74
正向演化型Ⅱ	Ⅱ 1类	广汉市、龙马潭区、船山区、绵竹市、新津县、五通桥区、彭州市、东坡区	8	4.37
	Ⅱ 2类	前锋区、仁和区、威远县、华蓥市、泸县	5	2.73
	Ⅱ 3类	武胜县、仁寿县、米易县、岳池县、邻水县、南部县、富顺县、大竹县、中江县、达川区、高坪区、安岳县	12	6.56
	Ⅱ 4类	江安县、色达县、南江县、古蔺县、高县、仪陇县、筠连县、会东县、剑阁县、兴文县、宁南县、通江县、朝天区、安居区	14	7.65
	Ⅱ 5类	简阳市、宜宾县	2	1.09
负向演化型Ⅲ	Ⅲ 1类	顺庆区、自流井区、攀枝花西区、峨眉山市、大安区、通川区	6	3.28
	Ⅲ 2类	大邑县、射洪县、内江市市中区、游仙区、贡井区、纳溪区	6	3.28
	Ⅲ 3类	罗江县、石棉县、汶川县、九寨沟县、得荣县、理县、宝兴县、乡城县	8	4.37
	Ⅲ 4类	峨边县、平武县、德昌县、丹巴县、名山县、红原县、雅江县、新龙县、荥经县、泸定县、金川县、冕宁县、理塘县、芦山县、九龙县、甘孜县、青川县、木里县、阿坝县、甘洛县	20	10.93
	Ⅲ 5类	东兴区、雨城区、康定市、马尔康市	4	2.19

从四川省县域经济综合竞争力水平类型演化（表 3-14）可以看出，县域经济综合发展具有较强的稳定性及延续性。在演化的三大类型中，路径依赖型Ⅰ为主体，县域数量 98 个，占县域总数的 53.55%；正向演化型Ⅱ和负向演化型Ⅲ基本相当，县域数量分别为 41 个和 44 个，所占比例分别为 22.40% 和 24.04%。在路径依赖型Ⅰ中，又以中低水平最为稳定，Ⅰ 4 类县域数量 52 个，占县域总数的 28.42%；其次为高水平和低水平类，Ⅰ 1 类和Ⅰ 5 类县域数量分别为 18 个和 16 个，各占 9.84% 和 8.74%。在正向演化型Ⅱ中，主要以Ⅱ 3 类（低或中低水平—中等水平）和Ⅱ 4 类（低水平—中低水平）为主，县域数量分别为 12 个和 14 个，占比分别为 6.56% 和 7.65%。在负向演化型Ⅲ中，以Ⅲ 4 类（中等或中低水平—低水平）为主，县域数量 20 个，占比 10.93%。

另外，在各种类型的演化中，基本上表现为中等水平及其以上类型之间的演化和中等水平及其以下类型之间的演化，跨越中等水平的类型演化所占比例极低，即Ⅱ 5 类（低或中低水平—中高或高水平）和Ⅲ 5 类（高或中高水平—低或中低水平）县域数量非常少，分别为 2 个（简阳市、宜宾县）和 4 个（东兴区、雨城区、康定市、马尔康市），所占比例分别为 1.09% 和 2.19%。这也从另一方面表明四川省县域经济综合发展具有较强的时空稳定性。

（二）县域经济综合竞争力空间关联分析

1. 全局空间自相关

2001—2018 年，四川省县域经济综合竞争力水平均呈显著的正空间自相关性，即综合竞争力水平较高的县域趋于集聚，综合竞争力水平较低的县域也趋于集聚。2001 年、2006 年、2011 年、2016 年和 2018 年，综合竞争力水平指数的 Moran's I 值分别为 0.535 9、0.821 1、0.869 1、0.834 9 和 0.835 4（图 3-7），且 Moran's I 值的正态统计量 Z 值的置信水平均小于 0.01。四川省县域经济综合竞争力水平的空间自相关性总体呈先上升后下降趋势，表现为综合竞争力水平指数的 Moran's I 值先升后降（图 3-7）。从 Moran's I 值的变化来看，2001—2011 年，各县域综合竞争力水平的空间关系趋于紧密，其 Moran's I 值增加了 0.333 2，增幅为 62.18%；2011 年后各县域综合竞争力水平的空间关系虽有弱化，但总体趋于稳定。2011—2018 年 Moran's I 值减少了 0.033 7，减幅仅为 3.88%，各县域综合竞争力水平的空间关系变化较小。

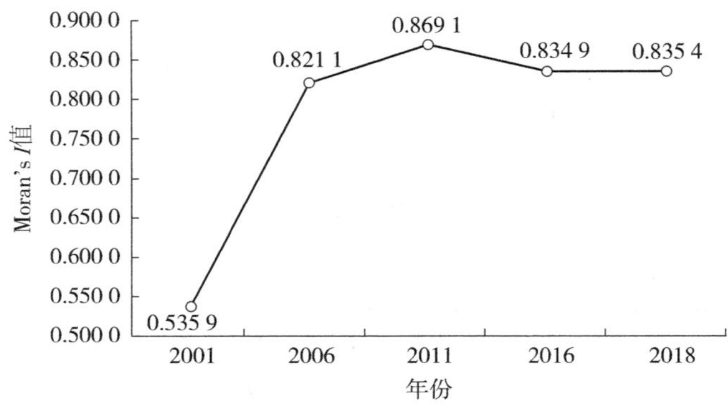

图 3-7 五个时间截面四川省县域经济综合竞争力水平指数的 Moran's I 值

2. 局部空间自相关

全局空间自相关是从整体上测度了四川省县域经济综合竞争力水平的空间集聚性，基于此再分别测算 2001 年、2006 年、2011 年、2016 年和 2018 年五个时间截面的局部自相关指数并制作 LISA 图（图 3-8），进而揭示县域综合竞争力水平的局部集聚特征及空间异质性特征。

四川省县域经济综合竞争力水平具有显著空间关联类型的县域数量偏少（图 3-8、图 3-9、表 3-15）。2001 年、2006 年、2011 年、2016 年和 2018 年，通过 0.05 以下显著性水平检验的 HH 型、HL 型、LH 型、LL 型县域数量分别为 37 个、40 个、47 个、55 个和 50 个，四类显著空间关联的县域数量占四川省全部县域总数的比例为 20%～30%。在具有显著空间关联的四类县域中，关联类型以正相关集聚为主（图 3-8）。从数量上看，在五个时间截面中，正相关集聚类型（HH 型和 LL 型）县域占全部显著关联类型县域的比例为 93%。其中，2001 年数量最少，为 33 个，2016 年最多，为 53 个。HL 和 LH 型数量相对较少（表 3-15）。从空间分布格局来看，空间关联类型存在明显的地域分异特征，总体分布格局保持稳定。HH 型县域集聚分布在成都平原核心区，新津区、新都区、武侯区、温江区、双流区、青羊区、锦江区、金牛区、成华区、郫都区、旌阳区、青白江区、龙泉驿区和广汉市 14 个县（市、区）在五个时间截面中一直保持 HH 型集聚。仅在 2001 年，在成都平原东南部出现过零星的 HH 型集聚。LL 型集聚分布在川西三州，以 2016 年和 2018 年最为典型。在部分年份，在川东北和川东南也有 LL 型集聚。昭觉、越西、雷波等县域在研究期内始终保持 LL 型集聚不变。总体而言，LL 型集聚县域范围在 2001—2016 年有逐步扩大的趋势，在 2018 年微降。HL 和 LH 型县域整体分布在 HH 型县域外围地区。其中，HL 型集聚在川东北和川西南地区，主要为西昌市、攀枝花市仁和区、广元市利州区和马尔康市 4 个县域。LH 型主要为罗江区、沿滩区、仁寿县和夹江县四个县域，邻接成都平原核心区集聚（图 3-8）。

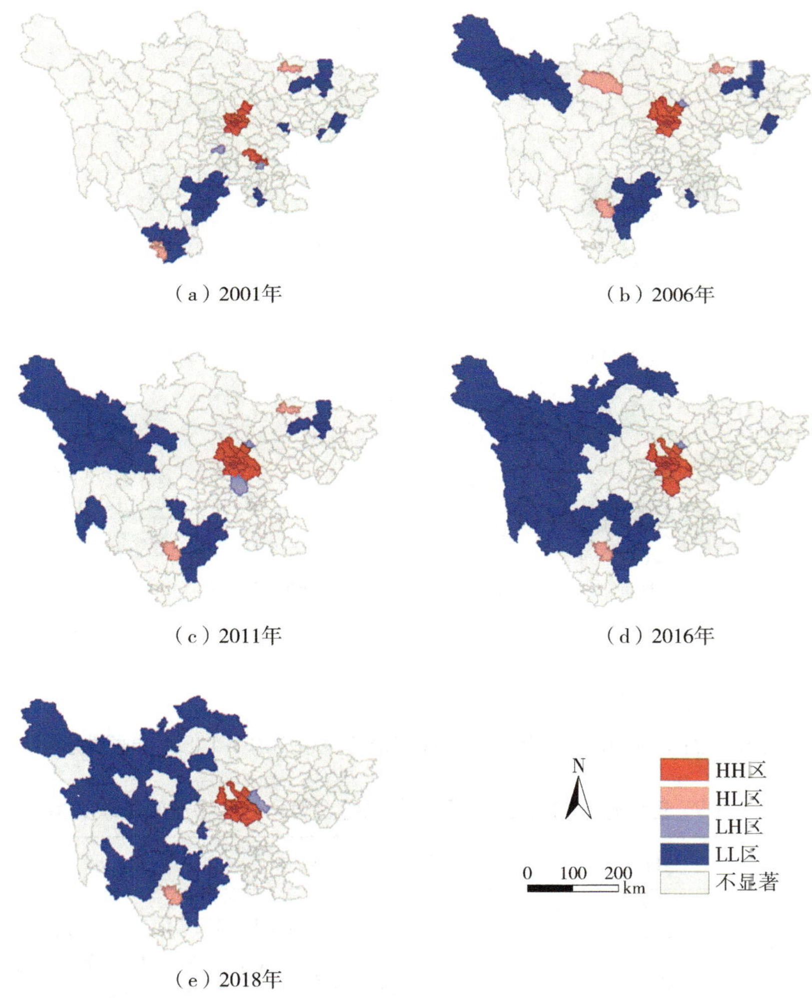

图 3-8　五个时间截面四川省县域经济综合竞争力水平空间关联格局

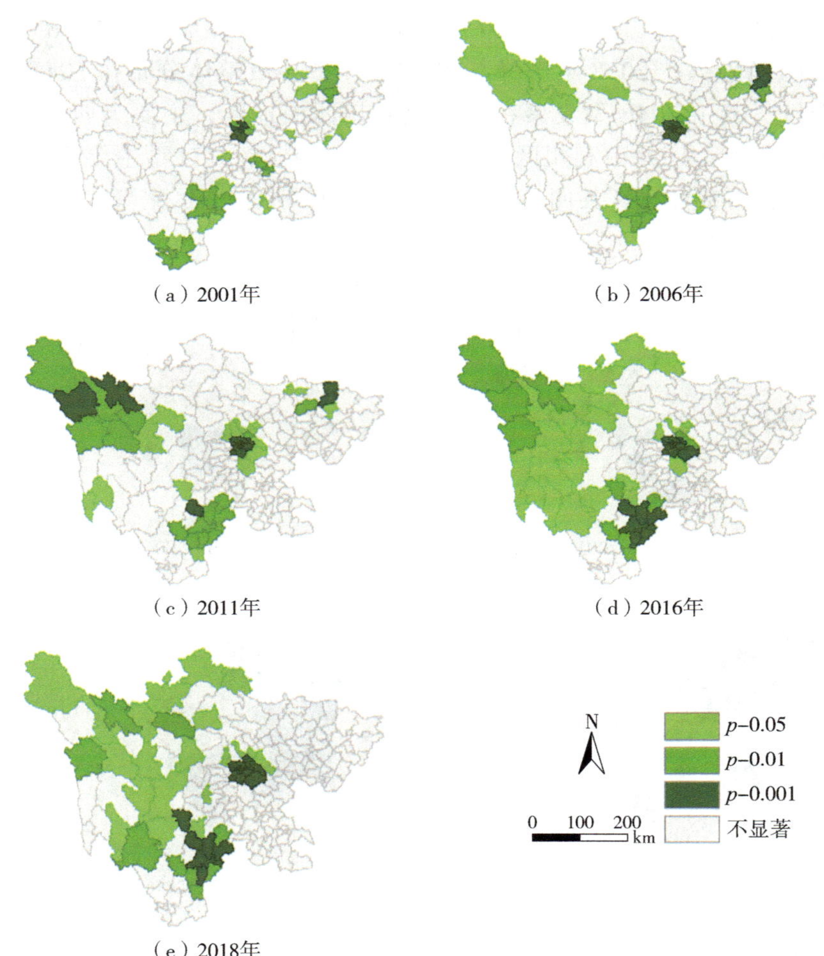

图 3-9　五个时间截面四川省县域经济综合竞争力水平 LISA 显著性水平

表 3-15　五个时间截面四川省县域经济综合竞争力水平空间关联类型

年份	HH 型	HL 型	LH 型	LL 型
2001	新津区、新都区、武侯区、温江区、双流区、青羊区、锦江区、金牛区、成华区、郫都区、旌阳区、青白江区、龙泉驿区、广汉市、大英县、威远县	仁和区、利州区	沿滩区、夹江县	昭觉县、越西县、盐边县、南江县、米易县、美姑县、马边县、雷波县、金阳县、会理县、华蓥县、珙县、大竹县、船山区、苍溪县、布拖县、巴州区

年份	HH 型	HL 型	LH 型	LL 型
2006	新津区、新都区、武侯区、温江区、双流区、青羊区、锦江区、金牛区、成华区、郫都区、旌阳区、青白江区、龙泉驿区、广汉市、都江堰市、什邡市、彭州市	西昌市、利州区、马尔康市	罗江区	昭觉县、越西县、石渠县、色达县、普格县、宁南县、南江县、美姑县、马边县、炉霍县、雷波县、金阳县、珙县、甘孜县、德格县、大竹县、苍溪县、布拖县、巴州区
2011	新津区、新都区、武侯区、温江区、双流区、青羊区、锦江区、金牛区、成华区、郫都区、旌阳区、青白江区、龙泉驿区、广汉市、都江堰市、什邡市、金堂县、简阳市、彭州市	西昌市、利州区	罗江区、仁寿县	昭觉县、越西县、新龙县、乡城县、石渠县、石棉县、色达县、普格县、宁南县、南江县、美姑县、马边县、炉霍县、雷县波、金阳县、金川县、甘孜县、德格县、得荣县、道孚县、苍溪县、布拖县、白玉县、巴州区
2016	新津区、新都区、武侯区、温江区、双流区、青羊区、锦江区、金牛区、成华区、郫都区、旌阳区、青白江区、龙泉驿区、广汉市、都江堰市、什邡市、金堂县、简阳市、仁寿县	西昌市	罗江区	昭觉县、越西县、雅江县、新龙县、乡城县、石渠县、石棉县、色达县、壤塘县、普格县、宁南县、木里县、美姑县、马边县、炉霍县、理塘县、雷波县、九龙县、金阳县、金川县、汉源县、甘孜县、甘洛县、德格县、得荣县、稻城县、道孚县、布拖县、白玉县、巴塘县、阿坝县、若尔盖县、马尔康市、九寨沟县
2018	新津区、新都区、武侯区、温江区、双流区、青羊区、锦江区、金牛区、成华区、郫都区、旌阳区、青白江区、龙泉驿区、广汉市、都江堰市、什邡市、金堂县、简阳市	西昌市	中江县	昭觉县、越西县、雨城区、雅江县、新龙县、小金县、石渠县、石棉县、色达县、壤塘县、普格县、宁南县、木里县、美姑县、马边县、雷波县、康定市、九龙县、金阳县、黑水县、甘孜县、甘洛县、稻城县、道孚县、布拖县、白玉县、阿坝县、若尔盖县、马尔康市、九寨沟县

3. 冷热点格局

在分析四川省县域经济综合竞争力水平空间自相关的基础上，计算2001年、2006年、2011年、2016年和2018年热点指数并将其可视化，根据Jenks最佳自然断裂点法将热点指数由高到低分为热点区、次热点区、次冷点区和冷点区四类区域，并生成综合竞争力水平的热点演化图（图3-10），以进一步分析四川省县域经济综合竞争力水平的集聚模式。

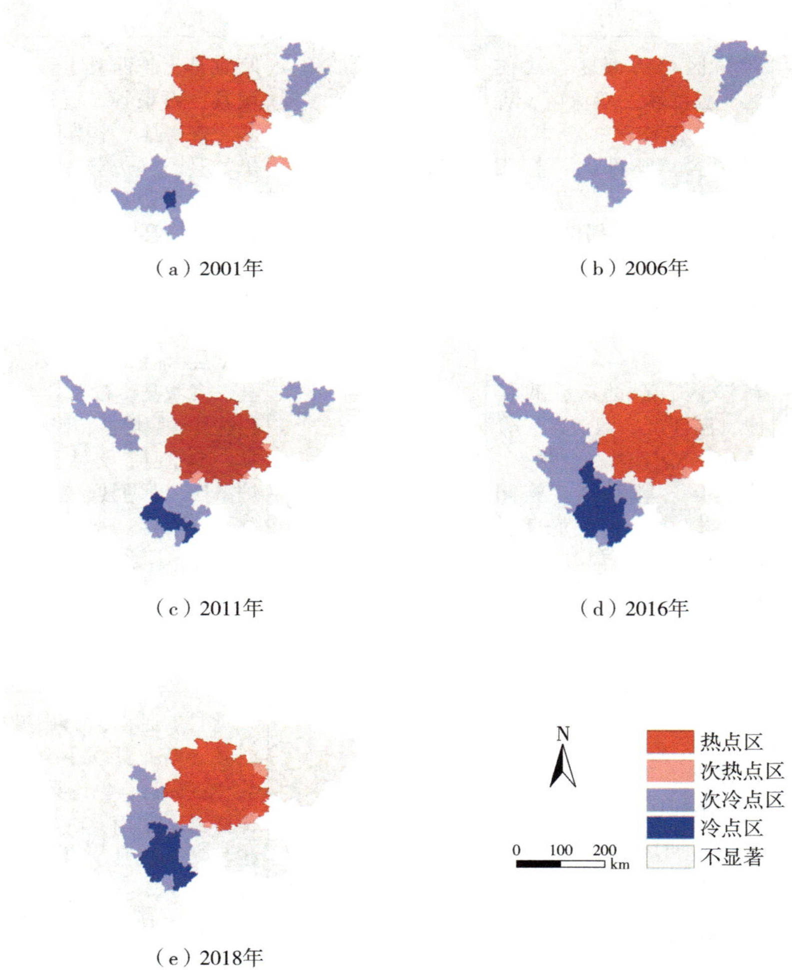

图3-10 五个时间截面四川省县域经济综合竞争力水平热点分布格局

2001—2018 年，四川省县域经济综合竞争力水平热点区和冷点区区域分异明显，热点区和次热点区具有较强的稳定性及延续性，冷点区和次冷点区总体处于扩张状态。其中，热点区和次热点区集中分布在成都平原及其东南地区，而川西和川东北地区集聚分布冷点区及次冷点区。具体分析如下：热点区在五个时间截面空间分布保持一致，集聚在武侯区等 50 多个县域，2006 年峨眉山市演变为次热点区；次热点区紧邻热点区，分布在热点区东南方向，主要包括安岳县等县域。2011 年后冷点区基本保持不变的主要是川西的昭觉县等 10 个县域，普格县于 2006 年由冷点区演变为次冷点区；次冷点区约有 30 个县域，集聚在川西三州和川东北地区。2011 年后，次冷点区集中分布在川西三州，且有连片扩大的趋势（表 3-16）。

表 3-16　五个时间截面四川省县域经济综合竞争力水平冷热点县域类型

年份	热点区	次热点区	次冷点区	冷点区
2001	资中县、中江县、雨城区、游仙区、雁江区、新津县、新都区、武侯区、五通桥区、汶川县、温江区、威远县、双流区、什邡市、射洪县、三台县、荣县、仁寿县、邛崃市、青羊区、青神县、青白江区、蒲江县、郫都区、彭州市、彭山区、名山区、绵竹市、茂县、罗江区、芦山县、龙泉驿、区理县、乐至县、乐山市市中区、井研县、旌阳区、锦江区、金堂县、金牛区、简阳市、夹江县、洪雅县、广汉市、涪城区、峨眉山市、都江堰市、东坡区、丹棱县、大英县、大邑县、崇州市、成华区、北川羌族自治区、宝兴县、安州区、安居区	合江县、内江市市中区、安岳县	武胜县、通江县、通川区、顺庆区、仁和区、渠县、前锋区、攀枝花西区、南江县、米易县、利州区、会理县、华蓥市、大竹县、达川区、苍溪县、昭觉县、岳池县、营山县、仪陇县、盐源县、喜德县、西昌市、旺苍县、平昌县、蓬安县、宁南县、冕宁县、金阳县、会东县、广安区、高坪区、恩阳区、德昌县、布拖县、巴州区	普格县

年份	热点区	次热点区	次冷点区	冷点区
2006	资中县、中江县、雨城区、游仙区、雁江区、新津县、新都区、武侯区、汶川县、温江区、威远县、双流区、什邡市、射洪县、三台县、荣县、仁寿县、邛崃市、青羊区、青神县、青白江区、蒲江县、郫都区、彭州市、彭山区、名山区、绵竹市、茂县、罗江区、芦山县、龙泉驿区、理县、乐至县、乐山市市中区、井研县、旌阳区、锦江区、金堂县、金牛区、简阳市、夹江县、洪雅县、广汉市、涪城区、都江堰市、东坡区、丹棱县、大英县、大邑县、崇州市、成华区、北川羌族自治县、宝兴县、安州区、安居区	五通桥区、峨眉山市、安岳县	岳池县、宣汉县、西昌市、通川区、渠县、前锋区、利州区、雷波县、金口河区、广安区、甘洛县、峨边彝族自治县、大竹县、达川区、朝天区、苍溪县、昭觉县、越西县、营山县、仪陇县、喜德县、旺苍县、通江县、平昌县、蓬安县、南江县、冕宁县、美姑县、金阳县、高坪区、恩阳区、布拖县、巴州区	
2011	资中县、中江县、雨城区、游仙区、雁江区、新津县、新都区、武侯区、五通桥区、汶川县、温江区、威远县、双流区、什邡市、射洪县、三台县、荣县、仁寿县、邛崃市、青羊区、青神县、青白江区、蒲江县、郫都区、彭州市、彭山区、名山区、绵竹市、茂县、罗江区、芦山县、龙泉驿区、理县、乐至县、乐山市市中区、井研县、旌阳区、锦江区、金堂县、金牛区、简阳市、夹江县、洪雅县、广汉市、涪城区、都江堰市、东坡区、丹棱县、大英县、大邑县、崇州市、成华区、北川羌族自治县、宝兴县、安州区、安岳县、安居区	峨眉山市、船山区、内江市市中区	营山县、仪陇县、雅江县、新龙县、石棉县、色达县、平昌县、蓬安县、南江县、马尔康市、马边彝族自治县、泸定县、利州区、理塘县、康定市、九龙县、金川县、汉源县、德格县、丹巴县、朝天区、苍溪县、白玉县、越西县、西昌市、旺苍县、通江县、美姑县、炉霍县、雷波县、金口河区、甘孜县、甘洛县、恩阳区、峨边彝族自治县、道孚县、布拖县、巴州区	昭觉县、喜德县、冕宁县、金阳县

年份	热点区	次热点区	次冷点区	冷点区
2016	资中县、中江县、雨城区、游仙区、雁江区、新津县、新都区、武侯区、五通桥区、汶川县、温江区、威远县、双流区、什邡市、射洪县、三台县、荣县、仁寿县、邛崃市、青羊区、青神县、青白江区、蒲江县、郫都区、彭州市、彭山区、内江市市中区、名山区、绵竹市、茂县、罗江区、芦山县、龙泉驿区、理县、乐至县、乐山市市中区、井研县、旌阳区、锦江区、金堂县、金牛区、简阳市、夹江县、洪雅县、广汉市、涪城区、都江堰市、东坡区、丹棱县、大英县、大邑县、船山区、崇州市、成华区、北川羌族自治县、宝兴县、安州区、安岳县、安居区	盐亭县、东兴区	荥经县、新龙县、旺苍县、色达县、壤塘县、马尔康市、理塘县、金川县、红原县、德格县、稻城县、白玉县、雅江县、普格县、马边彝族自治县、炉霍县、雷波县、康定市、九龙县、金口河区、汉源县、甘孜县、峨边彝族自治县、道孚县、丹巴县	昭觉县、越西县、喜德县、西昌市、石棉县、冕宁县、美姑县、泸定县、金阳县、甘洛县、布拖县
2018	资中县、中江县、雨城区、游仙区、雁江区、新津县、新都区、武侯区、汶川县、温江区、威远县、双流区、什邡市、射洪县、三台县、荣县、仁寿县、邛崃市、青羊区、青神县、青白江区、蒲江县、郫都区、彭州市、彭山区、名山区、绵竹市、茂县、罗江区、芦山县、龙泉驿区、理县、乐至县、乐山市市中区、井研县、旌阳区、锦江区、金堂县、金牛区、简阳市、夹江县、洪雅县、广汉市、涪城区、都江堰市、东坡区、丹棱县、大英县、大邑县、船山区、崇州市、成华区、北川羌族自治县、宝兴县、安州区、安岳县、安居区	盐亭县、内江市市中区、东兴区、五通桥区	雅江县、新龙县、旺苍县、通江县、马尔康市、马边彝族自治县、炉霍县、利州区、雷波县、金川县、红原县、稻城县、道孚县、苍溪县、普格县、美姑县、泸定县、康定市、九龙县、金口河区、汉源县、峨边彝族自治县、丹巴县	昭觉县、越西县、喜德县、西昌市、石棉县、冕宁县、金阳县、甘洛县、布拖县

（三）县域经济综合竞争力增长的空间分类

根据前述县域经济综合竞争力增长类型的划分标准（表 2-2），首先对 2002 年、2006 年、2011 年、2016 年和 2018 年五个时间截面的县域经济综合竞争力增长（比上年增长）水平进行分类，分析五个时间截面县域经济综合竞争力增长差异及其空间格局演化特征（表 3-17、表 3-18、图 3-11）；同时，划分 2001—2006 年、2006—2011 年、2011—2016 年和 2016—2018 年 4 个时间序列的县域经济综合竞争力增长（年均增长）类型，以分析不同时段县域经济综合竞争力的增长差异及其空间格局演变特征（表 3-19、图 3-12）。

表 3-17　2018 年四川省县域经济综合竞争力增长类型

类型	县域
高水平	成华区、翠屏区、五通桥区、石渠县、绵竹市、前锋区、普格县、乐山市市中区、色达县、巴塘县、美姑县、炉霍县、什邡市
中高水平	大安区、广汉市、东坡区、船山区、岳池县、金阳县、甘洛县、新龙县、高坪区、叙永县、富顺县、布拖县、雅江县、壤塘县、昭觉县、德格县、白玉县、长宁县、宁南县、越西县、峨眉山市、武胜县、泸县、小金县、华蓥市、道孚县、彭山区、九寨沟县
中等水平	金牛区、洪雅县、利州区、朝天区、三台县、井研县、安居区、乡城县、威远县、南溪区、隆昌县、邻水县、九龙县、崇州市、达川区、黑水县、青羊区、江阳区、宜宾县、北川县、雷波县、东兴区、马边县、盐源县、宣汉县、金川县、木里县、稻城县、松潘县、大邑县、贡井区、中江县、蒲江县、仪陇县、丹棱县、古蔺县、渠县、射洪县、蓬溪县、筠连县、阿坝县、龙马潭区、苍溪县、温江区、喜德县、丹巴县、通江县、仁寿县、沙湾区、甘孜县、康定市、红原县、南江县、彭州市、得荣县、屏山县、理塘县、若尔盖县、西充县、开江县、顺庆区、青白江区、合江县、内江市市中区、芦山县、阆中市、平武县、剑阁县、沐川县、青神县
中低水平	荣县、金口河区、大竹县、冕宁县、万源市、茂县、汉源县、夹江县、西昌市、雨城区、南部县、昭化区、安州区、珙县、兴文县、自流井区、盐边县、平昌县、恩阳区、天全县、马尔康市、通川区、盐亭县、资中县、乐至县、德昌县、营山县、嘉陵区、江油市、广安区、旌阳区、峨边县、会东县、汶川县、江安县、青川县、高县、旺苍县、都江堰市、沿滩区、纳溪区、理县、简阳市、东区、米易县、蓬安县、名山区、罗江县、安岳县、巴州区、西区、梓潼县、犍为县、游仙区、泸定县、石棉县、金堂县、双流区、大英县、宝兴县、新津县、新都区、涪城区、荥经县、郫都区、雁江区、邛崃市、仁和区
低水平	会理县、龙泉驿区、锦江区、武侯区

表 3-18　2002—2018 年四川省县域经济综合竞争力增长类型统计

年份	高水平		中高水平		中等水平		中低水平		低水平县域	
	县域数 / 个	比例 / %	县域数 / 个	比例 / %	县域数 / 个	比例 / %	县域数 / 个	比例 / %	县域数 / 个	比例 / %
2002	1	0.56	30	16.85	121	67.98	22	12.36	4	2.25
2006	17	9.39	40	22.10	58	32.04	52	28.73	14	7.73
2011	4	2.21	54	29.83	82	45.30	28	15.47	13	7.18
2016	16	8.74	58	31.69	45	24.59	41	22.40	23	12.57
2018	13	7.10	28	15.30	70	38.25	68	37.16	4	2.19

1. 五个时间截面县域经济综合竞争力增长分类特征

综合对比 2002 年、2006 年、2011 年、2016 年和 2018 年五个时间截面的县域经济综合竞争力增长类型可以看出，相较于县域经济综合竞争力水平类型的空间分布及其演化特征而言，县域经济综合竞争力增长类型在不同年份的空间格局中具有较强的跳跃性，空间分异特征的延续性不明显，与县域经济综合竞争力水平类型呈现的分布特征基本没有明显的对应关系。总体来看，不同年份的县域经济综合竞争力增长类型的空间分布格局具有一定的共同特征：增长类型为中等水平的县域占据主体地位；中高水平和中低水平县域所占比例较高；高水平和低水平县域所占比例较低；在空间分布格局上，中等水平、中低水平及中高水平县域总体呈聚集的分布状态，而低水平和高水平县域则呈点状分布（图 3-11）。具体来说，除 2016 年外的 4 个年份中等水平县域所占比例均处于各类型最高，2001 年最高达到 67.98%；高水平和低水平县域所占比例较低（除 2016 年外的 4 个年份均低于 10%）；中高水平和中低水平县域所占比例较高（基本都在 15% 以上），但不同年份二者的对比不同；2002 年、2011 年和 2016 年中高水平县域所占比例大于中低水平县域所占比例，2006 年和 2018 年中低水平县域所占比例大于中高水平县域所占比例；尤其需要关注的是，2018 年中低水平县域有 68 个，所占比重为 37.16%，远高于中高水平县域数量（28 个）和比例（15.30%）。以 2018 年为例，在空间分布上，中等、中低水平县域集中分布于四川大部分地区，中高水平相对集中分布在川西三州和零散分布在其他地区，高水平县域分散于川西三州（如石渠县、普格县、色达县、巴塘县、美姑县、炉霍县、什邡市）、成都平原（如成华区、绵竹市）以及川南（如翠屏区、乐山市市中区、五通桥区、前锋区）等地区，低水平只在成都平原（龙泉驿区、锦江区、武侯区）和凉山州（会理县）零星分布。

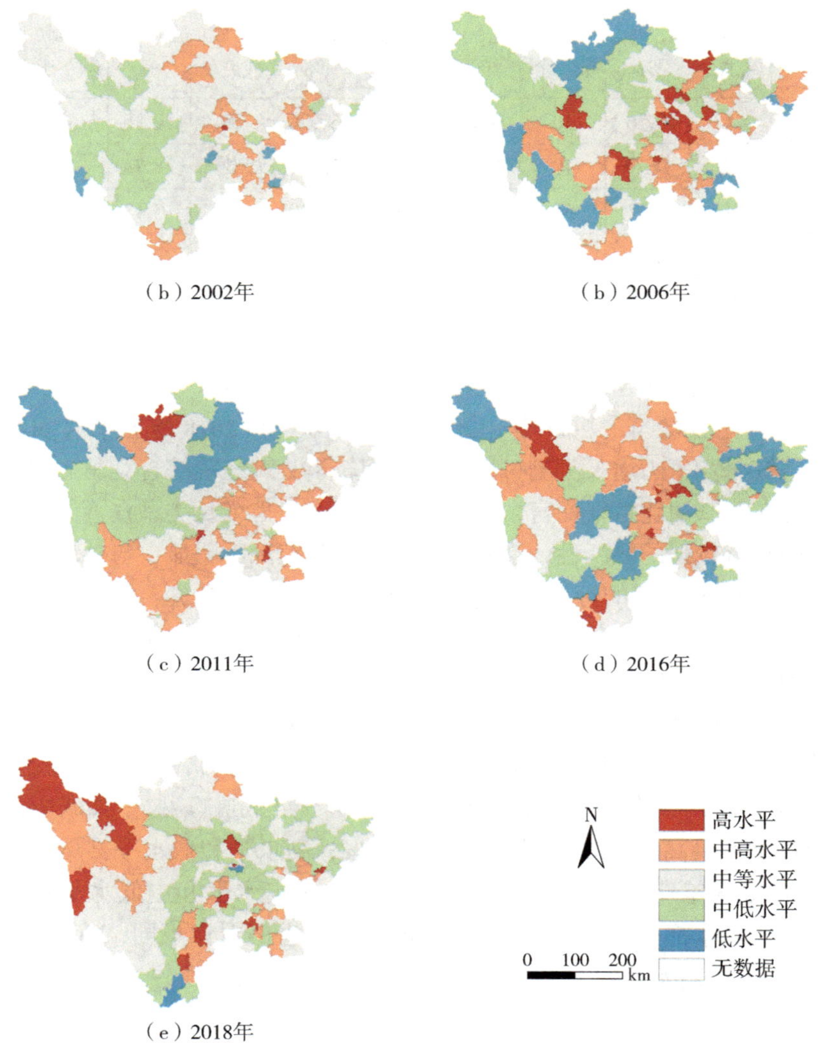

图 3-11 五个时间截面四川省县域经济综合竞争力不同增长类型的县域空间分布及演化

2.4 个时间序列县域经济综合竞争力增长类型分类特征

2001—2006 年，四川省县域经济综合竞争力平均增长率为 6.25%，在 4 个时间序列中最低。其中，增长类型为高水平的县域数量最少，仅有 2 个，为宜宾县和郫县，占县域总数的 1.10%；其次为低水平增长的县域 5 个，分别为贡井区、东兴区、自流井区、纳溪区和峨眉山市，占县域总数的 2.76%；增长类型为中高水平的县域 49 个，分别为会理县、翠屏区、船山区、盐边县、绵竹市、双流县、简阳市、会东县、安岳县、洪雅县、金堂县、新津县、广汉市、彭州市、嘉陵区、龙泉驿区、东坡区、武胜县、新都区、温江区、武侯区、威远县、仁寿县、仪陇县、仁和区、雷波县、旌阳区、金牛区、蓬安县、青羊区、宣汉县、九龙县、沙湾区、青白江区、乐至县、高县、美姑县、江安县、广安区、华蓥市、南部县、筠连县、高坪区、汉源县、九寨沟县、资中县、邻水县、富顺县和岳池县，占县域总数的 27.07%；增长类型为中低水平的县域 36 个，分别为稻城县、蒲江县、内江市市中区、马尔康市、小金县、新龙县、阿坝县、丹巴县、崇州市、宝兴县、普格县、龙马潭区、石渠县、越西县、理塘县、炉霍县、大安区、开江县、康定县、木里县、道孚县、喜德县、大邑县、得荣县、泸定县、巴塘县、壤塘县、德昌县、甘孜县、攀枝花东区、合江县、乡城县、雅江县、泸县、攀枝花西区和名山县，占县域总数的 19.89%；增长类型属中等水平的县域数量最多，包括白玉县、犍为县等在内的 89 个县域，所占比例为 49.17%（表 3-19）。

2006—2011 年，四川省县域经济综合竞争力平均增长率为 13.57%，在 4 个时间序列中最高。其中，高水平增长类型县域 29 个，占县域总数的 16.02%，分别为阿坝县、邻水县、古蔺县、金口河区、龙泉驿区、筠连县、大英县、北川县、安居区、江安县、双流县、南江县、安岳县、蓬溪县、屏山县、盐源县、南溪区、朝天区、会理县、仪陇县、广安区、简阳市、渠县、南部县、元坝区、乐至县、温江区、雁江区和龙马潭区；低水平增长类型县域 33 个，所占比例为 18.23%，分别为武侯区、普格县、江油市、成华区、布拖县、青羊区、白玉县、昭觉县、天全县、丹巴县、什邡市、峨边县、甘洛县、色达县、马尔康县、理塘县、炉霍县、德格县、纳溪区、巴塘县、道孚县、金牛区、自流井区、康定县、新龙县、翠屏区、金堂县、绵竹市、甘孜县、石渠县、攀枝花东区、涪城区和九寨沟县；增长类型为中等水平的县域 34 个，包括珙县、岳池县、江阳区、东兴区、大安区、宁南县、西充县、仁和区、大邑县、东坡区、沙湾区、开江县、会东县、若尔盖县、峨眉山市、万源市、旺苍县、三台县、青川县、阆中市、广汉市、米易县、都江堰市、乡城县、青神县、游仙区、射洪县、旌阳区、青白江区、五通桥区、犍为县、丹棱县、贡井区和华蓥市；增长类型为中高水平的县域 40 个，所占比例为

22.10%，分别为名山县、茂县、船山区、资中县、长宁县、西昌市、金阳县、宣汉县、泸县、兴文县、荣县、隆昌县、平昌县、壤塘县、高县、富顺县、宜宾县、武胜县、稻城县、木里县、新都区、中江县、大竹县、苍溪县、剑阁县、仁寿县、沿滩区、理县、郫县、达县、通江县、威远县、营山县、嘉陵区、合江县、蓬安县、盐亭县、巴州区、泸定县和雷波县；增长类型为中低水平的县域数量最多，包括高坪区和彭州市等在内的45个县域。

2011—2016年，四川省县域经济综合竞争力平均增长率为10.10%，在4个时间序列中居第二位。其中，增长类型为高水平的县域15个，所占比例为8.20%，分别为色达县、宜宾县、石渠县、恩阳区、昭觉县、平昌县、叙永县、合江县、巴州区、通江县、炉霍县、南江县、天全县、喜德县、剑阁县；增长类型为低水平的县域18个，占比9.84%，分别为新都区、广安区、旌阳区、大安区、自流井区、都江堰市、汶川县、金牛区、成华区、温江区、攀枝花东区、阿坝县、攀枝花西区、武侯区、青羊区、锦江区、郫都区、金口河区；增长类型为中等水平的包括平武县、布拖县等44个县域，占县域总数的24.04%；增长类型为中低水平的包括蒲江县、荥经县等49个县域，占比26.78%；中高水平增长类型的县域数量最多，包括小金县、德格县等57个县域，占比31.15%。

2016—2018年，四川省县域经济综合竞争力平均增长率为8.47%，在4个时间序列中居第三位。其中，增长类型为高水平的县域24个，占比13.11%，分别为青白江区、翠屏区、成华区、五通桥区、金牛区、石渠县、龙马潭区、绵竹市、前锋区、温江区、色达县、崇州市、乐山市市中区、巴塘县、炉霍县、金口河区、普格县、蒲江县、新都区、什邡市、美姑县、彭州市、白玉县、德格县；低水平增长类型的县域22个，占比12.02%，分别为新津县、名山区、大英县、江安县、会东县、宝兴县、汶川县、自流井区、木里县、德昌县、丹棱县、安岳县、内江市市中区、仁寿县、涪城区、乐至县、罗江县、荥经县、芦山县、资中县、会理县、双流区；增长类型为中高水平和中等水平的县域数量相同，均为28个，占比均为15.30%，其中中高水平的县域有广汉市、甘洛县等，中等水平的县域有北川县、朝天区等；增长类型为中低水平的县域数量最多，包括都江堰市、平昌县等81个县域，占县域总数的44.26%。

4个时间序列中，四川省县域经济综合竞争力增长类型总体以中低水平、中等水平和中高水平为主，高水平和低水平县域所占比例相对较低；空间分布一定程度上也表现出相对明显的区域分异特征，这种分异格局在 4 个时间序列中缺乏延续性。具体表现为：2001—2006 年，占比最高的中等水平县域（比重近 50%）集中分布于四川省大部分地区，中低水平县域（比重 20%）集中分布于川西三州，中高水平县域（比重 27%）分布相对分散，主要分布于成都平原地区、川南和川东北等地。2006—2011 年，中等水平类型县域分布范围大幅缩小（缩至 18%），高水平类型县域范围大幅扩大（由上个阶段不到 2% 增至 16%），高水平和中高水平县域（总比重 38%）集中连片分布于四川省东部地区，包括川东北、川东南及川南的部分地区，中低水平县域（比重 25%）集中分布于四川省中部地区，低水平类型县域（占比 18%）主要分布于川西地区。和上一时段相比，2011—2016 年中高水平县域分布范围扩大了 9 个百分点，高水平县域范围缩小了，中低水平则相差不大，中等水平县域数量增加了 6 个百分点；空间分布上的显著特征表现为：川西地区有中高水平类型县域集中分布，其他各类型分布相对分散一些，集中分布性特征不是很明显。2016—2018 年以中低水平增长类型县域为主体（比重 44%），中等水平、中高水平县域占比缩至 15%，高水平和低水平增长类型县域占比也不是很低（分别为 13% 和 12%）。空间分布上，中低水平县域集中连片分布于四川省大部分地区，高水平和中高水平除集中分布于川西和成都平原地区外，还分散于其他地区。中等水平和中低水平县域分布也较为分散（表 3-19、图 3-12）。

表 3-19　4 个时间序列四川省县域经济综合竞争力增长类型统计

时序	高水平		中高水平		中等水平		中低水平		低水平	
	县域数 / 个	比例 / %	县域数 / 个	比例 / %	县域数 / 个	比例 / %	县域数 / 个	比例 / %	县域数 / 个	比例 / %
2001—2006 年	2	1.10	49	27.07	89	49.17	36	19.89	5	2.76
2006—2011 年	29	16.02	40	22.10	34	18.78	45	24.86	33	18.23
2011—2016 年	15	8.20	57	31.15	44	24.04	49	26.78	18	9.84
2016—2018 年	24	13.11	28	15.30	28	15.30	81	44.26	22	12.02

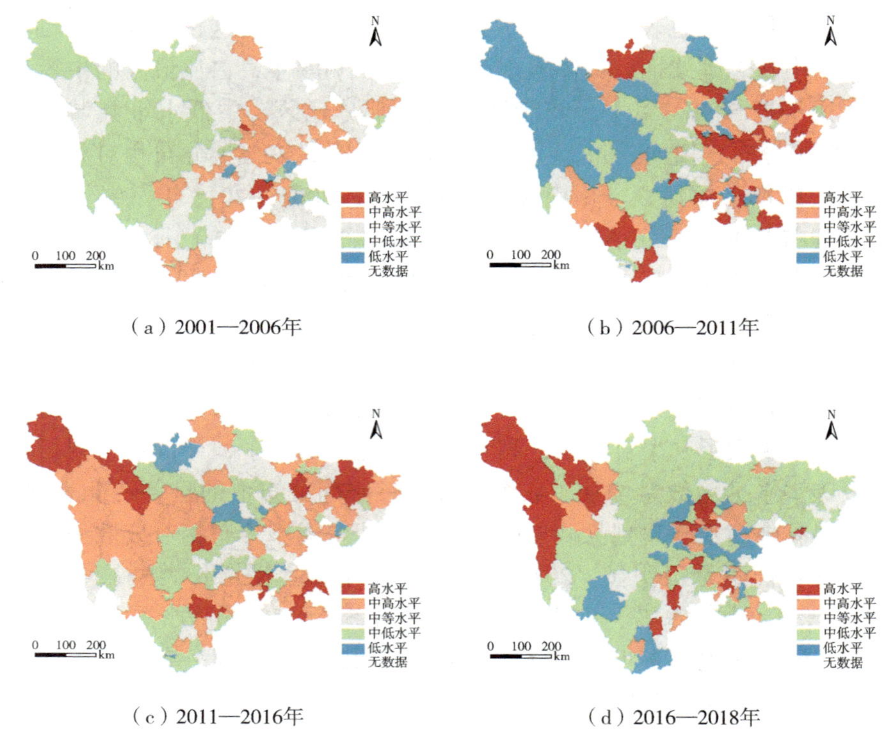

图 3-12　4 个时间序列四川省县域经济综合竞争力不同增长类型县域空间分布及演化

综上分析可知，4 个时间序列中，2006—2011 年四川省县域经济综合竞争力平均增长率最高，为 13.57%；2011—2016 年次之，平均增长率为 11.10%；2016—2018 年居第三位，平均增长率为 8.47%；2001—2006 年最低，平均增长率为 6.25%（图 3-13）。县域经济综合竞争力增长类型在不同时段的空间分布虽表现出相对明显的区域分异特征，但分异格局表现出较强的跳跃性和非延续性。2001—2006 年，县域经济综合竞争力增长类型以中等水平县域为主（近 50%），高水平和低水平县域数量极少（二者之和占比小于 5%）；2006—2011 年，县域经济综合竞争力增长类型以中高水平和中低水平县域为主（二者之和占比为 47%），高水平和低水平县域数量也较多（占比分别为 16.03% 和 18.23%）；2011—2016 年，县域经济综合竞争力中高水平增长类型的县域比例最高；2016—2018 年，县域经济综合竞争力增长类型以中低水平县域为主（占比 44.26%）。在 4 个时间序列中，县域经济综合竞争力增长类型的共性特征为：以中等水平、中高水平和中低水平占据主体地位，三种类型的比例之和在 66% 以上；高水平和低水平县域所占比例虽相对于其他类型较低，但高于不同时间截面增长类型中的高水平和低水平的比例。

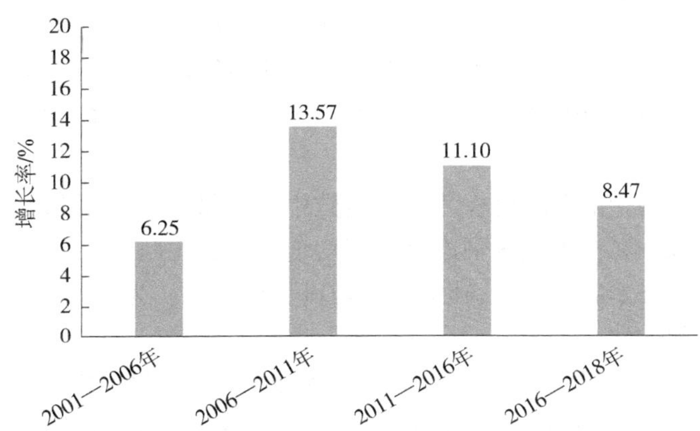

图 3-13　4 个时间序列四川省县域经济综合竞争力平均增长率

三、主要结论与讨论

（一）主要结论

遵循全面与重点相结合、代表性、可比性、结构层次性等原则，结合四川省县域实际，首先从经济实力、经济结构和效率、民生水平和发展基础四个层次中选取 20 项指标，设计构建了四川省县域经济综合竞争力水平测评指标体系。然后运用熵权法确定了各指标权重，采用综合指数评价模型测算了四川省 2001—2018 年的县域经济综合竞争力水平；接着，以均值为基础，按一定标准，将四川省县域经济综合竞争力水平及其增长率水平划分为低水平、中低水平、中等水平、中高水平、高水平 5 种类型。最后，运用差异指数测度模型、位序变动分析法、探索性空间数据分析（ESDA 模型）等方法分析了四川省县域经济综合竞争力水平的时序演变和空间分异（选取 2001 年、2006 年、2011 年、2016 年和 2018 年五个时间截面进行）。主要结论如下。

1. 四川省县域经济综合竞争力时序演化

1）总体演化

（1）2001—2018 年，四川省县域经济综合竞争力平均水平呈持续上升趋势（平均指数从 2001 年的 0.033 0 上升到 2018 年的 0.142 3，增加了 3.3 倍）。

（2）县域经济综合竞争力平均指数增长率呈高低起伏的波动特征（年均增长率为 9.15%）。根据波动特征将其划分为三个阶段：第一阶段（2001—2004 年），呈较低速率波动式上升（年均增长率 4.06%）；第二阶段（2005—2011 年），呈较高速率波动式上升（年均增长率为 11.81%）；第三阶段（2012—2018 年），为中高速率波动式上升（年均增长率为 8.67%），波动幅度显著增大。

（3）在县域经济综合竞争力分项指数中，经济实力指数增长率最高，年均增长率为 15.28%；民生水平次之，年均增长率为 13.11%；结构与效率指数年均增长率为 6.52%；发展基础指数年均增长率最低，为 3.74%。

2）县域间演化

（1）18 年间，四川省 183 个县域经济综合竞争力指数总体上均呈不断上升的趋势特征。其中，有 50%（91 个）县域的综合指数年均增长率在 10%～17%。

（2）在位序变化方面，绝大部分县域（160 个，占县域总数的 97.25%）都表现出不同程度的波动，23 个县域的位序基本稳定。在位序波动的县域中，大部分县域（85 个，占县域总数的 46.45%）表现为中幅波动；在位序波动中县域间表现为位序上升或下降。

（3）在县域综合竞争力指数差异性变化上，县域间的绝对差异（平均差和标准差）呈不断扩大的趋势，相对差异（变异系数）总体呈波动式下降趋势。县域综合竞争力指数增长率的差异性变化则表现出了复杂的波浪形变化特征。

2. 四川省县域经济综合竞争力空间分异

（1）四川省县域经济综合竞争力水平差异性很大，五个时间截面的首位和末位的综合指数差距均在 8 倍以上。县域经济综合竞争力水平总体较低，中低水平和低水平县域占据发展类型的主体（除 2016 年为 53.10% 以外，其他 4 个年份的占比均在 60% 以上），而中高水平和中等水平县域所占比例相对较低（除 2016 年为 33.88% 以外，其他 4 个年份的占比均在 22%～26%）。在空间格局上，四川省县域经济综合竞争力类型分布集聚与分异特征明显。高水平及中高水平县域总体呈“集聚 + 分散”的分布格局，呈块状集聚分布在成都平原及其周边地区，呈点状分散分布在其他市（州）的城市主城区。

中低水平和低水平县域呈连片状集聚分布，且分布范围广，集中分布在川西三州、川东北、川东南地区，相对分散分布于成都平原周边地区。中等水平县域分布较为分散。

（2）四川省县域经济综合竞争力类型演化具有较强的稳定性及延续性，主要表现为中等水平及其以上类型之间的演化和中等水平及其以下类型之间的演化，跨越中等水平的类型演化所占比例极低。从演化的三大类型来看，以路径依赖型Ⅰ为主体（县域数量98个，占比53.55%），正向演化型Ⅱ和负向演化型Ⅲ基本相当（县域数量分别为41个和44个，分别占22.40%和24.04%）。从演化的亚类型来看，在路径依赖型Ⅰ中，以中低水平县域（52个县域，占比28.42%）最为稳定，其次为高水平县域和低水平县域（县域数量分别为18个和16个，分别占9.84%和8.74%）；正向演化型Ⅱ主要以Ⅱ3类（低或中低水平—中等水平）和Ⅱ4类（低水平—中低水平）为主（分别为12个和14个）；负向演化型Ⅲ以Ⅲ4类（中等或中低水平—低水平）为主（20个县域，占比10.93%）。值得关注的是，中低水平、低水平路径依赖型县域以及中等或中低水平—低水平的负向演化型县域所占比例较高（共88个县域，占县域总数的48.09%）。

（3）在2001年、2006年、2011年、2016年和2018年五个时间截面，四川省县域经济综合竞争力增长类型分布具有较强的跳跃性，延续性特征不明显。增长类型为中等水平的县域占据主体地位（除2016年外的4个时间序列，中等水平县域所占比例均处于各类型最高，2001年达到67.98%）；中高水平和中低水平县域所占比例较高（基本都在15%以上）；高水平和低水平县域所占比例较低（除2016年外的4个时间序列均低于10%）。在空间分布格局上，中等水平、中低水平及中高水平县域总体呈聚集分布状态，而低水平和高水平县域则呈点状分布。

（4）在4个时间序列中，2006—2011年四川省县域经济综合竞争力平均增长率最高，为13.57%；2011—2016年次之，平均增长率为11.10%；2016—2018年居第三位，平均增长率为8.47%；2001—2006年最低，平均增长率为6.25%。在各个时段，县域经济综合竞争力增长类型主要以中等水平、中高水平和中低水平占据主体地位（比例之和均在66%以上）；高水平和低水平县域所占比例相对于其他类型均较低；在空间分布上则表现出相对明显的区域分异特征，但仍缺乏延续性。

（5）2001—2018年，四川省县域经济综合竞争力水平均呈显著正的空间自相关性，即综合竞争力水平较高的县域趋于集聚，综合竞争力水平较低的县域也趋于集聚。从局部空间自相关性来看，综合竞争力水平具有显著空间关联特征的县域数量偏少，且以正相关集聚为主。HH 型县域集聚分布在成都平原核心区，LL 型集聚分布在川西三州。

（6）2001—2018 年，四川省县域经济综合竞争力水平热点区和冷点区区域分异明显，热点区和次热点区具有较强的稳定性及延续性，冷点区和次冷点区总体处于扩张状态。其中，热点区和次热点区集中分布在成都平原及其东南地区，而川西和川东北地区集聚分布冷点区及次冷点区。

（二）讨论

——对照评价分析结果与四川省县域实际，本书认为，熵权法和综合指数评价模型能够比较客观地评价某一时期研究区域的县域经济综合竞争力水平及其时序演化趋势和空间分异规律，研究结果具有较高的参考价值。但需要注意的是，研究结果并不能说明研究区域综合竞争力的绝对水平，只是具有相对的可比性，即在特定时间段和特定空间范围内具有可比性。如综合竞争力中等水平是相对于四川省 183 个县域这个特定研究对象范围在 2001—2018 年这个特定研究时段内的中等水平。如果研究时段不一样，选取的研究对象或区域不同，都可能会影响指标原始值的区间分布，进而影响标准化值和研究结果。

——本书构建的评价指标体系有待进一步完善。由于长周期时间序列数据可获得性的局限，本书构建的四川省县域经济综合竞争力评价指标体系，缺乏县域环境、科技投入和研发、信息产业发展以及民生水平方面的指标（如城乡居民人均可支配收入等）。若能通过遥感信息或其他手段获取这方面的数据，则评价指标体系将更为完善，评价结果也会更加客观。当然，更好地运用现代信息技术手段进行县域经济综合竞争力评价和分析，也将是今后我们努力的重要方向。

——运用传统统计指标方法分析县域经济综合竞争力水平的空间分异格局，和运用 ESDA 模型探测县域经济综合竞争力水平的空间自相关性和冷热点格局，二者的原理和结果有待进一步分析比较。

第四章　四大类型县域经济综合竞争力时空演化

为进一步夯实县域经济发展的底部基础，促进县域经济差异化、高质量发展，强化分类指导和考评激励，四川省委办公厅、四川省人民政府办公厅在 2019 年 2 月出台了《四川省县域经济发展考核办法》[5]。该办法结合行政区划实际，将四川省 183 个县（市、区）划分为四大类型县域：城市主城区（33 个）、重点开发区县（57 个）、农产品主产区县（35 个）、重点生态功能区县（58 个）（表 4-1）。本章在前述县域经济综合竞争力评价分析的基础上，对四大类型县域经济综合竞争力近 20 年的时空演变进行分析，探求不同类型县域经济综合竞争力的演化特征和趋势、不同类型县域经济的差异性及分异规律，为促进四川省县域经济差异化、高质量发展提供依据和参考。

表 4-1　四川省四大类型县域划分

类型	所属县（市、区）	数量 / 个
城市主城区	锦江区、金牛区、青羊区、武侯区、龙泉驿区、成华区、新都区、温江区、郫都区、双流区、自流井区、攀枝花东区、攀枝花西区、龙马潭区、江阳区、旌阳区、涪城区、船山区、利州区、内江市市中区、乐山市市中区、东兴区、沙湾区、五通桥区、东坡区、顺庆区、彭山区、广安区、翠屏区、通川区、雨城区、巴州区、雁江区	33
重点开发区县	青白江区、金堂县、大邑县、蒲江县、新津县、都江堰市、彭州市、邛崃市、崇州市、简阳市、贡井区、大安区、沿滩区、富顺县、仁和区、盐边县、纳溪区、泸县、合江县、罗江县、广汉市、什邡市、绵竹市、游仙区、安州区、江油市、昭化区、朝天区、安居区、射洪县、大英县、威远县、隆昌县、犍为县、夹江县、峨眉山市、高坪区、嘉陵区、南部县、阆中市、仁寿县、丹棱县、青神县、南溪区、宜宾县、江安县、前锋区、华蓥市、武胜县、达川区、大竹县、名山区、荥经县、恩阳区、西昌市、冕宁县、会理县	57

类型	所属县（市、区）	数量 / 个
农产品主产区县	荣县、米易县、叙永县、古蔺县、中江县、三台县、盐亭县、梓潼县、剑阁县、苍溪县、蓬溪县、资中县、井研县、营山县、蓬安县、仪陇县、西充县、洪雅县、长宁县、高县、珙县、筠连县、兴文县、岳池县、邻水县、宣汉县、开江县、渠县、汉源县、芦山县、平昌县、安岳县、乐至县、会东县、德昌县	35
重点生态功能区县	北川县、平武县、旺苍县、青川县、金口河区、沐川县、峨边县、马边县、屏山县、万源市、石棉县、天全县、宝兴县、通江县、南江县、马尔康市、汶川县、理县、茂县、松潘县、九寨沟县、金川县、小金县、黑水县、壤塘县、阿坝县、若尔盖县、红原县、康定市、泸定县、丹巴县、九龙县、雅江县、道孚县、炉霍县、甘孜县、新龙县、德格县、白玉县、石渠县、色达县、理塘县、巴塘县、乡城县、稻城县、得荣县、木里县、盐源县、宁南县、普格县、布拖县、金阳县、昭觉县、喜德县、越西县、甘洛县、美姑县、雷波县	58

一、时序演化

（一）四大类型县域经济综合竞争力指数的演化

2001—2018 年，四川省四大类型县域经济综合竞争力的平均水平均呈上升趋势（图 4-1）。城市主城区县域经济综合竞争力平均指数从 2001 年的 0.065 0 上升到 2018 年的 0.263 3，重点开发区县县域经济综合竞争力平均指

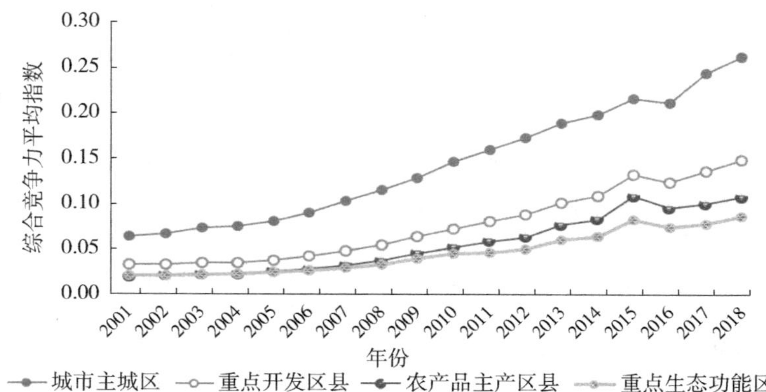

图 4-1　2001—2018 年四川省四大类型县域经济综合竞争力平均指数变化

数从 2001 年的 0.034 2 上升到 2018 年的 0.149 1，农产品主产区县县域经济综合竞争力平均指数从 0.021 0 上升到 0.108 7，重点生态功能区县县域经济综合竞争力平均指数从 0.022 0 上升到 0.087 2，分别增加了 3.1 倍、3.4 倍、4.2 倍和 3.0 倍。

（二）四大类型县域经济综合竞争力指数增长率的演化

2001—2018 年，四川省四大类型县域经济综合竞争力平均指数增长率呈波动性增长特征（图 4-2）。就年均增长率而言，重点开发区县和农产品主产区县较高，分别为 10.05% 和 10.75%，城市主城区县域和重点生态功能区县分别为 9.25% 和 9.30%。从波动特征来看，四大类型县域经济综合竞争力平均指数增长率和四川省县域经济综合竞争力平均指数增长率的总体波动特征类似，明显地呈三阶段特征：第一阶段（2001—2004 年），呈较低速率波动上升，年均增长率最高的是城市主城区县域，平均增长率为 5.09%；第二阶段（2005—2011 年），呈较高速率波动上升，年均增长率最高的是农产品主产区县，平均增长率为 14.51%，最低的是重点生态功能区县，年均增长率为 10.88%；第三阶段（2012—2018 年），呈中高速率波动上升，波动幅度显著增大，是三个阶段中波动最大的。该阶段重点生态功能区县年均增长率最高，为 10.33%，城市主城区最低，年均增长率为 8.24%（表 4-2）。

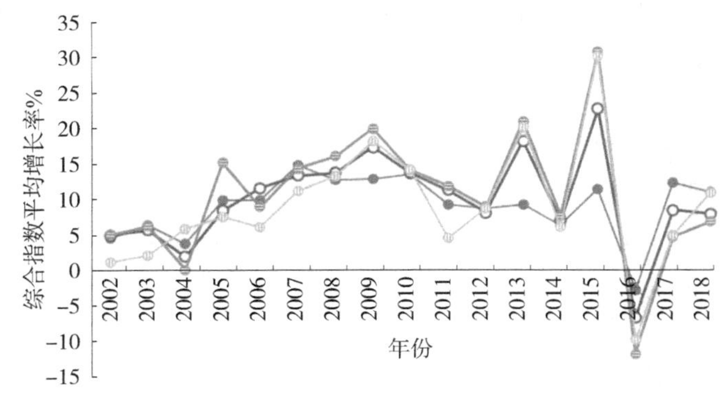

图 4-2　2001—2018 年四川省四大类型县域经济综合竞争力平均指数增长率变化

表 4-2 不同阶段四大类型县域经济综合竞争力平均增长率 单位：%

县域类型	2001—2004 年	2005—2011 年	2012—2018 年	2001—2018 年
城市主城区	5.09	12.04	8.24	9.25
重点开发区县	4.38	12.96	9.56	10.05
农产品主产区县	3.93	14.51	9.92	10.75
重点生态功能区县	3.24	10.88	10.33	9.30

（三）位序演化

总体来看，2001—2018 年，城市主城区县域和重点开发区县的平均位序较为稳定，农产品主产区县和重点生态功能区县的平均位序变化较大；农产品主产区县的平均位序呈显著上升趋势，重点生态功能区县的平均位序呈显著下降趋势（图 4-3）。城市主城区县域 2001 年和 2018 年的平均位序均为 28 位，最高位序出现在 2012 年（25 位），最低位序出现在 2015 和 2017 年（29 位），平均位序极差为 4 位。重点开发区县 2001 年平均位序为 71 位，2018 年为 68 位，上升了 3 位。最高位序在 2016 年和 2017 年（66 位），最低位序在 2005 年和 2017 年（72 位），平均位序极差为 6 位（表 4-3）。

2001—2004 年，农产品主产区县和重点生态功能区县的平均位序较为接近。自 2005 年起，农产品主产区县的平均位序呈不断上升趋势，重点生态功能区县的平均位序则呈不断下降趋势，且从 2011 年起两类县域间的平均位序差距有快速扩大的趋势（图 4-3）。农产品主产区县 2001 年的平均位序为

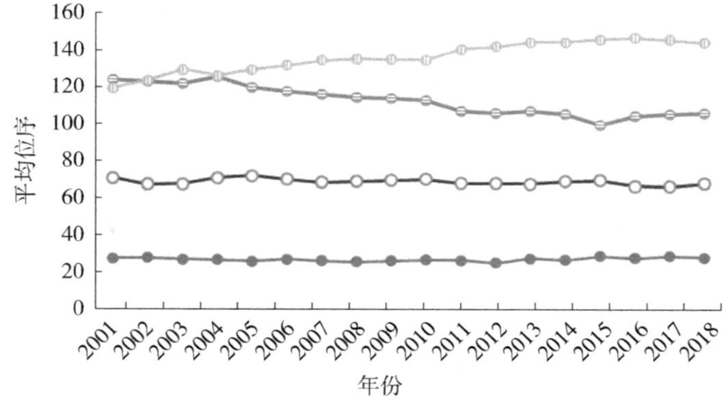

图 4-3 2001—2018 年四川省四大类型县域经济综合竞争力平均位序变化

124 位，2018 年为 106 位，上升了 18 位。最高位序在 2015 年（99 位），最低位序在 2004 年（126 位），平均位序极差为 27 位。重点生态功能区县 2001 年平均位序 119 位，2018 年为 144 位，下降了 25 位。最高位序在 2001 年（119 位），最低位序在 2016 年（147 位），平均位序极差为 28 位（表 4-3）。

表 4-3　2001—2018 年四川省四大类型县域经济综合竞争力变化

年份	城市主城区	重点开发区县	农产品主产区县	重点生态功能区县	城市主城区	重点开发区县	农产品主产区县	重点生态功能区县	城市主城区	重点开发区县	农产品主产区县	重点生态功能区县
	平均指数				指数平均增长率 /%				平均位序 / 位			
2001	0.06	0.03	0.02	0.02	—	—	—	—	28	71	124	119
2002	0.07	0.03	0.02	0.02	4.75	5.18	5.19	1.39	28	67	123	123
2003	0.07	0.04	0.02	0.02	6.54	5.89	6.40	2.28	27	67	122	129
2004	0.08	0.04	0.02	0.02	3.99	2.07	0.21	6.06	27	71	126	126
2005	0.08	0.04	0.03	0.03	10.11	8.62	15.32	7.78	26	72	119	129
2006	0.09	0.04	0.03	0.03	10.08	11.75	9.14	6.27	27	70	117	132
2007	0.10	0.05	0.03	0.03	14.93	13.56	14.50	11.35	26	68	116	135
2008	0.12	0.06	0.04	0.03	12.93	13.94	16.26	13.37	26	69	114	135
2009	0.13	0.06	0.05	0.04	13.10	17.52	20.07	18.32	26	69	114	135
2010	0.15	0.07	0.05	0.05	13.76	13.89	14.29	14.33	27	70	113	135
2011	0.16	0.08	0.06	0.05	9.37	11.43	12.01	4.69	26	68	107	141
2012	0.17	0.09	0.06	0.05	8.94	8.28	9.14	8.84	25	68	106	142
2013	0.19	0.10	0.08	0.06	9.39	18.43	21.11	20.38	27	67	107	144
2014	0.20	0.11	0.08	0.07	6.59	7.16	7.89	6.28	27	69	105	144
2015	0.22	0.13	0.11	0.08	11.58	22.86	31.00	30.35	29	69	99	146
2016	0.21	0.13	0.10	0.08	−2.71	−6.58	−11.69	−9.73	28	66	104	147
2017	0.24	0.14	0.10	0.08	12.58	8.64	4.89	5.07	29	66	105	145
2018	0.26	0.15	0.11	0.09	11.27	8.13	7.07	11.09	28	68	106	144

（四）差异性演化

1. 四大类型县域经济综合竞争力指数的差异性演化

2001—2018 年，四川省四大类型县域经济综合竞争力绝对差异呈不断扩大的趋势（图 4-4、表 4-4）。县域经济综合竞争力指数的平均差和标准差都不断增大，平均差从 2001 年的 0.014 7 上升到 2018 年的 0.055 6，标准差从 2001 年的 0.017 8 上升到 2018 年的 0.068 0。说明 21 世纪前 20 年，随着县域经济综合竞争力的不断提高，四大类型县域经济综合竞争力之间的绝对差距在不断拉大。最高的城市主城区县域经济综合竞争力指数与最低的重点生态功能区县县域经济综合竞争力指数之间的差距从 2001 年的 0.043 0 扩大到 2018 年的 0.176 1（图 4-2）。

四大类型县域经济综合竞争力指数的变异系数在 18 年中总体呈波动式下降趋势，说明四大类型县域间的综合竞争力相对差异呈现出逐步缩小的趋势特征（图 4-4、表 4-4）。2001—2015 年，变异系数波动式下降，从 2001 年的 0.499 9 下降到 2015 年的 0.368 2，特别是在 2013—2015 年下降较快，并在 2015 年达到最低点。2016 年和 2017 年变异系数又出现回升，2017 年回升到了 0.452 3，2018 年又出现微弱下降。

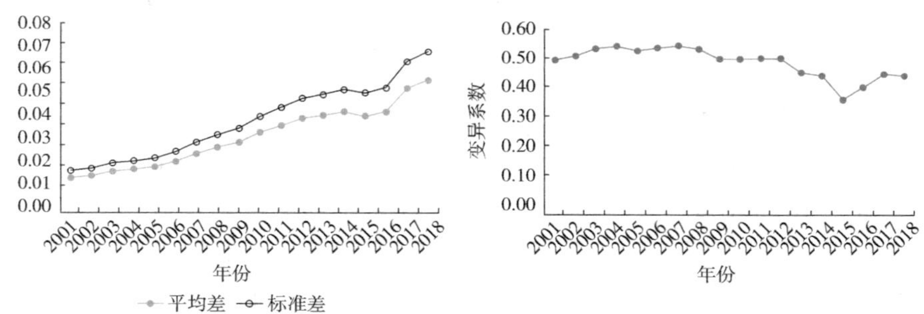

图 4-4 2001—2018 年四大类型县域经济综合竞争力指数差异变化

表 4-4 2001—2018 年四川省四大类型县域经济综合竞争力差异变化

年份	综合竞争力指数差异				综合竞争力指数增长率差异			
	平均差	标准差	变异系数	极值比	平均差	标准差	变异系数	极值比
2001	0.014 7	0.017 8	0.499 9	3.09	—	—	—	—
2002	0.015 7	0.018 8	0.512 6	3.09	1.369 4	1.591 2	0.385 4	3.73

年份	综合竞争力指数差异				综合竞争力指数增长率差异			
	平均差	标准差	变异系数	极值比	平均差	标准差	变异系数	极值比
2003	0.017 5	0.020 9	0.536 5	3.28	1.499 5	1.747 8	0.331 3	2.87
2004	0.018 3	0.021 8	0.544 3	3.28	1.943 4	2.178 8	0.706 1	28.92
2005	0.019 4	0.023 0	0.530 0	3.20	2.431 9	2.929 0	0.280 1	1.97
2006	0.021 7	0.025 8	0.539 1	3.34	1.604 3	1.986 9	0.213 5	1.87
2007	0.025 0	0.029 7	0.546 9	3.44	1.127 5	1.379 9	0.101 6	1.31
2008	0.027 6	0.032 8	0.536 1	3.41	1.065 6	1.280 9	0.090 7	1.26
2009	0.029 7	0.035 5	0.503 9	3.21	2.078 7	2.570 9	0.149 0	1.53
2010	0.033 8	0.040 3	0.502 9	3.19	0.244 0	0.249 0	0.017 7	1.04
2011	0.036 6	0.044 1	0.504 0	3.38	2.345 1	2.876 1	0.306 8	2.56
2012	0.039 7	0.047 8	0.504 4	3.40	0.260 7	0.318 8	0.036 2	1.10
2013	0.040 8	0.049 4	0.457 6	3.09	3.968 7	4.686 1	0.270 5	2.25
2014	0.042 4	0.051 5	0.448 1	3.06	0.547 4	0.615 1	0.088 1	1.26
2015	0.040 6	0.050 1	0.368 2	2.60	6.726 1	7.821 3	0.326 6	2.68
2016	0.042 5	0.052 1	0.409 6	2.82	3.036 7	3.401 9	−0.443 1	0.23
2017	0.052 1	0.063 7	0.452 3	3.10	2.811 6	3.138 9	0.402 5	2.57
2018	0.055 6	0.068 0	0.446 9	3.02	1.789 4	1.829 4	0.194 3	1.59

2. 四大类型县域经济综合竞争力指数增长率的差异性演化

与县域经济综合竞争力指数的绝对差异变化不同，四川省四大类型县域经济综合竞争力指数增长率的绝对差异变化大体呈波浪形变化特征，变化趋势较为复杂（图 4-5、表 4-4），表明在时效差异上县域经济综合竞争力指数增长率更为敏感。分时段看，四大类型县域的绝对差异在 2002—2005 年逐步拉大，2006—2008 年又逐步缩小，2009—2016 年呈现频繁（4 次）波动，且高点的绝对差异不断上升，于 2015 年达到最高，平均差和标准差分别为 6.726 1 和 7.821 3。2016—2018 年，绝对差异又趋于下降。以变异系数表征的四大类型县域经济综合竞争力指数增长率的相对差异也呈不断波动变化的特征，但并没有表现出趋势性的上升或下降特征，表明在增长率上，不同类型县域间的相对差异在不同时段的变化呈现不稳定性（图 4-5）。

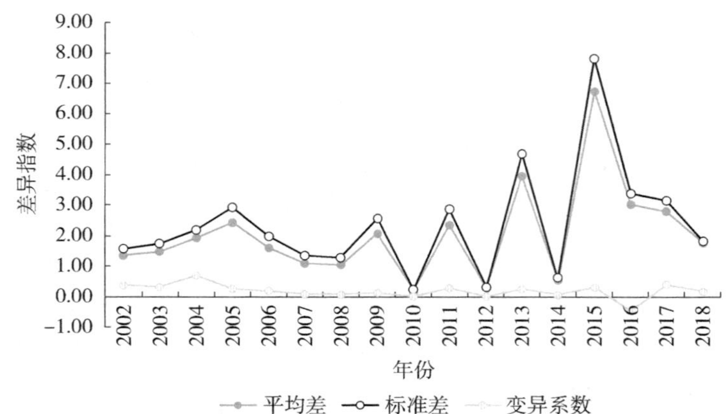

图 4-5　2001—2018 年四大类型县域经济综合竞争力指数增长率差异变化

二、空间分异

（一）总体差异

2001—2018 年，四川省四大类型县域中城市主城区县域的经济综合竞争力具有绝对优势，其平均指数为 0.146 4；重点开发区县次之，平均指数为 0.078 7；农产品主产区县居第三位，平均指数为 0.056 7；重点生态功能区县平均指数最低，为 0.047 0。从分项竞争力来看，城市主城区县域在 4 项竞争力中均具有高于其他类型县域的绝对优势（均居首位）；重点开发区县在除民生水平外的其他 3 项分项竞争力中具有相对优势（居第二位）；农产品主产区县在民生水平上居于四大类型县域末位，其他 3 项竞争力均居第三位；重点生态功能区县在民生水平上具有相对优势（居第二位），在其他 3 项竞争力上均处四大类型县域末位。四大类型县域综合竞争力之间的差距主要体现在经济实力上（极值比为 13.1），其次是结构与潜力（极值比为 3.0），在民生水平和发展基础上的差距相对较小（极值比分别为 2.1 和 2.5）（图 4-6）。

为揭示四大类型县域经济综合竞争力分异性特征，结合以上时序特征，仍以 2001 年、2006 年、2011 年、2016 年和 2018 年五个时间截面进行分析。

在五个时间截面中，城市主城区县域经济综合竞争力在四大类型县域中始终处于绝对优势，2001 年、2006 年、2011 年、2016 年和 2018 年的县域经济综合竞争力指数分别为 0.065 0、0.091 2、0.160 7、0.212 2 和 0.263 3。重

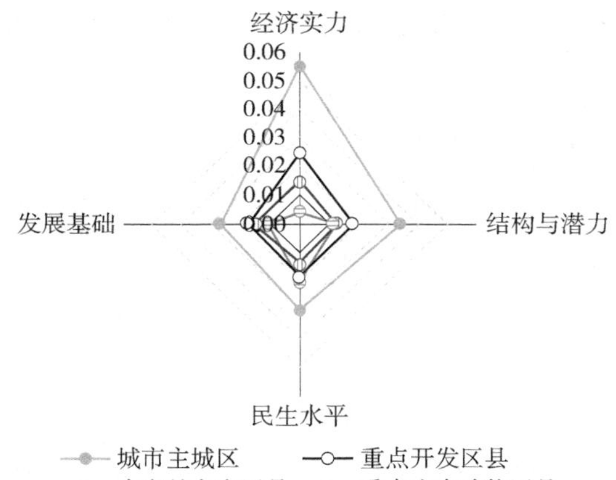

图 4-6　四大类型县域经济分项竞争力平均指数对比

点开发区县具有相对优势，县域经济综合竞争力平均指数在五个时间截面中始终处于第二位。农产品主产区县经济综合竞争力指数除在 2001 年略低于重点生态功能区县外，其他 4 个年份均处于第三位。除 2001 年外，重点生态功能区县经济综合竞争力指数在其他 4 个年份均处于末位（图 4-7、表 4-5）。

县域经济综合竞争力在四大类型县域之间的差异显著，且 2001—2018 年随时间推移绝对差异不断加大。四大类型县域之间的巨大差异主要体现在城市主城区县域和其他三个类型县域之间。重点开发区县、农产品主产区县和重点生态功能区县三个类型之间的差异相对较小（表 4-5）。

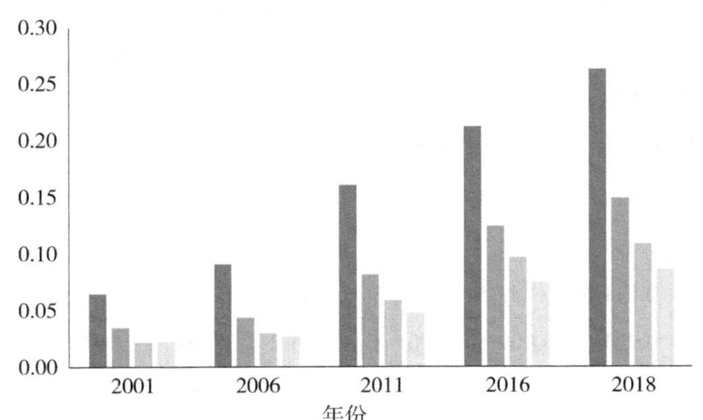

图 4-7　五个时间截面四大类型县域经济综合竞争力平均指数对比

表 4-5　五个时间截面四川省四大类型县域经济分项竞争力指数及比重

年份	分项竞争力	城市主城区	重点开发区县	农产品主产区县	重点生态功能区县	城市主城区	重点开发区县	农产品主产区县	重点生态功能区县
		指数				所占综合竞争力比重 /%			
2018	经济实力	0.122 6	0.055 0	0.030 3	0.007 1	46.56	36.90	27.87	8.17
	结构与潜力	0.047 3	0.029 2	0.022 9	0.018 6	17.96	19.60	21.11	21.36
	民生水平	0.058 4	0.039 3	0.031 9	0.046 5	22.19	26.38	29.32	53.29
	发展基础	0.035 0	0.025 5	0.023 6	0.015 0	13.29	17.11	21.71	17.18
	综合竞争力	0.263 3	0.149 1	0.108 7	0.087 2	100.00	100.00	100.00	100.00
2016	经济实力	0.084 8	0.041 1	0.026 8	0.006 5	39.94	32.86	27.68	8.68
	结构与潜力	0.043 7	0.026 8	0.020 8	0.017 0	20.57	21.47	21.50	22.63
	民生水平	0.050 2	0.033 2	0.027 3	0.037 1	23.66	26.56	28.20	49.35
	发展基础	0.033 6	0.023 9	0.021 9	0.014 5	15.83	19.11	22.61	19.33
	综合竞争力	0.212 2	0.125 0	0.096 9	0.075 2	100.00	100.00	100.00	100.00
2011	经济实力	0.064 3	0.026 2	0.016 7	0.005 3	40.04	31.95	28.05	11.05
	结构与潜力	0.035 3	0.017 4	0.011 8	0.010 8	21.94	21.13	19.92	22.73
	民生水平	0.032 7	0.019 0	0.014 6	0.021 5	20.32	23.13	24.51	45.14
	发展基础	0.028 4	0.019 5	0.016 4	0.010 0	17.70	23.79	27.52	21.09
	综合竞争力	0.160 7	0.082 1	0.059 4	0.047 6	100.00	100.00	100.00	100.00
2006	经济实力	0.025 2	0.009 3	0.005 0	0.001 5	27.65	21.22	16.97	5.47
	结构与潜力	0.028 0	0.012 6	0.008 3	0.008 1	30.70	28.91	28.24	29.69
	民生水平	0.016 9	0.008 7	0.006 0	0.009 5	18.51	19.86	20.47	34.69
	发展基础	0.021 1	0.013 1	0.010 1	0.008 2	23.14	30.01	34.32	30.16
	综合竞争力	0.091 2	0.043 7	0.029 3	0.027 3	100.00	100.00	100.00	100.00
2001	经济实力	0.011 6	0.007 5	0.002 5	0.000 6	17.80	21.89	11.83	2.51
	结构与潜力	0.021 0	0.009 6	0.005 8	0.006 2	32.36	27.94	27.75	28.05
	民生水平	0.009 9	0.004 7	0.002 8	0.005 3	15.21	13.88	13.28	24.28
	发展基础	0.022 5	0.012 4	0.009 9	0.009 9	34.63	36.29	47.15	45.15
	综合竞争力	0.065 0	0.034 2	0.021 0	0.022 0	100.00	100.00	100.00	100.00

从四大类型县域总体来看，2001 年和 2006 年，分项竞争力中结构与潜力、发展基础 2 项竞争力对县域经济综合竞争力的贡献相对较大；2011 年、2016 年和 2018 年，分项竞争力中经济实力、民生水平 2 项竞争力对县域经济综合竞争力的贡献更大（图 4-8）。说明 2011 年以来，四川省县域经济实力不断增强，带动民生水平不断提高，从而使其对县域经济综合竞争力的贡献不断加大。县域经济在结构与潜力以及发展基础上的优化提升相对较慢，使其对县域经济综合竞争力的贡献减弱。当然在五个时间截面的各分项竞争力中，城市主城区县域均具有高于其他类型县域的绝对优势。

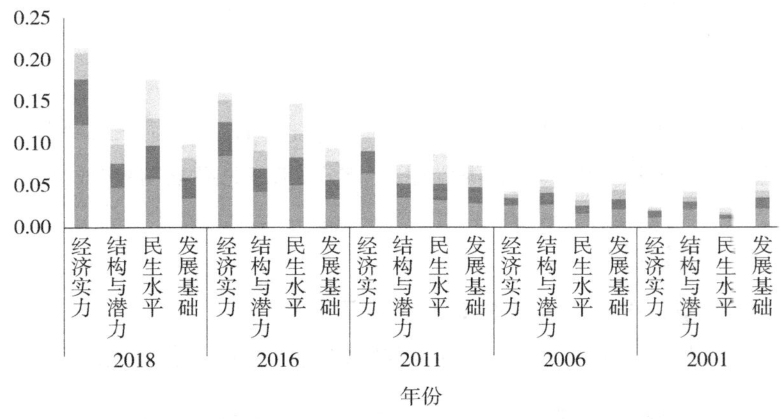

图 4-8　五个时间截面四大类型县域经济分项竞争力平均指数对比

从分项竞争力构成（即分项竞争力指数占综合竞争力指数的比重）变化来看，在五个时间截面中，经济实力和民生水平所占比重趋于不断上升，结构与潜力、发展基础所占比重则呈下降趋势（图 4-9、表 4-5）。再次表明进入 21 世纪以来，四川省县域经济综合竞争力构成中经济实力、民生水平的贡献不断提高，结构与潜力、发展基础的贡献趋弱的特征。尽管在分项竞争力构成变化上四大类型县域具有相似的趋势特征，但在各年份分项竞争力构成上，四大类型县域表现各异：在经济实力比重上，2018 年城市主城区县域最高，重点开发区县居第二位，农产品主产区县居第三位，重点生态功能区县最低，四大类型县域比重依次为 46.56%、36.90%、27.87% 和 8.17%；在民生水平比重上，重点生态功能区县最高，2018 年为 53.29%，其他类型县域相对较低且差别不大；在发展基础比重上，农产品主产区县最高，2018 年为

21.71%；四大类型县域在结构与潜力比重上的差距较小。

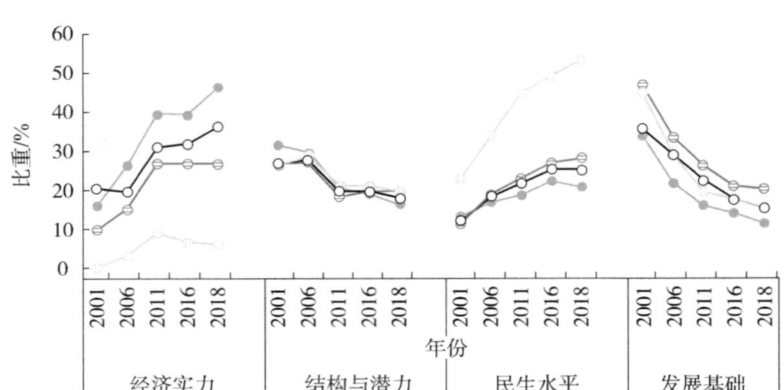

图 4-9 五个时间截面四大类型县域经济分项竞争力平均指数构成变化

（二）内部差异

1. 四大类型县域经济综合竞争力水平及类型

表 4-6 和表 4-7 是城市主城区县域经济综合竞争力指数及排名。

表 4-6 五个时间截面城市主城区县域经济综合竞争力排名

排名	2018 年	2016 年	2011 年	2006 年	2001 年
1	金牛区	双流区	青羊区	青羊区	自流井区
2	成华区	武侯区	武侯区	武侯区	锦江区
3	龙泉驿区	龙泉驿区	锦江区	金牛区	青羊区
4	武侯区	青羊区	双流区	锦江区	武侯区
5	青羊区	锦江区	金牛区	涪城区	金牛区
6	翠屏区	金牛区	成华区	成华区	涪城区
7	锦江区	成华区	郫都区	攀枝花东区	成华区
8	双流区	涪城区	龙泉驿区	双流区	双流区
9	新都区	新都区	涪城区	郫都区	郫都区
10	温江区	温江区	新都区	翠屏区	翠屏区
11	涪城区	郫都区	温江区	自流井区	新都区
12	郫都区	攀枝花东区	攀枝花东区	新都区	旌阳区

排名	2018年	2016年	2011年	2006年	2001年
13	攀枝花东区	旌阳区	旌阳区	温江区	温江区
14	龙马潭区	翠屏区	翠屏区	旌阳区	通川区
15	船山区	江阳区	自流井区	龙泉驿区	龙泉驿区
16	江阳区	船山区	攀枝花西区	攀枝花西区	东兴区
17	旌阳区	自流井区	船山区	顺庆区	顺庆区
18	五通桥区	雁江区	顺庆区	乐山市市中区	江阳区
19	东坡区	东坡区	江阳区	通川区	乐山市市中区
20	乐山市市中区	顺庆区	雁江区	江阳区	内江市市中区
21	顺庆区	龙马潭区	乐山市市中区	内江市市中区	利州区
22	雁江区	攀枝花西区	东坡区	船山区	雨城区
23	自流井区	乐山市市中区	沙湾区	东坡区	雁江区
24	利州区	内江市市中区	内江市市中区	利州区	龙马潭区
25	攀枝花西区	沙湾区	通川区	沙湾区	五通桥区
26	通川区	通川区	利州区	雁江区	沙湾区
27	沙湾区	利州区	龙马潭区	五通桥区	东坡区
28	内江市市中区	彭山区	五通桥区	雨城区	彭山区
29	彭山区	五通桥区	广安区	彭山区	船山区
30	东兴区	广安区	彭山区	龙马潭区	广安区
31	广安区	巴州区	雨城区	广安区	巴州区
32	雨城区	东兴区	东兴区	东兴区	—
33	巴州区	雨城区	巴州区	巴州区	—

表 4-7　五个时间截面城市主城区县域经济综合竞争力指数及位序

县域	2001年			2006年			2011年			2016年			2018年		
	指数	区内排名	全省排名	指数	区内排名	全省排名	指数	区内排名	全省排名	指数	区内排名	全省排名	指数	区内排名	全省排名
锦江区	0.143 4	2	2	0.187 8	4	4	0.316 6	3	3	0.351 1	5	5	0.409 5	7	8
青羊区	0.134 8	3	4	0.209 2	1	1	0.333 8	1	1	0.378 1	4	4	0.410 8	5	6
金牛区	0.119 8	5	6	0.188 1	3	3	0.275 6	5	5	0.340 9	6	6	0.560 9	1	1
武侯区	0.126 3	4	5	0.205 5	2	2	0.333 3	2	2	0.384 3	2	2	0.430 6	4	5

县域	2001年			2006年			2011年			2016年			2018年		
	指数	区内排名	全省排名	指数	区内排名	全省排名	指数	区内排名	全省排名	指数	区内排名	全省排名	指数	区内排名	全省排名
成华区	0.106 0	7	8	0.148 6	6	6	0.241 2	6	6	0.299 4	7	7	0.534 6	2	2
龙泉驿区	0.051 1	15	20	0.085 3	15	15	0.221 4	8	8	0.380 9	3	3	0.467 2	3	3
新都区	0.057 6	11	13	0.095 2	12	12	0.197 0	10	10	0.259 1	9	9	0.337 7	9	10
温江区	0.056 6	13	16	0.092 8	13	13	0.194 9	11	11	0.241 4	10	10	0.333 4	10	11
双流区	0.065 3	8	10	0.117 2	8	8	0.285 7	4	4	0.402 4	1	1	0.368 0	8	9
郫都区	0.061 0	9	11	0.116 4	9	9	0.232 1	7	7	0.224 4	11	11	0.282 8	12	13
自流井区	0.185 5	1	1	0.097 2	11	11	0.143 0	15	16	0.185 1	17	20	0.194 2	23	30
攀枝花东区	—	—	—	0.133 9	7	7	0.180 1	12	12	0.220 4	12	12	0.253 1	13	14
攀枝花西区	—	—	—	0.077 9	16	18	0.135 5	16	18	0.159 1	22	30	0.173 3	25	36
江阳区	0.048 5	18	23	0.061 5	20	27	0.120 0	19	24	0.204 1	15	17	0.236 2	16	18
龙马潭区	0.037 6	24	42	0.043 1	30	59	0.093 9	27	42	0.160 0	21	29	0.237 1	14	16
旌阳区	0.057 3	12	15	0.090 1	14	14	0.166 9	13	13	0.217 6	13	13	0.233 2	17	19
涪城区	0.117 0	6	7	0.160 2	5	5	0.210 5	9	9	0.280 7	8	8	0.291 1	11	12
利州区	0.039 9	21	37	0.055 7	24	34	0.097 4	26	40	0.141 2	27	41	0.175 8	24	35
船山区	0.031 3	29	58	0.057 9	22	30	0.124 1	17	21	0.187 6	16	19	0.236 5	15	17
内江市市中区	0.048 1	20	25	0.058 1	21	29	0.104 8	24	33	0.147 4	24	36	0.153 4	28	52
东兴区	0.050 2	16	21	0.036 2	32	75	0.070 4	32	76	0.106 9	32	84	0.123 1	30	75
乐山市市中区	0.048 1	19	24	0.066 4	18	24	0.107 9	21	28	0.149 9	23	33	0.202 6	20	26
沙湾区	0.035 3	26	47	0.054 5	25	35	0.104 9	23	32	0.142 3	25	38	0.155 8	27	49
五通桥区	0.036 8	25	44	0.051 0	27	43	0.093 4	28	44	0.124 0	29	57	0.214 3	18	22
顺庆区	0.049 0	17	22	0.068 1	17	22	0.122 7	18	22	0.168 7	20	24	0.195 4	21	27
东坡区	0.034 1	27	49	0.055 8	23	33	0.106 9	22	29	0.168 9	19	23	0.204 1	19	25
彭山区	0.034 1	28	50	0.048 6	29	47	0.083 7	30	53	0.129 3	28	49	0.151 7	29	53
翠屏区	0.059 5	10	12	0.110 7	10	10	0.156 6	14	14	0.207 8	14	15	0.410 7	6	7
广安区	0.027 1	30	75	0.040 8	31	62	0.091 1	29	46	0.108 6	30	76	0.121 5	31	79
通川区	0.051 9	14	18	0.063 1	19	25	0.104 6	25	34	0.141 7	26	40	0.159 0	26	45
雨城区	0.039 4	22	38	0.050 5	28	46	0.081 7	31	59	0.105 7	33	88	0.118 8	32	85
巴州区	0.022 5	31	110	0.028 0	33	123	0.054 5	33	119	0.108 5	31	77	0.117 7	33	88
雁江区	0.038 3	23	40	0.053 6	26	37	0.117 4	20	25	0.175 8	18	22	0.194 8	22	28

表 4-8 和表 4-9 是重点开发区县经济综合竞争力指数及排名。

表 4-8 五个时间截面重点开发区县经济综合竞争力排名

排名	2018 年	2016 年	2011 年	2006 年	2001 年
1	青白江区	青白江区	青白江区	青白江区	峨眉山市
2	广汉市	新津县	广汉市	绵竹市	纳溪区
3	绵竹市	广汉市	西昌市	广汉市	贡井区
4	新津县	西昌市	新津县	什邡市	青白江区
5	彭州市	金堂县	都江堰市	新津县	什邡市
6	什邡市	绵竹市	什邡市	都江堰市	大安区
7	西昌市	简阳市	绵竹市	金堂县	都江堰市
8	金堂县	彭州市	威远县	西昌市	广汉市
9	简阳市	什邡市	简阳市	江油市	崇州市
10	崇州市	都江堰市	仁和区	彭州市	绵竹市
11	都江堰市	江油市	大安区	仁和区	西昌市
12	宜宾县	仁和区	彭州市	大安区	大邑县
13	前锋区	威远县	峨眉山市	威远县	新津县
14	蒲江县	宜宾县	游仙区	邛崃市	江油市
15	仁和区	仁寿县	江油市	峨眉山市	蒲江县
16	威远县	崇州市	崇州市	崇州市	邛崃市
17	峨眉山市	华蓥市	射洪县	游仙区	游仙区
18	大安区	峨眉山市	邛崃市	射洪县	金堂县
19	江油市	射洪县	金堂县	蒲江县	射洪县
20	邛崃市	游仙区	大邑县	简阳市	仁和区
21	泸县	大安区	华蓥市	华蓥市	泸县
22	华蓥市	隆昌县	会理县	贡井区	彭州市
23	大邑县	邛崃市	贡井区	盐边县	威远县
24	射洪县	泸县	蒲江县	大邑县	华蓥市
25	武胜县	南部县	隆昌县	纳溪区	隆昌县
26	游仙区	蒲江县	大英县	夹江县	夹江县
27	隆昌市	大邑县	大竹县	隆昌县	大竹县

排名	2018年	2016年	2011年	2006年	2001年
28	仁寿县	前锋区	仁寿县	阆中市	阆中市
29	南部县	武胜县	南部县	仁寿县	达川区
30	富顺县	大竹县	盐边县	大竹县	青神县
31	大竹县	贡井区	达川区	高坪区	安州区
32	贡井区	纳溪区	阆中市	安州区	简阳市
33	达川区	江安县	武胜县	达川区	荥经县
34	高坪区	罗江县	夹江县	会理县	沿滩区
35	纳溪区	达川区	富顺县	荥经县	合江县
36	嘉陵区	会理县	泸县	南部县	高坪区
37	阆中市	盐边县	高坪区	青神县	罗江县
38	江安县	夹江县	罗江县	武胜县	名山区
39	合江县	阆中市	南溪区	犍为县	仁寿县
40	盐边县	沿滩区	沿滩区	富顺县	盐边县
41	夹江县	嘉陵区	嘉陵区	罗江县	南溪区
42	沿滩区	安州区	安州区	嘉陵区	犍为县
43	安州区	高坪区	江安县	沿滩区	南部县
44	南溪区	富顺县	青神县	泸县	丹棱县
45	罗江县	合江县	宜宾县	丹棱县	富顺县
46	大英县	大英县	纳溪区	大英县	大英县
47	安居区	南溪区	犍为县	宜宾县	武胜县
48	青神县	青神县	荥经县	南溪区	嘉陵区
49	会理县	犍为县	丹棱县	江安县	会理县
50	犍为县	丹棱县	名山区	冕宁县	宜宾县
51	昭化区	昭化区	合江县	合江县	冕宁县
52	丹棱县	安居区	昭化区	名山区	昭化区
53	朝天区	荥经县	安居区	昭化区	江安县
54	名山区	名山区	冕宁县	安居区	朝天区
55	荥经县	朝天区	朝天区	朝天区	—
56	冕宁县	冕宁县	—	—	—
57	恩阳区	恩阳区	—	—	—

表 4-9　五个时间截面重点开发区县经济综合竞争力指数及位序

县域	2001 年			2006 年			2011 年			2016 年			2018 年		
	指数	区内排名	全省排名	指数	区内排名	全省排名	指数	区内排名	全省排名	指数	区内排名	全省排名	指数	区内排名	全省排名
青白江区	0.053 5	4	17	0.082 7	1	16	0.152 9	1	15	0.212 7	1	14	0.443 2	1	4
金堂县	0.036 3	18	45	0.062 4	7	26	0.087 7	19	50	0.166 1	5	25	0.192 0	8	31
大邑县	0.043 2	12	33	0.044 6	24	57	0.085 4	20	51	0.125 1	27	55	0.154 4	23	50
蒲江县	0.040 1	15	36	0.047 5	19	51	0.082 6	24	56	0.125 5	26	54	0.167 0	14	39
新津县	0.041 8	13	34	0.072 3	5	21	0.129 4	4	20	0.205 2	2	16	0.218 8	4	21
都江堰市	0.045 6	7	27	0.066 4	6	23	0.120 4	5	23	0.155 6	10	32	0.178 5	11	34
彭州市	0.032 6	22	54	0.055 8	10	32	0.100 6	12	37	0.160 7	8	28	0.208 0	5	23
邛崃市	0.039 0	16	39	0.052 4	14	40	0.087 8	18	49	0.127 6	23	51	0.157 5	20	46
崇州市	0.044 1	9	30	0.051 7	16	42	0.093 2	16	45	0.138 1	16	43	0.190 6	10	33
简阳市	0.026 7	32	78	0.047 4	20	52	0.105 2	9	31	0.161 0	7	27	0.191 3	9	32
贡井区	0.057 3	3	14	0.045 2	22	55	0.082 7	23	55	0.118 0	31	63	0.135 8	32	65
大安区	0.047 9	6	26	0.053 3	12	38	0.103 4	11	36	0.133 3	21	48	0.163 9	18	43
沿滩区	0.025 6	34	82	0.033 4	43	89	0.067 8	40	84	0.108 1	40	78	0.119 6	42	83
富顺县	0.022 8	45	108	0.034 0	40	84	0.070 5	35	74	0.106 9	44	83	0.137 2	30	62
仁和区	0.033 9	20	51	0.053 7	11	36	0.103 7	10	35	0.147 8	12	35	0.166 6	15	40
盐边县	0.024 4	40	91	0.045 1	23	56	0.074 9	30	65	0.111 3	37	70	0.122 3	40	77
纳溪区	0.084 4	2	9	0.043 0	25	60	0.063 0	46	97	0.116 7	32	65	0.127 8	35	69
泸县	0.033 2	21	53	0.033 0	44	91	0.069 7	36	78	0.125 9	24	52	0.157 3	21	47
合江县	0.025 5	35	83	0.026 1	51	140	0.052 0	51	128	0.106 6	45	85	0.122 8	39	76
罗江县	0.025 2	37	57	0.033 6	41	63	0.069 0	38	77	0.115 8	34	82	0.117 4	45	89

县域	2001年			2006年			2011年			2016年			2018年		
	指数	区内排名	全省排名	指数	区内排名	全省排名	指数	区内排名	全省排名	指数	区内排名	全省排名	指数	区内排名	全省排名
广汉市	0.045 1	8	28	0.075 6	3	19	0.141 8	2	17	0.191 8	3	18	0.245 6	2	15
什邡市	0.051 1	5	19	0.073 5	4	20	0.114 4	6	26	0.157 0	9	31	0.204 4	6	24
绵竹市	0.044 0	10	31	0.080 6	2	17	0.111 7	7	27	0.161 2	6	26	0.228 8	3	20
游仙区	0.037 4	17	43	0.050 7	17	44	0.094 1	14	41	0.134 8	20	47	0.150 3	26	55
安州区	0.026 7	31	77	0.038 3	32	70	0.066 0	42	88	0.107 0	42	80	0.118 9	43	84
江油市	0.040 4	14	35	0.057 6	9	31	0.093 5	15	43	0.148 5	11	34	0.163 2	19	44
昭化区	0.018 6	52	147	0.023 5	53	155	0.051 0	52	134	0.090 9	51	115	0.099 5	51	121
朝天区	0.015 2	54	171	0.018 6	55	176	0.041 3	55	163	0.075 7	55	151	0.090 7	53	140
安居区	—	—	—	0.021 4	54	166	0.050 6	53	136	0.086 8	52	125	0.106 4	47	105
射洪县	0.036 0	19	46	0.048 0	18	49	0.088 7	17	48	0.134 8	19	46	0.154 0	24	51
大英县	0.022 3	46	111	0.031 1	46	103	0.079 2	26	60	0.106 6	46	86	0.113 2	46	95
威远县	0.032 3	23	55	0.052 6	13	39	0.105 3	8	30	0.145 8	13	37	0.165 1	16	41
隆昌县	0.029 0	25	62	0.039 8	27	64	0.081 8	25	58	0.127 7	22	50	0.145 7	27	56
犍为县	0.023 4	42	101	0.034 3	39	82	0.062 8	47	98	0.096 3	49	102	0.103 8	50	114
夹江县	0.028 2	26	67	0.041 0	26	61	0.071 7	34	71	0.110 9	38	72	0.121 4	41	81
峨眉山市	0.142 3	1	3	0.051 7	15	41	0.098 3	13	39	0.135 9	18	45	0.164 1	17	42
高坪区	0.025 4	36	84	0.038 4	31	69	0.069 2	37	80	0.107 0	43	81	0.131 0	34	67
嘉陵区	0.020 2	48	130	0.033 6	42	87	0.066 2	41	87	0.107 5	41	79	0.125 1	36	71
南部县	0.023 3	43	103	0.035 4	36	78	0.076 5	29	63	0.125 8	25	53	0.138 7	29	61
阆中市	0.027 4	28	72	0.038 9	28	65	0.072 1	32	68	0.110 5	39	73	0.125 1	37	72
仁寿县	0.024 4	39	90	0.038 7	29	66	0.078 5	28	62	0.138 6	15	42	0.144 0	28	57
丹棱县	0.023 3	44	104	0.032 0	45	96	0.058 1	49	109	0.092 7	50	110	0.096 5	52	128
青神县	0.027 3	30	74	0.035 1	37	79	0.064 9	44	92	0.098 3	48	99	0.105 0	48	109
南溪区	0.023 6	41	99	0.030 1	48	109	0.068 7	39	83	0.098 4	47	98	0.117 7	44	87

县域	2001 年			2006 年			2011 年			2016 年			2018 年		
	指数	区内排名	全省排名	指数	区内排名	全省排名	指数	区内排名	全省排名	指数	区内排名	全省排名	指数	区内排名	全省排名
宜宾县	0.019 5	50	140	0.031 0	47	104	0.064 1	45	94	0.141 8	14	39	0.172 6	12	37
江安县	0.017 6	53	155	0.026 8	49	137	0.066 0	43	89	0.116 3	33	66	0.123 3	38	74
前锋区	—	—	—	—	—	—	—	—	—	0.124 4	28	56	0.171 2	13	38
华蓥市	0.030 2	24	60	0.046 1	21	53	0.084 0	21	52	0.136 2	17	44	0.156 9	22	48
武胜县	0.021 2	47	117	0.034 8	38	80	0.071 7	33	70	0.122 6	29	59	0.150 3	25	54
达川区	0.027 3	29	73	0.036 6	33	72	0.072 9	31	67	0.112 9	35	68	0.132 2	33	66
大竹县	0.028 1	27	70	0.038 6	30	68	0.078 7	27	61	0.121 6	30	60	0.137 1	31	63
名山区	0.025 2	38	87	0.024 7	52	150	0.053 0	50	125	0.077 2	54	145	0.082 1	54	153
荥经县	0.025 7	33	80	0.035 7	35	76	0.058 2	48	108	0.080 3	53	137	0.081 3	55	157
恩阳区	—	—	—	—	—	—	—	—	—	0.072 7	57	160	0.080 1	57	162
西昌市	0.043 3	11	32	0.061 0	8	28	0.129 5	3	19	0.181 4	4	21	0.194 6	7	29
冕宁县	0.018 9	51	144	0.026 4	50	138	0.045 5	54	148	0.074 8	56	152	0.081 1	56	160
会理县	0.019 6	49	137	0.036 6	34	73	0.083 2	22	54	0.111 7	36	69	0.104 6	49	112

表 4-10 和表 4-11 是农产品主产区县经济综合竞争力指数及排名。

表 4-10　五个时间截面农产品主产区县经济综合竞争力排名

排名	2018 年	2016 年	2011 年	2006 年	2001 年
1	米易县	安岳县	邻水县	中江县	中江县
2	岳池县	乐至县	安岳县	米易县	德昌县
3	邻水县	邻水县	荣县	洪雅县	开江县
4	中江县	米易县	资中县	荣县	米易县
5	安岳县	岳池县	乐至县	珙县	梓潼县
6	宣汉县	渠县	中江县	资中县	荣县
7	渠县	宣汉县	米易县	梓潼县	三台县
8	乐至县	中江县	渠县	岳池县	井研县

排名	2018 年	2016 年	2011 年	2006 年	2001 年
9	长宁县	荣县	珙县	蓬安县	珙县
10	荣县	珙县	宣汉县	井研县	渠县
11	平昌县	资中县	蓬安县	乐至县	资中县
12	珙县	蓬安县	岳池县	三台县	岳池县
13	蓬安县	平昌县	蓬溪县	安岳县	蓬安县
14	三台县	长宁县	仪陇县	渠县	芦山县
15	古蔺县	古蔺县	三台县	宣汉县	乐至县
16	高县	高县	长宁县	邻水县	营山县
17	西充县	仪陇县	筠连县	德昌县	西充县
18	营山县	营山县	洪雅县	芦山县	盐亭县
19	蓬溪县	西充县	梓潼县	会东县	长宁县
20	仪陇县	洪雅县	井研县	开江县	洪雅县
21	叙永县	三台县	高县	西充县	邻水县
22	筠连县	蓬溪县	开江县	长宁县	平昌县
23	洪雅县	筠连县	会东县	仪陇县	蓬溪县
24	井研县	会东县	西充县	营山县	宣汉县
25	资中县	梓潼县	营山县	高县	苍溪县
26	梓潼县	井研县	古蔺县	蓬溪县	叙永县
27	开江县	开江县	德昌县	盐亭县	仪陇县
28	苍溪县	剑阁县	苍溪县	苍溪县	高县
29	会东县	苍溪县	平昌县	汉源县	安岳县
30	剑阁县	兴文县	盐亭县	平昌县	剑阁县
31	兴文县	叙永县	芦山县	叙永县	汉源县
32	盐亭县	盐亭县	剑阁县	筠连县	兴文县
33	德昌县	德昌县	兴文县	剑阁县	会东县
34	芦山县	芦山县	汉源县	兴文县	筠连县
35	汉源县	汉源县	叙永县	古蔺县	古蔺县

表 4-11　五个时间截面农产品主产区县经济综合竞争力指数及位序

县域	2001 年			2006 年			2011 年			2016 年			2018 年		
	指数	区内排名	全省排名	指数	区内排名	全省排名	指数	区内排名	全省排名	指数	区内排名	全省排名	指数	区内排名	全省排名
荣县	0.024 3	6	92	0.034 5	4	81	0.071 9	3	69	0.106 0	9	87	0.115 9	10	90
米易县	0.025 4	4	85	0.036 6	2	74	0.068 9	7	82	0.118 0	4	64	0.143 9	1	58
叙永县	0.019 1	26	142	0.024 6	31	152	0.043 8	35	153	0.084 3	31	132	0.104 6	21	111
古蔺县	0.014 9	35	172	0.019 0	35	173	0.053 7	26	123	0.097 4	15	100	0.107 1	15	102
中江县	0.031 3	1	86	0.040 7	1	86	0.070 1	6	81	0.106 9	8	67	0.136 1	4	64
三台县	0.023 8	7	95	0.031 5	12	101	0.059 8	15	101	0.092 3	21	112	0.111 2	14	97
盐亭县	0.020 6	18	124	0.026 0	27	141	0.051 3	30	132	0.079 3	32	141	0.088 2	32	146
梓潼县	0.024 8	5	89	0.032 8	7	92	0.058 8	19	106	0.089 6	25	118	0.098 3	26	125
剑阁县	0.017 0	30	157	0.023 0	33	158	0.046 3	32	146	0.085 9	28	127	0.094 7	30	132
苍溪县	0.019 6	25	138	0.025 7	28	143	0.051 6	28	129	0.085 4	29	128	0.097 5	28	127
蓬溪县	0.019 9	23	134	0.026 4	26	139	0.060 4	13	99	0.091 9	22	113	0.105 6	19	107
资中县	0.022 1	11	113	0.033 1	6	90	0.070 9	4	73	0.104 5	11	90	0.098 5	25	124
井研县	0.023 6	8	97	0.032 0	10	97	0.057 6	20	111	0.087 0	26	123	0.098 9	24	122
营山县	0.020 7	16	122	0.027 1	24	133	0.053 9	25	122	0.094 7	18	105	0.106 1	18	106
蓬安县	0.021 2	13	115	0.032 7	9	94	0.064 4	11	93	0.103 2	12	92	0.112 1	13	96
仪陇县	0.017 7	27	152	0.027 3	23	131	0.060 1	14	100	0.094 9	17	104	0.105 5	20	108
西充县	0.020 7	17	123	0.027 9	21	125	0.053 9	24	121	0.094 1	19	106	0.106 8	17	104
洪雅县	0.020 4	20	128	0.035 6	3	77	0.058 9	18	105	0.092 3	20	111	0.102 7	23	117
长宁县	0.020 5	19	127	0.027 8	22	126	0.059 6	16	103	0.099 8	14	97	0.121 5	9	80
高县	0.017 7	28	153	0.027 0	25	135	0.055 5	21	113	0.097 2	16	101	0.106 8	16	103
珙县	0.023 5	9	100	0.034 1	5	83	0.066 6	9	86	0.105 4	10	89	0.115 5	12	92
筠连县	0.015 4	34	170	0.023 2	32	157	0.059 1	17	104	0.091 1	23	114	0.104 5	22	113
兴文县	0.016 5	32	162	0.021 9	34	162	0.045 8	33	147	0.084 5	30	131	0.093 6	31	136
岳池县	0.022 1	12	114	0.032 8	8	93	0.064 0	12	96	0.111 2	5	71	0.141 5	2	59

县域	2001 年			2006 年			2011 年			2016 年			2018 年		
	指数	区内排名	全省排名	指数	区内排名	全省排名	指数	区内排名	全省排名	指数	区内排名	全省排名	指数	区内排名	全省排名
邻水县	0.020 2	21	129	0.030 3	16	108	0.088 9	1	47	0.118 8	3	62	0.140 3	3	60
宣汉县	0.019 9	24	135	0.030 7	15	107	0.064 9	10	91	0.108 8	7	75	0.126 6	6	70
开江县	0.027 4	3	71	0.028 7	20	117	0.055 0	22	115	0.086 7	27	126	0.097 6	27	126
渠县	0.023 2	10	105	0.030 7	14	105	0.067 8	8	85	0.110 1	6	74	0.125 0	7	73
汉源县	0.016 9	31	159	0.025 2	29	145	0.044 3	34	151	0.070 4	35	165	0.075 8	35	172
芦山县	0.020 9	14	120	0.029 5	18	114	0.049 9	31	137	0.078 5	34	144	0.078 8	34	166
平昌县	0.020 2	22	131	0.024 9	30	146	0.051 5	29	131	0.100 9	13	95	0.115 6	11	91
安岳县	0.017 7	29	154	0.031 4	13	102	0.074 3	2	66	0.122 9	1	58	0.128 3	5	68
乐至县	0.020 8	15	121	0.032 0	11	98	0.070 4	5	75	0.119 3	2	61	0.121 6	8	78
会东县	0.016 2	33	165	0.028 7	19	116	0.054 9	23	116	0.090 0	24	117	0.094 8	29	131
德昌县	0.028 9	2	64	0.029 7	17	111	0.052 1	27	126	0.079 1	33	142	0.082 7	33	150

表 4-12 和表 4-13 是重点生态功能区县经济综合竞争力指数及排名。

表 4-12 五个时间截面重点生态功能区县经济综合竞争力排名

排名	2018 年	2016 年	2011 年	2006 年	2001 年	排名	2018 年	2016 年	2011 年	2006 年	2001 年
1	金口河区	汶川县	金口河区	汶川县	康定市	6	石棉县	宝兴县	阿坝县	金口河区	得荣县
2	康定市	石棉县	汶川县	康定市	马尔康市	7	汶川县	理县	理县	理县	甘孜县
3	马尔康市	马尔康市	石棉县	九寨沟县	汶川县	8	南江县	黑水县	九寨沟县	宝兴县	乡城县
4	色达县	康定市	马尔康市	马尔康市	石棉县	9	九寨沟县	金口河区	宝兴县	松潘县	宝兴县
5	炉霍县	南江县	康定市	石棉县	九寨沟县	10	黑水县	得荣县	稻城县	得荣县	理县

排名	2018年	2016年	2011年	2006年	2001年	排名	2018年	2016年	2011年	2006年	2001年
11	巴塘县	稻城县	得荣县	九龙县	道孚县	35	雅江县	道孚县	甘孜县	小金县	茂县
12	得荣县	九寨沟县	茂县	天全县	金口河区	36	新龙县	理塘县	青川县	甘洛县	青川县
13	理县	万源市	乡城县	甘孜县	巴塘县	37	泸定县	白玉县	小金县	宁南县	万源市
14	稻城县	沐川县	北川县	峨边县	松潘县	38	金川县	屏山县	炉霍县	北川县	北川县
15	宝兴县	色达县	旺苍县	乡城县	泸定县	39	屏山县	壤塘县	巴塘县	阿坝县	甘洛县
16	沐川县	炉霍县	松潘县	黑水县	炉霍县	40	雷波县	甘孜县	白玉县	雅江县	白玉县
17	万源市	天全县	泸定县	沐川县	稻城县	41	理塘县	青川县	雅江县	马边县	宁南县
18	白玉县	松潘县	九龙县	旺苍县	峨边县	42	马边县	雷波县	马边县	南江县	普格县
19	乡城县	旺苍县	万源市	道孚县	天全县	43	九龙县	九龙县	理塘县	通江县	若尔盖县
20	松潘县	茂县	南江县	巴塘县	壤塘县	44	甘孜县	马边县	雷波县	色达县	南江县
21	宁南县	宁南县	天全县	茂县	丹巴县	45	青川县	新龙县	金阳县	木里县	马边县
22	北川县	小金县	黑水县	稻城县	雅江县	46	木里县	阿坝县	屏山县	普格县	通江县
23	通江县	通江县	壤塘县	炉霍县	新龙县	47	普格县	若尔盖县	若尔盖县	若尔盖县	越西县
24	小金县	乡城县	红原县	平武县	理塘县	48	盐源县	盐源县	新龙县	盐源县	色达县
25	茂县	峨边县	峨边县	红原县	旺苍县	49	若尔盖县	普格县	甘洛县	雷波县	石渠县
26	壤塘县	红原县	沐川县	新龙县	九龙县	50	阿坝县	喜德县	普格县	布拖县	喜德县
27	天全县	北川县	盐源县	丹巴县	黑水县	51	金阳县	金阳县	越西县	越西县	盐源县
28	旺苍县	巴塘县	宁南县	泸定县	平武县	52	喜德县	越西县	色达县	石渠县	布拖县
29	道孚县	泸定县	平武县	白玉县	沐川县	53	甘洛县	昭觉县	喜德县	屏山县	金阳县
30	峨边县	雅江县	木里县	万源市	小金县	54	越西县	石渠县	布拖县	金阳县	德格县
31	平武县	平武县	金川县	理塘县	金川县	55	昭觉县	布拖县	美姑县	喜德县	昭觉县
32	石渠县	木里县	通江县	青川县	红原县	56	德格县	甘洛县	昭觉县	昭觉县	屏山县
33	丹巴县	丹巴县	丹巴县	壤塘县	阿坝县	57	美姑县	德格县	德格县	德格县	雷波县
34	红原县	金川县	道孚县	金川县	木里县	58	布拖县	美姑县	石渠县	美姑县	美姑县

表 4-13　五个时间截面重点生态功能区县经济综合竞争力指数及位序

县域	2001 年			2006 年			2011 年			2016 年			2018 年		
	指数	区内排名	全省排名	指数	区内排名	全省排名	指数	区内排名	全省排名	指数	区内排名	全省排名	指数	区内排名	全省排名
北川县	0.018 8	38	146	0.023 9	38	154	0.054 6	14	118	0.076 4	27	148	0.092 0	22	138
平武县	0.021 1	28	119	0.027 6	24	127	0.044 6	29	149	0.073 5	31	154	0.082 8	31	149
旺苍县	0.022 2	25	112	0.028 7	18	118	0.054 0	15	120	0.081 9	19	135	0.088 2	28	145
青川县	0.018 9	36	143	0.025 3	32	144	0.042 2	36	158	0.070 3	41	166	0.078 4	45	169
金口河区	0.028 1	12	69	0.038 7	6	67	0.100 1	1	38	0.090 7	9	116	0.120 9	1	82
沐川县	0.020 6	29	125	0.028 9	17	115	0.047 1	26	143	0.086 9	14	124	0.095 8	16	129
峨边县	0.023 9	18	94	0.030 1	14	110	0.047 2	25	142	0.076 6	25	146	0.084 3	30	148
马边县	0.016 8	45	160	0.022 9	41	160	0.039 8	42	165	0.067 3	44	169	0.079 0	42	165
屏山县	0.013 3	56	176	0.018 8	53	175	0.039 2	46	169	0.072 4	38	162	0.080 7	39	161
万源市	0.018 8	37	145	0.026 9	30	136	0.051 1	19	133	0.087 2	13	122	0.095 5	17	130
石棉县	0.033 4	4	52	0.044 0	5	58	0.075 4	3	64	0.102 3	2	93	0.110 7	6	99
天全县	0.023 8	19	96	0.031 6	12	100	0.049 8	21	138	0.082 5	17	133	0.088 7	27	144
宝兴县	0.028 8	9	65	0.033 8	8	85	0.058 3	9	107	0.093 6	6	107	0.098 6	15	123
通江县	0.016 6	46	161	0.021 9	43	163	0.043 4	32	154	0.079 4	23	140	0.091 0	23	139
南江县	0.017 0	44	158	0.022 1	42	161	0.050 6	20	135	0.095 3	5	103	0.107 3	8	101
马尔康市	0.038 0	2	41	0.046 0	4	54	0.071 6	4	72	0.101 0	3	94	0.115 2	3	93
汶川县	0.034 9	3	48	0.050 6	1	45	0.082 1	2	57	0.103 4	1	91	0.108 6	7	100
理县	0.028 8	10	66	0.037 0	7	71	0.064 1	7	95	0.093 1	7	108	0.101 9	13	119
茂县	0.019 3	35	141	0.028 2	21	121	0.055 5	12	114	0.081 9	20	136	0.090 2	25	142
松潘县	0.025 9	14	79	0.033 6	9	88	0.053 1	16	124	0.082 0	18	134	0.093 7	20	135
九寨沟县	0.031 6	5	56	0.047 6	3	50	0.059 7	8	102	0.089 0	12	121	0.104 7	9	110
金川县	0.020 1	31	132	0.024 8	34	148	0.044 2	31	152	0.073 0	34	157	0.081 2	38	159

县域	2001 年			2006 年			2011 年			2016 年			2018 年		
	指数	区内排名	全省排名	指数	区内排名	全省排名	指数	区内排名	全省排名	指数	区内排名	全省排名	指数	区内排名	全省排名
小金县	0.020 6	30	126	0.024 8	35	149	0.042 1	37	159	0.079 5	22	139	0.090 4	24	141
黑水县	0.021 1	27	118	0.029 5	16	113	0.049 7	22	139	0.092 7	8	109	0.103 6	10	115
壤塘县	0.023 6	20	98	0.024 8	33	147	0.049 6	23	140	0.071 6	39	163	0.090 0	26	143
阿坝县	0.019 7	33	136	0.023 2	39	156	0.065 6	6	90	0.065 7	46	171	0.071 5	50	175
若尔盖县	0.017 1	43	156	0.020 8	47	168	0.039 2	47	170	0.065 4	47	172	0.072 7	49	174
红原县	0.020 0	32	133	0.027 6	25	128	0.048 2	24	141	0.076 5	26	147	0.082 1	34	154
康定市	0.045 1	1	29	0.048 6	2	48	0.069 4	5	79	0.099 8	4	96	0.117 8	2	86
泸定县	0.025 7	15	81	0.027 2	28	132	0.052 0	17	127	0.075 9	29	150	0.081 2	37	158
丹巴县	0.023 4	21	102	0.027 4	27	130	0.043 0	33	155	0.073 1	33	156	0.082 6	33	152
九龙县	0.021 2	26	116	0.031 7	11	99	0.051 6	18	130	0.067 9	43	168	0.078 8	43	167
雅江县	0.023 1	22	106	0.022 9	40	159	0.041 2	41	164	0.073 6	30	153	0.082 0	35	155
道孚县	0.028 2	11	68	0.028 7	19	119	0.042 5	34	156	0.073 0	35	158	0.085 1	29	147
炉霍县	0.025 0	16	88	0.028 0	23	124	0.042 0	38	160	0.085 0	16	130	0.115 2	5	98
甘孜县	0.029 5	7	61	0.030 7	13	106	0.042 5	35	157	0.071 0	40	164	0.078 6	44	168
新龙县	0.022 9	23	107	0.027 5	26	129	0.038 6	48	171	0.066 6	45	170	0.082 0	36	156
德格县	0.013 7	54	174	0.016 7	57	180	0.024 6	57	180	0.045 0	57	182	0.058 1	56	181
白玉县	0.018 5	40	149	0.027 1	29	134	0.041 8	40	162	0.072 5	37	161	0.094 1	18	133
石渠县	0.016 2	49	166	0.018 8	52	174	0.024 5	58	181	0.050 2	54	179	0.082 7	32	151
色达县	0.016 2	48	164	0.021 7	44	164	0.031 8	52	175	0.085 3	15	129	0.117 8	4	94
理塘县	0.022 8	24	109	0.025 8	31	142	0.039 7	43	166	0.073 0	36	159	0.079 7	41	164
巴塘县	0.026 9	13	76	0.028 2	20	120	0.042 0	39	161	0.075 9	28	149	0.103 3	11	116
乡城县	0.028 9	8	63	0.029 6	15	112	0.054 6	13	117	0.078 8	24	143	0.093 7	19	134
稻城县	0.024 1	17	93	0.028 1	22	122	0.057 7	10	110	0.089 4	11	120	0.101 3	14	120
得荣县	0.031 2	6	59	0.032 1	10	95	0.057 4	11	112	0.089 6	10	119	0.102 5	12	118

县域	2001年			2006年			2011年			2016年			2018年		
	指数	区内排名	全省排名	指数	区内排名	全省排名	指数	区内排名	全省排名	指数	区内排名	全省排名	指数	区内排名	全省排名
木里县	0.019 6	34	139	0.021 5	45	165	0.044 5	30	150	0.073 5	32	155	0.076 8	46	170
盐源县	0.015 9	51	168	0.020 3	48	169	0.046 9	27	144	0.065 3	48	173	0.074 2	48	173
宁南县	0.018 4	41	150	0.023 9	37	153	0.046 4	28	145	0.080 3	21	138	0.092 6	21	137
普格县	0.017 9	42	151	0.021 0	46	167	0.034 0	50	173	0.057 7	49	174	0.076 1	47	171
布拖县	0.015 5	52	169	0.019 0	50	171	0.030 7	54	177	0.048 8	55	180	0.056 6	58	183
金阳县	0.014 2	53	173	0.018 6	54	177	0.039 6	45	168	0.055 0	51	176	0.066 8	51	176
昭觉县	0.013 3	55	175	0.017 0	56	179	0.026 9	56	179	0.051 2	53	178	0.059 5	55	180
喜德县	0.016 1	50	167	0.017 3	55	178	0.031 3	53	176	0.056 3	50	175	0.063 5	52	177
越西县	0.016 4	47	163	0.019 0	51	172	0.033 6	51	174	0.052 9	52	177	0.062 0	54	179
甘洛县	0.018 6	39	148	0.024 7	36	151	0.038 6	49	172	0.048 6	56	181	0.062 6	53	178
美姑县	0.010 4	58	178	0.015 8	58	181	0.028 0	55	178	0.043 7	58	183	0.056 6	57	182
雷波县	0.012 9	57	177	0.020 2	49	170	0.039 6	44	167	0.069 4	42	167	0.079 8	40	163

根据第三章四川省县域经济综合竞争力水平分类结果（表3-8～表3-12），结合四大类型县域状况，统计了综合竞争力水平不同的县（市、区）在四大类型县域中的分布（表4-14）。综合竞争力属于高水平的县（市、区）主要集中在城市主城区县域（占比75%～95%），中高水平和中等水平的县（市、区）主要分布于重点开发区县（占比50%～60%），中低水平和低水平县（市、区）主要分布于农产品主产区和重点生态功能区县（占比60%以上）。由此可见，城市主城区县域是县域经济发展的“领头羊”，该类型中60%以上的县域经济综合竞争力属于高水平。重点开发区县数量较多，其县域经济综合竞争力在县域经济综合竞争力水平5种类型中均有分布，主要包括中高水平、中等水平和中低水平。近年来属于中高水平的县域数量增加（2016和2018年分别有17个和16个），但仍要关注的是，重点开发区县中仍有相当部分县域（2018年近32%）经济综合竞争力在中低水平。绝大部分农产品主产区县经济综合竞争力属中低水平（占比73%以上），近年

来，属于低水平的县域数量有所减少（2016 年只有 1 个，2018 年 3 个）。重点生态功能区县经济综合竞争力水平类型集中在中低水平和低水平（占比 93%～100%），特别是 2018 年和 2016 年有 58 个县域经济综合竞争力水平都集中在这一层次。

表 4-14 综合竞争力水平不同的县域在四大类型县域中的分布 单位：个

年份	四大类型县域	县域经济综合竞争力水平				
		高水平	中高水平	中等水平	中低水平	低水平
2018	城市主城区	20	7	2	4	—
	重点开发区县	6	16	13	18	4
	农产品主产区县	—	—	5	27	3
	重点生态功能区县	—	—	—	29	29
2016	城市主城区	20	7	5	1	—
	重点开发区县	4	17	25	11	—
	农产品主产区县	—	—	8	26	1
	重点生态功能区县	—	—	—	39	19
2011	城市主城区	20	9	2	2	—
	重点开发区县	6	10	18	19	2
	农产品主产区县	—	1	2	28	4
	重点生态功能区县	—	1	3	20	34
2006	城市主城区	20	9	2	2	—
	重点开发区县	7	11	12	21	4
	农产品主产区县	—	—	1	27	7
	重点生态功能区县	—	3	3	25	27
2001	城市主城区	20	5	4	2	—
	重点开发区县	1	12	6	27	2
	农产品主产区县	—	—	2	24	9
	重点生态功能区县	—	2	8	30	18

2. 四大类型县域经济综合竞争力水平的内部差异性

在四大类型县域经济综合竞争力内部差异上，从大到小依次是城市主城区县域、重点开发区县、重点生态功能区县和农产品主产区县（表4-15、图4-10、图4-11）。城市主城区县域五个时间截面的绝对差异（平均差、标准差）和相对差异（变异系数）都远高于其他类型县域，2018年的平均差、标准差和变异系数分别为0.101 7、0.121 9和0.463 1，重点开发区县之间的平均差、标准差和变异系数分别0.036 3、0.054 7和0.366 6，重点生态功能区县分别为0.013 1、0.016 2和0.185 5，农产品主产区县分别为0.013 3、0.016 8和0.154 5。

表4-15 五个时间截面四大类型县域经济综合竞争力内部差异性

四大类型县域	差异性	2001年	2006年	2011年	2016年	2018年
城市主城区	平均差	0.030 9	0.041 1	0.066 7	0.074 1	0.101 7
	标准差	0.039 9	0.050 7	0.078 9	0.089 9	0.121 9
	变异系数	0.614 0	0.555 9	0.490 8	0.423 8	0.463 1
	极值比	8.230 0	7.459 2	6.129 0	3.806 1	4.765 4
重点开发区县	平均差	0.012 0	0.012 0	0.018 5	0.023 4	0.036 3
	标准差	0.019 3	0.014 9	0.023 8	0.030 6	0.054 7
	变异系数	0.563 2	0.341 9	0.289 6	0.244 4	0.366 6
	极值比	9.342 1	4.435 2	3.701 1	2.926 3	5.534 6
农产品主产区县	平均差	0.002 8	0.003 6	0.007 5	0.010 5	0.013 3
	标准差	0.003 7	0.004 5	0.009 6	0.012 7	0.016 8
	变异系数	0.174 6	0.152 7	0.161 5	0.131 5	0.154 5
	极值比	2.106 5	2.143 8	2.031 0	1.745 1	1.898 5
重点生态功能区县	平均差	0.005 2	0.005 8	0.010 1	0.011 5	0.013 1
	标准差	0.006 6	0.007 9	0.013 8	0.014 6	0.016 2
	变异系数	0.301 6	0.291 0	0.290 2	0.194 8	0.185 5
	极值比	4.321 2	3.199 7	4.076 2	2.365 7	2.137 1

从县域经济综合竞争力差异性的变化来看，尽管四大类型县域有相同的变化趋势（绝对差异上升，相对差异下降），但其变化特征不同。城市主城区县域的变化幅度最大，其平均差和标准差分别从2001年的0.030 9和0.039 9上升到2018年的0.101 7和0.121 9，分别增加了0.070 8和0.082 0；变异系数从2001年的0.614 0降至2018年的0.463 1，下降了0.150 9。重点开发区县的变化幅度较大，2018年其平均差和标准差分别较2001年增加了

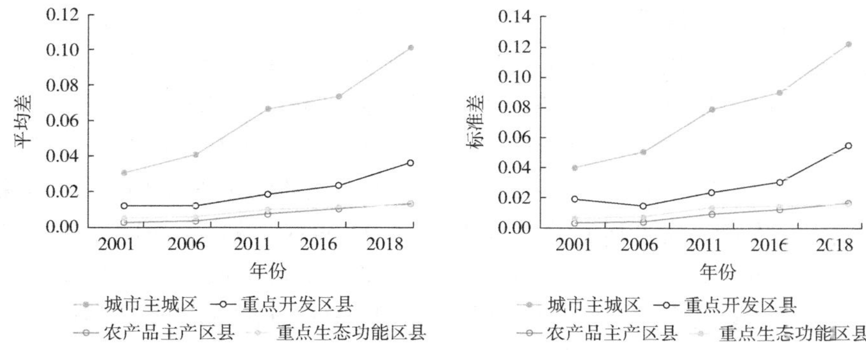

图 4-10　五个时间截面四大类型县域经济综合竞争力平均差和标准差变化

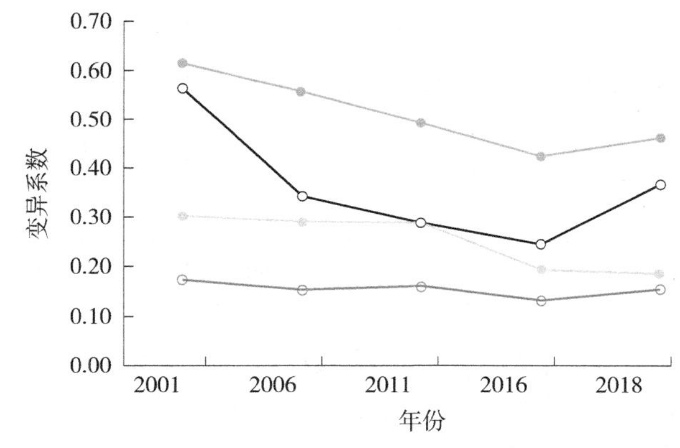

图 4-11　五个时间截面四大类型县域经济综合竞争力变异系数变化

0.024 3 和 0.035 4，变异系数下降了 0.196 6。农产品主产区县的差异性变化较小，2018 年其平均差和标准差分别较 2001 年增加了 0.010 5 和 0.013 1，变异系数下降了 0.020 1。重点生态功能区县的平均差和标准差变化最小，2018 年分别较 2001 年增加了 0.007 9 和 0.009 6，变异系数下降的幅度较大，为 0.116 1。

3. 四大类型县域经济综合竞争力指数增长率的内部差异

1）五个时间截面县域经济综合竞争力增长分析

（1）增长水平及差异性。

在五个时间截面，四川省四大类型县域经济综合竞争力指数平均增长率呈轮换交替和非延续性特征。2002 年，农产品主产区县和重点开发区县的平均增长率最高，分别为 5.19% 和 5.18%。2006 年，重点开发区县最高，平均增长率为 11.75%。2011 年，农产品主产区县最高，平均增长率为 12.01%。2002 年、2006 年和 2011 年重点生态功能区县的平均增长率都是最低的，分别为 1.39%、6.27% 和 4.69%。2016 年，四大类型县域的平均增长率均出现了下降，其中农产品主产区县降幅最大，为 -11.69%，城市主城区县域降幅最小，为 -2.71%。2018 年，城市主城区县域平均增长率最高，为 11.27%，重点生态功能区县的平均增长率也较高，为 11.09%，农产品主产区县最低，平均增长率为 7.07%（表 4-16）。

表 4-16 五个时间截面四大类型县域经济综合竞争力平均增长率 单位：%

四大类型县域	2002 年	2006 年	2011 年	2016 年	2018 年
城市主城区	4.75	10.08	9.37	-2.71	11.27
重点开发区县	5.18	11.75	11.43	-6.58	8.13
农产品主产区县	5.19	9.14	12.01	-11.69	7.07
重点生态功能区县	1.39	6.27	4.69	-9.73	11.09

在五个时间截面，四川省四大类型县域经济综合竞争力增长率的内部差异都是比较显著的，四大类型县域中最小的平均差、标准差和变异系数分别为 3.11、4.06 和 0.40（表 4-17～表 4-21）。

表 4-17 五个时间截面城市主城区县域经济综合竞争力增长率及排序

排序	2002 年		2006 年		2011 年		2016 年		2018 年	
	区县	增长率 /%	区县	增长率 /%	区县	增长率 /%	区县	增长率 /%	区县	增长率 /%
1	龙泉驿区	18.51	郫都区	42.09	巴州区	21.99	攀枝花西区	3.59	成华区	80.03
2	船山区	13.41	涪城区	26.16	双流区	21.75	锦江区	3.47	翠屏区	76.87
3	温江区	12.41	双流区	24.85	雁江区	20.56	温江区	3.25	五通桥区	72.50
4	翠屏区	10.45	雁江区	24.36	龙泉驿区	19.06	龙马潭区	3.15	乐山市中区	30.84

排序	2002 年		2006 年		2011 年		2016 年		2018 年	
	区县	增长率 /%	区县	增长率 /%	区县	增长率 /%	区县	增长率 /%	区县	增长率 /%
5	新都区	9.57	五通桥区	19.92	新都区	17.43	江阳区	3.06	东坡区	20.25
6	顺庆区	9.01	新都区	19.62	龙马潭区	16.30	攀枝花东区	2.63	船山区	19.90
7	金牛区	8.52	龙泉驿区	19.59	彭山区	15.47	沙湾区	2.48	彭山区	13.05
8	彭山区	7.85	金牛区	14.93	攀枝花西区	14.77	龙泉驿区	1.78	金牛区	12.70
9	武侯区	7.58	青羊区	14.49	江阳区	14.20	新都区	1.05	利州区	12.52
10	广安区	7.50	翠屏区	14.30	广安区	13.73	自流井区	0.59	青羊区	10.61
11	东坡区	7.43	沙湾区	13.22	船山区	13.42	金牛区	0.56	江阳区	10.21
12	郫都区	6.69	船山区	12.04	沙湾区	13.25	内江市市中区	0.25	东兴区	9.62
13	青羊区	5.74	自流井区	10.30	内江市市中区	11.47	武侯区	0.24	龙马潭区	7.34
14	江阳区	5.42	东兴区	10.22	青羊区	10.20	东坡区	0.21	温江区	7.30
15	旌阳区	5.31	雨城区	9.92	郫都区	9.50	彭山区	0.20	沙湾区	7.13
16	龙马潭区	5.26	乐山市市中区	9.41	自流井区	9.31	乐山市市中区	−0.08	顺庆区	6.52
17	双流区	4.64	顺庆区	8.94	旌阳区	9.30	五通桥区	−0.96	内江市市中区	6.38
18	通川区	4.59	成华区	8.66	通川区	8.52	船山区	−1.11	雨城区	4.78
19	乐山市市中区	4.50	武侯区	8.18	顺庆区	8.36	成华区	−2.08	自流井区	4.45
20	成华区	4.41	攀枝花东区	7.90	东兴区	8.07	利州区	−2.19	通川区	4.33
21	五通桥区	3.69	旌阳区	7.73	成华区	7.76	顺庆区	−2.67	广安区	3.96

排序	2002年		2006年		2011年		2016年		2018年	
	区县	增长率/%	区县	增长率/%	区县	增长率/%	区县	增长率/%	区县	增长率/%
22	巴州区	3.65	内江市市中区	6.20	锦江区	7.49	旌阳区	−3.05	旌阳区	3.94
23	沙湾区	2.60	广安区	6.14	金牛区	7.43	青羊区	−3.81	攀枝花东区	2.91
24	内江市市中区	2.53	攀枝花西区	4.59	温江区	6.84	通川区	−4.17	巴州区	2.26
25	锦江区	2.30	巴州区	2.64	五通桥区	5.54	郫都区	−4.83	攀枝花西区	2.07
26	涪城区	1.77	利州区	2.04	乐山市市中区	3.35	双流区	−5.34	双流区	0.55
27	利州区	1.47	东坡区	1.50	武侯区	3.26	翠屏区	−6.41	新都区	−0.67
28	自流井区	−0.38	江阳区	1.21	攀枝花东区	2.63	涪城区	−9.35	涪城区	−1.55
29	雨城区	−0.50	温江区	0.39	东坡区	1.85	东兴区	−11.25	郫都区	−1.86
30	雁江区	−6.84	彭山区	0.30	利州区	1.24	雨城区	−11.45	雁江区	−2.06
31	东兴区	−21.76	锦江区	−0.44	雨城区	−3.83	巴州区	−11.65	龙泉驿区	−10.38
32	—	—	通川区	−4.41	翠屏区	−4.94	广安区	−15.36	锦江区	−18.12
33	—	—	龙马潭区	−14.44	涪城区	−6.16	雁江区	−20.04	武侯区	−26.31

表4−18 五个时间截面重点开发区县经济综合竞争力增长率及排序

排序	2002年		2006年		2011年		2016年		2018年	
	区县	增长率/%	区县	增长率/%	区县	增长率/%	区县	增长率/%	区县	增长率/%
1	新津县	31.25	广汉市	29.86	江安县	26.55	金堂县	5.14	绵竹市	38.06
2	金堂县	23.09	金堂县	28.44	广汉市	20.15	仁和区	2.09	前锋区	32.54
3	彭州市	20.04	绵竹市	23.95	西昌市	19.30	新津县	1.63	什邡市	23.63

排序	2002年		2006年		2011年		2016年		2018年	
	区县	增长率/%	区县	增长率/%	区县	增长率/%	区县	增长率/%	区县	增长率/%
4	武胜县	18.43	简阳市	23.67	冕宁县	18.32	青白江区	1.63	大安区	22.76
5	高坪区	16.68	射洪县	21.36	会理县	17.67	丹棱县	1.59	广汉市	22.57
6	盐边县	13.10	安州区	20.03	盐边县	16.59	盐边县	1.18	高坪区	17.06
7	都江堰市	12.79	武胜县	18.50	金堂县	16.29	峨眉山市	0.67	富顺县	16.45
8	嘉陵区	12.70	夹江县	17.89	威远县	16.03	都江堰市	0.48	峨眉山市	14.31
9	蒲江县	11.43	华蓥市	17.82	南溪区	16.03	蒲江县	−1.16	武胜县	14.16
10	江安县	10.77	大英县	17.28	武胜县	15.91	夹江县	−1.29	泸县	13.99
11	宜宾县	10.31	宜宾县	16.98	华蓥市	15.73	沿滩区	−1.33	华蓥市	13.98
12	朝天区	10.24	阆中市	16.72	仁寿县	14.95	贡井区	−2.28	朝天区	12.38
13	仁和区	9.73	丹棱县	14.78	新津县	14.94	彭州市	−2.60	安居区	11.95
14	仁寿县	9.59	纳溪区	14.55	简阳市	14.64	前锋区	−2.67	威远县	11.73
15	邛崃市	9.39	犍为县	14.40	邛崃市	14.45	纳溪区	−2.73	南溪区	11.61
16	会理县	9.30	南部县	14.23	沿滩区	14.40	西昌市	−3.12	隆昌市	11.55
17	威远县	9.29	嘉陵区	14.09	南部县	14.04	青神县	−3.50	崇州市	10.93
18	简阳市	8.01	西昌市	14.00	罗江县	13.53	江安县	−3.67	达川区	10.89
19	大英县	8.00	仁和区	13.71	泸县	13.51	什邡市	−3.67	宜宾县	10.12
20	游仙区	7.88	威远县	13.70	合江县	13.23	江油市	−3.93	大邑县	8.52
21	华蓥市	7.86	峨眉山市	13.13	游仙区	13.10	绵竹市	−4.42	贡井区	8.49
22	隆昌县	7.52	彭州市	13.00	都江堰市	12.72	南溪区	−4.44	蒲江县	8.00
23	绵竹市	7.42	会理县	12.69	富顺县	12.05	崇州市	−4.58	丹棱县	7.52
24	江油市	6.83	江安县	12.58	青白江区	11.38	昭化区	−4.73	射洪县	7.43
25	昭化区	6.70	江油市	12.51	射洪县	11.24	朝天区	−5.45	仁寿县	7.21
26	什邡市	6.68	达川区	12.39	青神县	11.01	威远县	−5.71	彭州市	6.90

排序	2002年		2006年		2011年		2016年		2018年	
	区县	增长率/%	区县	增长率/%	区县	增长率/%	区县	增长率/%	区县	增长率/%
27	夹江县	6.65	高坪区	11.84	大安区	10.98	射洪县	−5.81	青白江区	6.52
28	贡井区	6.51	都江堰市	10.97	嘉陵区	10.59	华蓥市	−6.07	合江县	6.47
29	崇州市	6.12	富顺县	10.69	荥经县	10.40	会理县	−6.46	阆中市	6.20
30	罗江县	5.53	青神县	10.48	昭化区	10.31	大英县	−6.62	青神县	5.77
31	富顺县	5.46	昭化区	10.43	贡井区	10.26	泸县	−6.72	大竹县	5.46
32	南部县	5.38	什邡市	9.67	仁和区	9.83	安州区	−6.78	冕宁县	5.19
33	青白江区	5.15	罗江县	9.27	蒲江县	9.46	合江县	−7.10	夹江县	4.92
34	南溪区	4.96	盐边县	9.16	大英县	9.31	游仙区	−7.21	西昌市	4.83
35	广汉市	4.84	隆昌县	8.91	宜宾县	9.09	大安区	−7.21	南部县	4.74
36	安州区	4.77	崇州市	8.88	丹棱县	9.04	邛崃市	−7.29	昭化区	4.68
37	阆中市	4.56	安居区	8.56	大竹县	9.02	高坪区	−7.33	安州区	4.65
38	大安区	4.43	青白江区	7.92	朝天区	9.00	隆昌县	−7.35	盐边县	4.45
39	犍为县	3.66	邛崃市	7.81	夹江县	8.97	大邑县	−7.79	恩阳区	4.34
40	冕宁县	3.62	大邑县	7.72	大邑县	8.44	犍为县	−8.12	嘉陵区	3.98
41	射洪县	3.39	新津县	7.58	绵竹市	8.30	广汉市	−8.38	江油市	3.97
42	沿滩区	3.15	冕宁县	7.46	峨眉山市	8.15	名山区	−8.91	江安县	3.64
43	西昌市	2.79	蒲江县	7.12	犍为县	7.98	嘉陵区	−9.10	都江堰市	3.27
44	达川区	2.61	大竹县	6.87	高坪区	7.77	安居区	−9.35	沿滩区	3.04
45	大邑县	2.18	仁寿县	6.84	纳溪区	7.72	武胜县	−10.38	纳溪区	3.01
46	合江县	2.15	贡井区	6.80	安居区	7.29	宜宾县	−11.05	简阳市	2.92
47	荥经县	−0.07	游仙区	6.71	名山区	7.18	冕宁县	−11.13	名山区	2.69
48	大竹县	−1.24	名山区	6.21	彭州市	6.82	仁寿县	−11.87	罗江县	2.53
49	丹棱县	−1.85	南溪区	6.11	江油市	6.56	大竹县	−12.84	犍为县	1.89

排序	2002年		2006年		2011年		2016年		2018年	
	区县	增长率/%	区县	增长率/%	区县	增长率/%	区县	增长率/%	区县	增长率/%
50	青神县	−1.90	大安区	5.96	阆中市	6.48	南部县	−13.27	游仙区	1.76
51	名山区	−2.31	沿滩区	5.04	崇州市	5.94	阆中市	−14.65	金堂县	1.04
52	泸县	−10.10	荥经县	4.73	达川区	5.69	恩阳区	−15.06	大英县	0.22
53	纳溪区	−45.54	朝天区	4.17	安州区	4.83	简阳市	−15.20	新津县	−0.45
54	峨眉山市	−50.01	泸县	1.13	什邡市	3.43	富顺县	−15.25	荥经县	−1.78
55	安居区	—	合江县	−11.16	隆昌县	2.29	罗江县	−16.22	邛崃市	−2.35
56	—	—	—	—	—	—	达川区	−20.37	仁和区	−2.49
57	—	—	—	—	—	—	荥经县	−27.04	会理县	−6.36

表 4-19　五个时间截面农产品主产区县经济综合竞争力增长率及排序

排序	2002年		2006年		2011年		2016年		2018年	
	县域	增长率/%	县域	增长率/%	县域	增长率/%	县域	增长率/%	县域	增长率/%
1	叙永县	18.94	汉源县	25.81	邻水县	52.90	米易县	2.13	岳池县	18.84
2	蓬安县	12.79	会东县	17.81	古蔺县	20.19	中江县	−1.98	叙永县	16.45
3	仪陇县	11.68	宣汉县	17.71	安岳县	18.20	珙县	−3.49	长宁县	14.65
4	安岳县	10.88	安岳县	17.68	西充县	16.03	洪雅县	−3.62	洪雅县	12.55
5	筠连县	9.55	资中县	15.74	长宁县	15.65	德昌县	−5.22	三台县	12.37
6	西充县	9.39	乐至县	15.48	米易县	15.52	长宁县	−5.26	井研县	12.13
7	岳池县	8.11	珙县	14.98	平昌县	15.01	汉源县	−6.35	邻水县	11.49
8	高县	8.00	高县	13.01	乐至县	14.14	高县	−6.46	宣汉县	9.15
9	苍溪县	7.80	井研县	11.38	岳池县	13.79	会东县	−6.55	中江县	8.15
10	三台县	7.70	渠县	10.97	荣县	12.89	筠连县	−6.67	仪陇县	7.80
11	盐亭县	7.59	蓬溪县	10.83	开江县	12.78	兴文县	−6.74	古蔺县	7.46

排序	2002年		2006年		2011年		2016年		2018年	
	县域	增长率/%	县域	增长率/%	县域	增长率/%	县域	增长率/%	县域	增长率/%
12	邻水县	7.36	仪陇县	10.31	蓬溪县	12.57	井研县	−7.68	渠县	7.43
13	乐至县	6.22	兴文县	10.26	高县	12.35	梓潼县	−8.09	蓬溪县	7.37
14	资中县	6.10	芦山县	10.11	资中县	11.88	蓬安县	−9.60	筠连县	7.37
15	井研县	5.87	米易县	9.81	芦山县	11.85	荣县	−9.74	苍溪县	7.32
16	长宁县	5.87	盐亭县	9.67	德昌县	11.74	乐至县	−10.49	西充县	6.60
17	珙县	5.67	荣县	9.61	渠县	11.58	古蔺县	−10.82	开江县	6.53
18	会东县	5.57	长宁县	9.51	井研县	11.35	蓬溪县	−11.14	芦山县	6.23
19	汉源县	5.53	蓬安县	9.43	洪雅县	11.01	开江县	−11.89	剑阁县	5.80
20	兴文县	5.48	营山县	8.14	兴文县	10.36	西充县	−12.76	荣县	5.71
21	蓬溪县	5.35	邻水县	7.63	珙县	10.06	邻水县	−12.95	汉源县	5.07
22	梓潼县	5.31	筠连县	7.36	三台县	9.84	盐亭县	−13.52	珙县	4.60
23	剑阁县	4.61	剑阁县	6.77	营山县	9.70	剑阁县	−14.66	兴文县	4.48
24	洪雅县	4.55	三台县	6.60	宣汉县	9.56	岳池县	−15.96	平昌县	4.44
25	古蔺县	4.05	中江县	6.38	仪陇县	9.24	安岳县	−16.60	盐亭县	4.18
26	中江县	3.67	德昌县	5.98	叙永县	8.75	资中县	−16.75	资中县	4.15
27	荣县	3.34	岳池县	5.87	蓬安县	8.32	渠县	−18.30	乐至县	4.09
28	渠县	2.91	西充县	5.68	盐亭县	8.23	叙永县	−18.31	德昌县	4.07
29	平昌县	2.67	洪雅县	5.36	筠连县	7.66	营山县	−18.34	营山县	4.02
30	宣汉县	1.10	梓潼县	5.31	会东县	7.63	苍溪县	−18.77	会东县	3.88
31	米易县	0.46	苍溪县	4.84	苍溪县	7.28	平昌县	−18.93	高县	3.36
32	芦山县	−0.07	古蔺县	2.01	中江县	6.55	宣汉县	−19.64	米易县	2.83
33	营山县	−1.61	平昌县	0.86	汉源县	3.37	三台县	−20.99	蓬安县	2.70
34	开江县	−3.51	开江县	−0.87	梓潼县	1.88	仪陇县	−21.14	安岳县	2.30
35	德昌县	−17.28	叙永县	−8.27	剑阁县	0.42	芦山县	−21.99	梓潼县	1.91

表 4-20　五个时间截面重点生态功能区县经济综合竞争力增长率及排序

排序	2002 年		2006 年		2011 年		2016 年		2018 年	
	县域	增长率 /%	县域	增长率 /%	县域	增长率 /%	县域	增长率 /%	县域	增长率 /%
1	红原县	18.46	道孚县	37.46	阿坝县	80.79	色达县	10.42	石渠县	45.27
2	黑水县	18.05	甘洛县	27.78	金口河区	52.77	炉霍县	2.71	普格县	31.01
3	九寨沟县	11.14	青川县	19.10	稻城县	21.30	乡城县	1.16	色达县	28.10
4	屏山县	8.72	理塘县	16.56	宁南县	19.72	峨边县	0.87	巴塘县	26.59
5	普格县	7.79	万源市	14.65	壤塘县	19.47	雅江县	−1.66	美姑县	25.62
6	雷波县	7.35	屏山县	14.31	盐源县	18.23	白玉县	−1.77	炉霍县	24.39
7	白玉县	6.78	九龙县	14.14	喜德县	17.05	理县	−2.15	金阳县	17.81
8	万源市	6.67	沐川县	13.12	雷波县	15.77	甘孜县	−2.43	甘洛县	17.42
9	沐川县	6.51	金口河区	12.55	金阳县	15.35	九寨沟县	−2.81	新龙县	17.37
10	金川县	6.38	石棉县	11.63	美姑县	15.23	红原县	−3.06	布拖县	15.93
11	天全县	5.82	色达县	10.99	沐川县	13.71	马边县	−3.57	雅江县	15.72
12	石渠县	5.60	宝兴县	10.98	甘洛县	13.60	小金县	−3.67	壤塘县	15.19
13	阿坝县	5.18	小金县	9.70	越西县	13.44	黑水县	−3.91	昭觉县	15.19
14	通江县	4.93	茂县	9.22	木里县	13.35	平武县	−4.44	德格县	14.90
15	南江县	4.69	马边县	9.08	昭觉县	12.93	新龙县	−4.57	白玉县	14.80
16	金阳县	4.65	松潘县	8.89	通江县	12.71	马尔康市	−5.15	宁南县	14.50
17	喜德县	4.59	康定市	8.57	马边县	10.38	沐川县	−5.34	越西县	14.42
18	稻城县	4.55	平武县	8.39	石棉县	10.08	壤塘县	−5.71	小金县	13.98
19	茂县	4.38	天全县	8.36	布拖县	9.76	若尔盖县	−5.71	道孚县	13.75
20	旺苍县	4.32	宁南县	8.34	峨边县	9.47	理塘县	−5.91	九寨沟县	12.93
21	平武县	3.89	通江县	7.99	得荣县	8.46	宁南县	−6.01	乡城县	11.94
22	金口河区	3.78	得荣县	7.89	炉霍县	7.94	汶川县	−6.23	九龙县	11.33
23	甘洛县	3.64	南江县	7.59	万源市	7.93	石棉县	−6.30	黑水县	10.84
24	宁南县	3.27	布拖县	7.56	金川县	6.98	屏山县	−6.35	北川县	10.11
25	昭觉县	2.74	昭觉县	7.28	九龙县	6.93	茂县	−6.80	雷波县	10.01
26	马尔康市	2.42	泸定县	7.02	马尔康市	6.91	北川县	−6.84	马边县	9.62
27	北川县	2.25	丹巴县	6.59	南江县	6.64	松潘县	−7.17	盐源县	9.37

排序	2002年		2006年		2011年		2016年		2018年	
	县域	增长率/%	县域	增长率/%	县域	增长率/%	县域	增长率/%	县域	增长率/%
28	盐源县	2.18	九寨沟县	6.24	甘孜县	6.44	金川县	−7.20	金川县	9.01
29	汶川县	2.16	峨边县	5.99	宝兴县	6.19	得荣县	−7.24	木里县	8.75
30	美姑县	1.96	北川县	5.61	红原县	5.92	阿坝县	−8.83	稻城县	8.64
31	理县	1.93	汶川县	5.14	旺苍县	5.41	稻城县	−9.05	松潘县	8.57
32	松潘县	1.69	美姑县	4.99	乡城县	3.98	九龙县	−9.82	阿坝县	7.36
33	德格县	1.69	炉霍县	4.93	天全县	3.87	巴塘县	−10.46	喜德县	7.24
34	色达县	1.63	德格县	3.76	普格县	3.84	木里县	−10.90	丹巴县	7.23
35	小金县	0.93	白玉县	3.65	泸定县	3.52	雷波县	−11.04	通江县	7.22
36	马边县	0.88	石渠县	3.63	巴塘县	3.05	道孚县	−11.90	甘孜县	7.03
37	越西县	0.84	雅江县	3.52	道孚县	2.87	普格县	−11.92	康定市	7.03
38	石棉县	0.72	雷波县	3.18	雅江县	2.58	泸定县	−11.94	红原县	6.96
39	泸定县	−0.06	旺苍县	2.73	若尔盖县	2.13	青川县	−11.97	南江县	6.91
40	新龙县	−0.35	越西县	2.70	丹巴县	1.68	丹巴县	−12.07	得荣县	6.84
41	若尔盖县	−0.52	新龙县	2.49	白玉县	0.87	旺苍县	−12.35	屏山县	6.82
42	宝兴县	−0.56	普格县	1.95	康定市	0.25	金口河区	−12.94	理塘县	6.71
43	道孚县	−1.26	黑水县	1.77	黑水县	−1.09	德格县	−13.18	若尔盖县	6.61
44	青川县	−1.58	马尔康市	1.44	理塘县	−1.38	布拖县	−13.27	平武县	5.98
45	甘孜县	−2.15	甘孜县	1.44	新龙县	−3.14	金阳县	−14.30	沐川县	5.79
46	峨边县	−2.31	红原县	0.88	德格县	−8.45	万源市	−15.82	金口河区	5.64
47	巴塘县	−2.69	木里县	0.80	小金县	−8.56	喜德县	−16.61	万源市	5.16
48	乡城县	−3.37	金川县	0.49	九寨沟县	−10.10	昭觉县	−17.39	茂县	5.11
49	木里县	−4.37	乡城县	0.45	松潘县	−12.25	康定市	−18.49	天全县	4.33
50	炉霍县	−4.76	理县	0.10	平武县	−15.78	盐源县	−18.67	马尔康市	4.33
51	壤塘县	−4.78	金阳县	−1.26	汶川县	−16.23	越西县	−19.42	峨边县	3.92
52	丹巴县	−5.26	喜德县	−1.37	色达县	−16.96	石渠县	−19.88	汶川县	3.78
53	布拖县	−6.90	壤塘县	−2.39	北川县	−17.16	南江县	−19.98	青川县	3.39
54	九龙县	−7.46	稻城县	−3.28	屏山县	−18.48	甘洛县	−20.61	旺苍县	3.34
55	雅江县	−8.97	阿坝县	−4.16	石渠县	−19.24	美姑县	−21.52	理县	2.93

排序	2002年		2006年		2011年		2016年		2018年	
	县域	增长率/%	县域	增长率/%	县域	增长率/%	县域	增长率/%	县域	增长率/%
56	理塘县	-12.08	盐源县	-4.17	茂县	-22.71	通江县	-23.86	泸定县	1.29
57	康定市	-14.60	若尔盖县	-4.98	青川县	-25.99	天全县	-28.36	石棉县	1.19
58	得荣县	-20.53	巴塘县	-8.29	理县	-29.76	宝兴县	-31.23	宝兴县	-0.24

表4-21　五个时间截面四大类型县域经济综合竞争力增长率内部差异性

四大类型县域	差异指数	2002年	2006年	2011年	2016年	2018年
城市主城区	平均差	4.17	7.58	5.61	4.50	14.37
	标准差	6.67	10.33	7.15	5.78	22.98
	变异系数	1.40	1.02	0.76	2.14	2.04
重点开发区县	平均差	6.47	4.98	3.68	4.40	5.86
	标准差	12.24	6.68	4.54	5.89	8.02
	变异系数	2.36	0.57	0.40	0.90	0.99
农产品主产区县	平均差	3.58	4.37	4.34	5.30	3.11
	标准差	5.64	6.04	8.12	6.18	4.06
	变异系数	1.09	0.66	0.68	0.53	0.57
重点生态功能区县	平均差	4.64	5.39	11.22	6.11	6.01
	标准差	6.53	7.54	17.10	7.68	8.14
	变异系数	4.70	1.20	3.64	0.79	0.73

纵向来看，城市主城区县域内部经济综合竞争力增长率的绝对差异和相对差异都有不断扩大的态势，特别是在2018年，其平均差和标准差均为五个时间截面中最高，分别为14.37和22.98，变异系数为2.04。重点开发区县间的增长率绝对差异和相对差异都表现出“中间低、两头高”的特征，即2011年最低，2002年和2018年较高，2002年高于2018年。农产品主产区和重点生态功能区县间的增长率绝对差异和相对差异均呈现出“中间高、两头低”的特征，即2011年最高或较高，其他年份相对较低，只是两类型县域间的变异系数在2002年均为五个时间截面中最高。

横向比较，2002年，绝对差异指标方面，重点开发区县最大，其平均差和标准差分别为6.47和12.24，极差为81.26%（增长率最高的新津县为

31.25%，最低的峨眉山市为 -50.01%）；农产品主产区县最小，其平均差和标准差分别为 3.58 和 5.64，极差为 36.22%（增长率最高的叙永县为 18.94%，最低的德昌县为 -17.28%）。相对差异指标，重点生态功能区县最大，变异系数为 4.70；农产品主产区县最小，变异系数为 1.09。

2006 年，绝对差异方面，城市主城区县域最大，其平均差和标准差分别为 7.58 和 10.33，极差为 56.53%（增长率最高的郫都区为 42.09%，最低的龙马潭区为 -14.44%）；农产品主产区县最小，其平均差和标准差分别为 4.37 和 6.04，极差为 34.08%（增长率最高的汉源县为 25.81%，最低的为叙永县 -8.27%）。相对差异方面，重点生态功能区县最大，变异系数为 1.20，重点开发区县最小，变异系数为 0.57。

2011 年，在绝对差异和相对差异上，均是重点生态功能区县最大，重点开发区县最小。重点生态功能区县间的平均差、标准差和变异系数分别为 11.22、17.10 和 3.64，极差为 110.55%（增长率最高的阿坝县为 80.79%，最低的理县为 -29.76%）。重点开发区县间的平均差、标准差和变异系数分别为 3.68、4.54 和 0.40，极差为 24.26%（增长率最高的江安县为 26.55%，最低的为隆昌县 2.29%）。

2016 年，绝对差异指标仍然是重点生态功能区县最大，其平均差和标准差分别为 6.11 和 7.68，城市主城区县域和重点开发区县较小，其平均差和标准差分别在 4.50 和 5.80 左右。相对差异指标，城市主城区县域最大，变异系数为 2.14；农产品主产区县最小，变异系数为 0.53。

2018 年，在绝对差异和相对差异上，都是城市主城区县域最大，农产品主产区县最小。城市主城区县域间的平均差、标准差和变异系数分别为 14.37、22.98 和 2.04，极差为 106.34%（增长率最高的成华区为 80.03%，最低的武侯区为 -26.31%）。农产品主产区县间的平均差、标准差和变异系数分别为 3.11、4.06 和 0.57，极差为 16.93%（增长率最高的岳池县为 18.84%，最低的梓潼县为 1.91%）。

（2）增长水平分类特征。

根据增长水平类型划分标准（表 2-2），将四川省四大类型县域 2002 年、2006 年、2011 年、2016 年和 2018 年五个时间截面的县域经济综合竞争力增长水平进行分类（表 4-22 为 2018 年四大类型县域经济综合竞争力水平增长类型，其他年份略），并统计了五个时间截面不同增长水平县（市、区）在四大类型县域中的分布（表 4-23）。

表 4-22　2018 年四大类型县域经济综合竞争力增长类型

增长类型	城市主城区	重点开发区县	农产品主产区县	重点生态功能区县
高水平	成华区、翠屏区、五通桥区、乐山市市中区	绵竹市、前锋区、什邡市	—	石渠县、普格县、色达县、巴塘县、美姑县、炉霍县
中高水平	东坡区、船山区、彭山区	大安区、广汉市、高坪区、富顺县、峨眉山市、武胜县、泸县、华蓥市	岳池县、叙永县、长宁县	炉霍县、金阳县、甘洛县、新龙县、布拖县、雅江县、壤塘县、昭觉县、德格县、白玉县、宁南县、越西县、小金县、道孚县、九寨沟县
中等水平	金牛区、利州区、青羊区、江阳区、东兴区、龙马潭区、温江区、沙湾区、顺庆区、内江市市中区	朝天区、安居区、威远县、南溪区、隆昌县、崇州市、达川区、宜宾县、大邑县、贡井区、蒲江县、丹棱县、射洪县、仁寿县、彭州市、青白江区、合江县、阆中市、青神县	洪雅县、三台县、井研县、邻水县、宣汉县、中江县、仪陇县、古蔺县、渠县、蓬溪县、筠连县、苍溪县、西充县、开江县、芦山县、剑阁县	乡城县、九龙县、黑水县、北川县、雷波县、马边县、盐源县、金川县、木里县、稻城县、松潘县、阿坝县、喜德县、丹巴县、通江县、甘孜县、康定市、红原县、南江县、得荣县、屏山县、理塘县、若尔盖县、平武县、沐川县
中低水平	雨城区、自流井区、通川区、广安区、旌阳区、攀枝花东区、巴州区、攀枝花西区、双流区、新都区、涪城区、郫都区、雁江区	青神县、大竹县、冕宁县、夹江县、西昌市、南部县、昭化区、安州区、盐边县、恩阳区、嘉陵区、江油市、江安县、都江堰市、沿滩区、纳溪区、简阳市、名山区、罗江县、犍为县、游仙区、金堂县、大英县、新津县、荥经县、邛崃市、仁和区	荣县、汉源县、珙县、兴文县、平昌县、盐亭县、资中县、乐至县、德昌县、营山县、会东县、高县、米易县、蓬安县、安岳县、梓潼县	—

增长类型	城市主城区	重点开发区县	农产品主产区县	重点生态功能区县
低水平	龙泉驿区、锦江区、武侯区	会理县	—	—

表 4-23 五个时间截面不同综合竞争力增长水平县域在四大类型县域的分布

四大类型县域	年份	各增长类型县域数量 / 个					各增长类型县域数量比重 /%				
		高水平	中高水平	中等水平	中低水平	低水平	高水平	中高水平	中等水平	中低水平	低水平
城市主城区	2002	0	5	24	1	1	0.00	16.13	77.42	3.23	3.23
	2006	7	5	9	9	3	21.21	15.15	27.27	27.27	9.09
	2011	0	12	13	8	0	0.00	36.36	39.39	24.24	0.00
	2016	8	18	2	4	1	24.24	54.55	6.06	12.12	3.03
	2018	4	3	10	13	3	12.12	9.09	30.30	39.39	9.09
重点开发区县	2002	1	16	31	4	2	1.85	29.63	57.41	7.41	3.70
	2006	6	21	19	8	1	10.91	38.18	34.55	14.55	1.82
	2011	1	20	31	3	0	1.82	36.36	56.36	5.45	0.00
	2016	5	20	19	11	2	8.77	35.09	33.33	19.30	3.51
	2018	3	8	19	26	1	5.26	14.04	33.33	45.61	1.75
农产品主产区县	2002	0	6	26	3	0	0.00	17.14	74.29	8.57	0.00
	2006	1	7	14	10	3	2.86	20.00	40.00	28.57	8.57
	2011	1	9	22	3	0	2.86	25.71	62.86	8.57	0.00
	2016	1	5	9	11	9	2.86	14.29	25.71	31.43	25.71
	2018	0	3	16	16	0	0.00	8.57	45.71	45.71	0.00
重点生态功能区县	2002	0	3	40	14	1	0.00	5.17	68.97	24.14	1.72
	2006	3	7	16	24	8	5.17	12.07	27.59	41.38	13.79
	2011	2	13	16	14	13	3.45	22.41	27.59	24.14	22.41
	2016	2	15	15	15	11	3.45	25.86	25.86	25.86	18.97
	2018	6	14	25	13	0	10.34	24.14	43.10	22.41	0.00

注：表中比重是不同综合竞争力增长水平县域（各增长类型县域数量）占四大类型县域数量的比重。

四大类型县域经济综合竞争力增长类型的分布在不同年份表现各异（表4-23）。2002年，四大类型县域经济综合竞争力均以中等水平增长类型县域为主，占四大类型县域各自的比重均在57.41%以上。其中，城市主城区县域最高，占到77.42%；其次是中高水平和中低水平增长类型县域，中高水平县域在重点开发区县中分布最多，占其总量的29.63%，中低水平县域主要分布在重点生态功能区县中，占其总量的24.14%。

2006年，城市主城区县域经济综合竞争力增长类型主要以中等水平和中低水平为主，二者均占比27.27%，同时高水平增长类型县域数量也较多，占其总量的21.21%，在四大类型县域中最高。重点开发区县中，中高水平增长类型县域最多，占其总量的38.18%，在四大类型县域中最高，同时中等水平增长类型县域也较多，占其总量的34.55%。农产品主产区县则以中等水平增长类型为主，占其总量的40.00%，其次是中低水平和中高水平，分别占比28.57%和20.00%。重点生态功能区县中，最多的是中低水平增长类型县域，占比41.38%，在四大类型县域中最高，其次是中等水平增长类型县域，占比27.59%。

2011年，城市主城区县域以中等水平和中高水平增长类型为主，占其总量比重分别为39.39%和36.36%，中低水平增长类型占比24.24%。重点开发区县中，中等水平增长类型县域数量最多，占比56.36%，其次是中高水平增长类型，占比36.36%。农产品主产区县经济综合竞争力增长类型主要以中等水平为主，占比62.86%，在四大类型县域中最高，其次是中高水平增长类型，占比25.71%。重点生态功能区县中，27.59%的县域增长类型属中等水平，同时中低水平、中高水平和低水平增长类型县域数量比重均在22%～25%，特别是低水平增长类型县域比重为22.41%，在四大类型县域中最高，表明在总体增长率较高的2011年，低水平增长类型县域集中分布在重点生态功能区县。

2016年，城市主城区县域中中高水平增长类型最多，占比54.55%，其次是高水平类型，占比24.24%，这两种类型县域比重在四大类型县域中均属最高。重点开发区县经济综合竞争力增长类型也主要以中高水平和中等水平为主，其比重分别为35.09%和33.33%。农产品主产区县中，中低水平增长类型最多，占比31.43%，其次是中等水平和低水平增长类型，均占25.71%，中低水平和低水平增长类型县域比重在四大类型县域中均属最高。重点生态功能区县中，中高水平、中等水平和中低水平增长类型县域数量均占25.86%，低水平增长类型县域数量占比 18.97%。分析表明，在县域经济综合竞争力增长率总体呈波动下降的 2016 年，城市主城区县域表现出了最强的经济稳定性和增长韧性，重点开发区县也具有较强的稳定性和增长韧性，农产品主产区县的下降幅度最大。

2018 年，四大类型县域经济综合竞争力均以中等和中低水平增长类型为主，其比重在农产品主产区县最高，均为 45.71%。高水平增长类型县域在城市主城区县域比重最高，为 12.12%；其次是重点生态功能区县，为 10.34%。中高水平增长类型县域在重点生态功能区县比重最高，为 24.14%；其次是重点开发区县，为 14.04%。

2）4 个时间序列县域经济综合竞争力增长分析

（1）增长率分析。

纵向来看，在 4 个时间序列中，2006—2011 年四大类型县域经济综合竞争力增长率最高，年均增长率均在 10% 以上，最高的可达 15.42%。其次是 2011—2016 年，除城市主城区县域外，其他三个类型县域的平均增长率均在 10% 以上。2016—2018 年，除城市主城区县域外，年均增长率均在 10% 以下。2001—2006 年最低，年均增长率均在 10% 以下（图 4-12）。

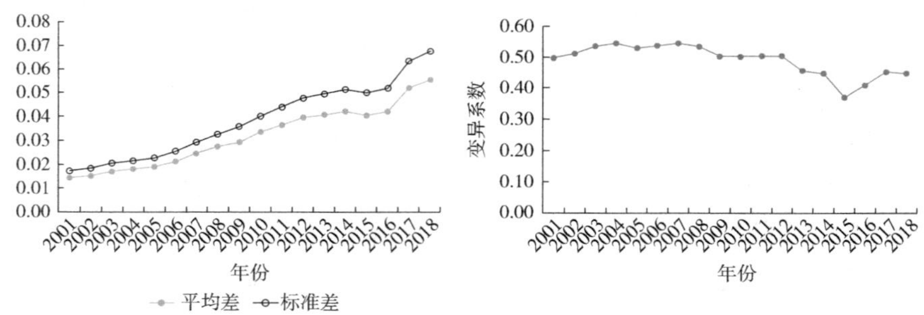

图 4-12　4 个时间序列四大类型县域经济综合竞争力平均增长率对比

横向比较，2001—2006 年、2006—2011 年和 2011—2016 年三个时段农产品主产区县经济综合竞争力平均增长率最高，分别为 7.24%、15.42% 和 11.49%。2001—2006 年和 2006—2011 年两个时段重点生态功能区县的平均增长率最低，分别为 4.76% 和 12.42%。2011—2016 年城市主城区县域平均增长率最低，为 6.76%。2016—2018 年则是城市主城区县域平均增长率最高，为 11.93%，农产品主产区县域最低，平均增长率为 5.98%。2001—2006 年、2006—2011 年、2011—2016 年和 2016—2018 年 4 个时间序列四大类型县域经济综合竞争力增长率之间的差距依次增大，其极差分别为 2.49%、3.01%、4.73% 和 5.94%。

表 4-24 ～表 4-27 分别是城市主城区县域、重点开发区县、农产品主产区县和重点生态功能区县各县域经济综合竞争力在 4 个时间序列的平均增长率及排序计算结果。

表 4-24　4 个时间序列城市主城区县域经济综合竞争力平均增长率及排序　单位：%

排序	2001—2006 年		2006—2011 年		2011—2016 年		2016—2018 年	
1	郫都区	14.71	龙泉驿区	21.11	巴州区	16.36	翠屏区	44.30
2	翠屏区	13.26	双流区	19.60	龙泉驿区	11.74	成华区	39.61
3	船山区	13.25	广安区	17.45	龙马潭区	11.39	五通桥区	36.35
4	双流区	12.64	温江区	17.13	江阳区	11.35	金牛区	29.34
5	龙泉驿区	11.03	雁江区	17.03	东坡区	9.75	龙马潭区	22.71
6	东坡区	10.76	龙马潭区	16.96	雁江区	9.63	温江区	18.00
7	新都区	10.65	船山区	16.56	东兴区	9.47	乐山市市中区	17.08
8	温江区	10.64	新都区	15.69	彭山区	9.22	新都区	15.28
9	武侯区	10.56	郫都区	15.02	船山区	8.85	郫都区	13.28
10	旌阳区	9.59	巴州区	14.58	利州区	7.85	龙泉驿区	13.23
11	金牛区	9.48	江阳区	14.34	双流区	7.45	武侯区	12.88
12	青羊区	9.30	东兴区	14.30	内江市市中区	7.25	船山区	12.52
13	沙湾区	9.15	东坡区	14.10	顺庆区	7.16	锦江区	12.17
14	广安区	8.96	沙湾区	14.00	乐山市市中区	6.89	利州区	11.61
15	彭山区	7.54	旌阳区	13.16	通川区	6.67	东坡区	10.36
16	雁江区	7.50	五通桥区	12.97	涪城区	6.35	彭山区	8.41
17	利州区	7.23	顺庆区	12.56	沙湾区	6.33	顺庆区	7.62
18	成华区	7.04	内江市市中区	12.55	翠屏区	6.05	江阳区	7.62
19	五通桥区	6.97	利州区	12.02	五通桥区	6.04	东兴区	7.34
20	涪城区	6.96	攀枝花西区	11.74	雨城区	5.87	攀枝花东区	7.24
21	顺庆区	6.89	彭山区	11.54	新都区	5.67	雨城区	5.99

排序	2001—2006 年		2006—2011 年		2011—2016 年		2016—2018 年	
22	乐山市市中区	6.69	锦江区	11.43	广安区	5.57	通川区	5.94
23	锦江区	5.66	通川区	10.67	旌阳区	5.56	广安区	5.78
24	雨城区	5.27	雨城区	10.36	自流井区	5.43	雁江区	5.52
25	江阳区	4.88	乐山市市中区	10.34	金牛区	4.78	沙湾区	4.68
26	通川区	4.55	武侯区	10.25	成华区	4.63	青羊区	4.41
27	巴州区	4.49	成华区	10.21	温江区	4.38	攀枝花西区	4.40
28	内江市市中区	3.95	青羊区	9.81	攀枝花东区	4.15	巴州区	4.17
29	龙马潭区	3.21	金牛区	8.05	攀枝花西区	3.37	旌阳区	3.53
30	攀枝花东区	0.82	自流井区	8.03	武侯区	3.13	自流井区	2.46
31	攀枝花西区	0.04	翠屏区	7.40	青羊区	2.58	内江市市中区	2.11
32	东兴区	−5.45	攀枝花东区	6.15	锦江区	2.24	涪城区	1.89
33	自流井区	−8.34	涪城区	5.86	郫都区	−0.08	双流区	−4.24

表 4-25　4 个时间序列重点开发区县经济综合竞争力平均增长率及排序　单位：%

排序	2001—2006 年		2006—2011 年		2011—2016 年		2016—2018 年	
1	宜宾县	15.58	大英县	20.80	宜宾县	19.63	青白江区	51.08
2	会理县	13.70	安居区	20.11	恩阳区	18.79	绵竹市	20.45
3	盐边县	13.15	江安县	19.87	合江县	16.47	前锋区	18.21
4	绵竹市	13.10	南溪区	18.25	纳溪区	13.88	崇州市	17.67
5	简阳市	12.39	朝天区	17.94	金堂县	13.86	蒲江县	15.59
6	金堂县	12.02	会理县	17.90	朝天区	13.67	什邡市	14.45
7	新津县	11.99	简阳市	17.29	泸县	13.36	彭州市	14.00
8	广汉市	11.54	南部县	17.23	仁寿县	13.10	广汉市	13.52
9	彭州市	11.43	昭化区	17.21	昭化区	13.05	富顺县	13.32
10	嘉陵区	11.16	名山区	16.83	冕宁县	12.58	邛崃市	12.04
11	武胜县	10.70	西昌市	16.35	江安县	12.53	泸县	11.79
12	威远县	10.44	泸县	16.17	武胜县	12.29	大安区	11.46

排序	2001—2006 年		2006—2011 年		2011—2016 年		2016—2018 年	
13	仁寿县	9.97	隆昌县	15.85	安居区	12.27	大邑县	11.14
14	仁和区	9.69	富顺县	15.73	罗江县	12.26	高坪区	10.82
15	青白江区	9.12	宜宾县	15.72	南部县	11.60	武胜县	10.81
16	江安县	9.01	武胜县	15.71	嘉陵区	11.26	安居区	10.76
17	华蓥市	8.91	罗江县	15.69	达川区	10.79	宜宾县	10.31
18	南部县	8.88	大竹县	15.38	华蓥市	10.68	峨眉山市	9.99
19	高坪区	8.78	仁寿县	15.29	安州区	10.67	朝天区	9.50
20	富顺县	8.42	沿滩区	15.23	阆中市	10.24	南溪区	9.40
21	犍为县	8.09	达川区	14.93	大竹县	10.12	简阳市	9.16
22	安居区	8.01	威远县	14.89	沿滩区	10.10	达川区	8.22
23	都江堰市	7.90	嘉陵区	14.83	彭州市	10.09	嘉陵区	7.95
24	夹江县	7.90	合江县	14.77	江油市	10.03	金堂县	7.73
25	安州区	7.70	大安区	14.29	富顺县	9.99	华蓥市	7.52
26	什邡市	7.55	仁和区	14.14	丹棱县	9.98	合江县	7.36
27	阆中市	7.44	大邑县	14.12	隆昌县	9.98	贡井区	7.27
28	江油市	7.41	峨眉山市	13.84	简阳市	9.84	都江堰市	7.18
29	西昌市	7.17	阆中市	13.68	新津县	9.80	隆昌县	6.91
30	大英县	7.11	广汉市	13.56	高坪区	9.72	射洪县	6.88
31	荥经县	7.01	都江堰市	13.42	犍为县	9.51	威远县	6.55
32	冕宁县	6.91	青神县	13.29	夹江县	9.29	仁和区	6.53
33	丹棱县	6.91	游仙区	13.23	射洪县	9.15	阆中市	6.39
34	大竹县	6.76	射洪县	13.17	青神县	8.99	大竹县	6.17
35	隆昌县	6.73	青白江区	13.08	蒲江县	8.97	游仙区	5.70
36	游仙区	6.63	犍为县	12.90	荥经县	8.96	安州区	5.38
37	达川区	6.36	丹棱县	12.88	名山区	8.94	沿滩区	5.21
38	射洪县	6.22	贡井区	12.87	崇州市	8.57	南部县	5.01
39	罗江县	6.21	华蓥市	12.75	盐边县	8.34	恩阳区	4.97
40	邛崃市	6.17	高坪区	12.71	大邑县	8.30	盐边县	4.84

排序	2001—2006 年		2006—2011 年		2011—2016 年		2016—2018 年	
41	沿滩区	5.65	彭州市	12.70	邛崃市	8.18	江油市	4.82
42	青神县	5.40	崇州市	12.66	游仙区	7.88	纳溪区	4.69
43	南溪区	5.16	新津县	12.41	绵竹市	7.85	夹江县	4.61
44	昭化区	4.87	蒲江县	12.18	南溪区	7.76	昭化区	4.59
45	朝天区	4.28	夹江县	11.87	贡井区	7.58	冕宁县	4.20
46	蒲江县	3.97	冕宁县	11.72	仁和区	7.41	犍为县	3.82
47	崇州市	3.36	安州区	11.66	大英县	7.40	西昌市	3.58
48	大安区	2.26	盐边县	10.93	西昌市	7.14	青神县	3.40
49	大邑县	1.38	邛崃市	10.90	威远县	7.13	新津县	3.33
50	合江县	0.68	荥经县	10.32	前锋区	6.95	名山区	3.15
51	泸县	0.10	江油市	10.21	青白江区	6.88	大英县	3.09
52	名山区	-0.06	什邡市	9.49	广汉市	6.85	江安县	2.98
53	贡井区	-3.78	纳溪区	8.63	峨眉山市	6.75	丹棱县	2.19
54	纳溪区	-9.64	金堂县	7.34	什邡市	6.75	仁寿县	2.06
55	峨眉山市	-14.93	绵竹市	6.95	会理县	6.35	罗江县	0.71
56	—	—	—	—	大安区	5.49	荥经县	0.65
57	—	—	—	—	都江堰市	5.38	会理县	-3.18

表 4-26　4 个时间序列农产品主产区县经济综合竞争力平均增长率及排序　单位：%

排序	2001—2006 年		2006—2011 年		2011—2016 年		2016—2018 年	
1	会东县	12.31	邻水县	24.80	平昌县	16.61	岳池县	12.95
2	安岳县	12.28	古蔺县	23.14	叙永县	16.47	中江县	12.91
3	洪雅县	12.03	筠连县	20.95	剑阁县	14.71	叙永县	11.52
4	仪陇县	9.90	安岳县	18.88	营山县	13.97	米易县	10.70
5	蓬安县	9.45	蓬溪县	18.82	兴文县	13.84	长宁县	10.42
6	宣汉县	9.27	仪陇县	17.78	古蔺县	13.70	三台县	9.81
7	乐至县	9.07	渠县	17.24	岳池县	13.18	邻水县	8.71
8	高县	9.06	乐至县	17.15	西充县	12.81	宣汉县	7.88
9	筠连县	8.87	资中县	16.51	高县	12.58	蓬溪县	7.19

排序	2001—2006 年		2006—2011 年		2011—2016 年		2016—2018 年	
10	汉源县	8.77	长宁县	16.47	芦山县	12.55	平昌县	7.06
11	资中县	8.60	宣汉县	16.26	宣汉县	12.48	筠连县	7.06
12	邻水县	8.42	兴文县	16.05	苍溪县	12.38	苍溪县	6.89
13	岳池县	8.34	荣县	15.92	安岳县	12.03	井研县	6.74
14	珙县	8.09	平昌县	15.81	渠县	11.94	渠县	6.55
15	米易县	7.67	高县	15.78	乐至县	11.91	西充县	6.53
16	荣县	7.36	苍溪县	15.37	仪陇县	11.60	开江县	6.10
17	芦山县	7.32	剑阁县	15.36	米易县	11.59	营山县	5.87
18	中江县	6.59	营山县	14.89	长宁县	11.43	洪雅县	5.70
19	井研县	6.47	蓬安县	14.70	三台县	11.24	仪陇县	5.45
20	长宁县	6.42	盐亭县	14.68	会东县	10.91	盐亭县	5.43
21	剑阁县	6.38	珙县	14.38	蓬安县	10.62	兴文县	5.26
22	西充县	6.21	岳池县	14.37	开江县	10.46	剑阁县	5.01
23	渠县	6.18	西充县	14.16	盐亭县	10.29	古蔺县	4.92
24	苍溪县	6.07	开江县	13.96	汉源县	10.24	高县	4.86
25	兴文县	5.86	会东县	13.94	珙县	9.95	梓潼县	4.80
26	三台县	5.85	三台县	13.71	洪雅县	9.74	珙县	4.66
27	蓬溪县	5.81	米易县	13.54	蓬溪县	9.72	荣县	4.61
28	梓潼县	5.78	梓潼县	12.63	梓潼县	9.68	蓬安县	4.23
29	营山县	5.77	井研县	12.48	筠连县	9.59	汉源县	3.76
30	叙永县	5.64	汉源县	12.23	资中县	9.34	会东县	2.67
31	古蔺县	5.24	叙永县	12.23	德昌县	9.18	德昌县	2.25
32	盐亭县	4.83	德昌县	11.90	井研县	9.17	安岳县	2.18
33	平昌县	4.52	芦山县	11.56	中江县	9.00	乐至县	1.01
34	开江县	2.26	中江县	11.55	荣县	8.82	芦山县	0.39
35	德昌县	1.08	洪雅县	10.68	邻水县	8.36	资中县	−2.65

表 4-27 4 个时间序列重点生态功能区县经济综合竞争力平均增长率及排序 单位：%

排序	2001—2006 年		2006—2011 年		2011—2016 年		2016—2018 年	
1	雷波县	9.61	阿坝县	25.71	色达县	22.76	石渠县	29.33
2	九龙县	9.16	金口河区	21.84	石渠县	19.43	色达县	17.97
3	美姑县	9.05	北川县	20.12	昭觉县	16.66	巴塘县	17.00
4	九寨沟县	8.61	南江县	19.35	通江县	16.04	炉霍县	16.70
5	白玉县	8.14	屏山县	18.59	炉霍县	15.97	金口河区	15.91
6	茂县	8.04	盐源县	18.38	南江县	15.81	普格县	15.81
7	汶川县	7.76	茂县	16.78	天全县	15.34	美姑县	14.36
8	万源市	7.53	金阳县	16.35	喜德县	15.00	白玉县	13.97
9	屏山县	7.32	壤塘县	15.80	小金县	14.27	德格县	13.59
10	黑水县	7.22	稻城县	15.71	德格县	14.14	甘洛县	13.51
11	沐川县	7.19	木里县	15.71	沐川县	14.06	壤塘县	12.19
12	红原县	6.77	理县	15.08	理塘县	13.90	新龙县	11.15
13	金口河区	6.76	通江县	14.90	宝兴县	13.82	金阳县	10.47
14	甘洛县	6.45	泸定县	14.58	黑水县	13.79	北川县	9.68
15	马边县	6.40	雷波县	14.41	屏山县	13.63	乡城县	9.13
16	青川县	6.21	宁南县	14.20	巴塘县	13.41	九寨沟县	8.55
17	色达县	6.10	若尔盖县	13.88	道孚县	12.89	越西县	8.42
18	天全县	5.87	万源市	13.77	雅江县	12.68	马边县	8.36
19	通江县	5.82	旺苍县	13.74	雷波县	12.63	道孚县	8.10
20	金阳县	5.75	青川县	13.70	普格县	12.46	昭觉县	8.01
21	石棉县	5.73	乡城县	13.30	丹巴县	12.44	布拖县	7.96
22	平武县	5.61	金川县	12.69	万源市	12.43	九龙县	7.78
23	南江县	5.49	黑水县	12.68	美姑县	12.41	宁南县	7.65
24	盐源县	5.41	雅江县	12.61	白玉县	12.30	雷波县	7.30
25	宁南县	5.39	喜德县	12.56	宁南县	12.14	通江县	7.04
26	松潘县	5.35	得荣县	12.44	新龙县	12.06	得荣县	6.97
27	旺苍县	5.23	红原县	12.31	青川县	11.84	小金县	6.87
28	理县	5.18	越西县	12.28	越西县	11.76	松潘县	6.86

排序	2001—2006年		2006—2011年		2011—2016年		2016—2018年	
29	昭觉县	5.17	美姑县	12.16	马边县	11.73	康定市	6.78
30	北川县	4.99	小金县	11.99	木里县	11.49	盐源县	6.64
31	峨边县	4.81	马边县	11.75	若尔盖县	11.36	稻城县	6.46
32	布拖县	4.81	宝兴县	11.74	甘孜县	11.29	丹巴县	6.29
33	金川县	4.58	汶川县	11.68	金川县	11.21	喜德县	6.24
34	若尔盖县	4.15	石棉县	11.53	平武县	11.03	平武县	6.12
35	德格县	4.11	平武县	11.21	布拖县	10.99	南江县	6.11
36	稻城县	3.98	松潘县	10.83	峨边县	10.36	雅江县	6.03
37	马尔康市	3.89	九龙县	10.38	红原县	10.05	黑水县	5.85
38	小金县	3.86	沐川县	10.33	得荣县	9.94	青川县	5.64
39	新龙县	3.70	普格县	10.21	稻城县	9.74	屏山县	5.62
40	阿坝县	3.45	布拖县	10.01	松潘县	9.67	金川县	5.46
41	丹巴县	3.36	白玉县	9.65	旺苍县	9.65	若尔盖县	5.43
42	宝兴县	3.34	昭觉县	9.65	康定市	8.75	甘孜县	5.25
43	普格县	3.28	天全县	9.56	九寨沟县	8.60	沐川县	4.98
44	石渠县	3.13	丹巴县	9.53	茂县	8.59	茂县	4.95
45	越西县	3.05	峨边县	9.48	泸定县	8.48	峨边县	4.94
46	理塘县	2.98	甘洛县	9.42	壤塘县	8.26	马尔康市	4.89
47	炉霍县	2.36	色达县	9.32	盐源县	8.00	理县	4.68
48	康定市	2.01	马尔康市	9.32	理县	7.94	万源市	4.64
49	木里县	1.98	理塘县	9.22	金阳县	7.89	理塘县	4.53
50	道孚县	1.86	炉霍县	8.71	乡城县	7.79	阿坝县	4.35
51	喜德县	1.57	德格县	8.67	马尔康市	7.51	石棉县	4.03
52	得荣县	1.33	巴塘县	8.40	北川县	7.50	旺苍县	3.76
53	泸定县	1.25	道孚县	8.34	甘洛县	6.84	红原县	3.65
54	巴塘县	1.13	康定市	7.46	石棉县	6.54	天全县	3.64
55	壤塘县	1.08	新龙县	7.43	九龙县	6.02	泸定县	3.49
56	甘孜县	0.88	甘孜县	6.81	汶川县	4.93	宝兴县	2.64
57	乡城县	0.52	石渠县	6.52	阿坝县	3.58	汶川县	2.50
58	雅江县	0.13	九寨沟县	5.31	金口河区	−0.85	木里县	2.46

城市主城区县域经济综合竞争力在2001—2006年、2006—2011年、2011—2016年和2016—2018年4个时间序列的平均增长率分别为6.97%、12.82%、6.76%和11.93%。每个时段平均增长率最高的县域分别是郫都区（14.71%）、龙泉驿区（21.11%）、巴州区（16.36%）和翠屏区（44.30%），平均增长率最低的县域分别是自流井区（-8.34%）、涪城区（5.86%）、郫都区（-0.08%）和双流区（-4.24%），平均增长率极差分别为23.05%、15.25%、16.44%和48.54%。

重点开发区县经济综合竞争力在4个时间序列的平均增长率分别为6.74%、14.07%、10.02%和8.38%，每个时段平均增长率最高的县域分别是宜宾县（15.58%）、大英县（20.80%）、宜宾县（19.63%）和青白江区（51.08%），最低的县域分别是峨眉山市（-14.93%）、绵竹市（6.95%）、都江堰市（5.38%）和会理县（-3.18%），平均增长率极差分别为30.51%、13.85%、14.25%和54.26%。

农产品主产区县经济综合竞争力在4个时间序列的平均增长率分别为7.25%、15.42%、11.49%和5.98%，每个时段平均增长率最高的县域分别是会东县（12.31%）、邻水县（24.80%）、平昌县（16.61%）和岳池县（12.95%），最低的县域分别是德昌县（1.08%）、洪雅县（10.68%）、邻水县（8.36%）和资中县（-2.65%），平均增长率极差分别为11.23%、14.12%、8.25%和15.60%。

重点生态功能区县经济综合竞争力在4个时间序列的平均增长率分别为4.76%、12.42%、11.22%和8.08%，每个时段平均增长率最高的县域分别是雷波县（9.61%）、阿坝县（25.71%）、色达县（22.76%）和石渠县（29.33%），最低的县域分别是雅江县（0.13%）、九寨沟县（5.31%）、金口河区（-0.85%）和木里县（2.46%），平均增长率极差分别为9.48%、20.40%、23.61%和26.87%。

（2）增长类型分析。

从不同综合竞争力增长水平的县（市、区）在四大类型县域的分布来看，城市主城区县域在2001—2006年主要以中高水平和中等水平县域为主，二者占城市主城区县域总量的比重均为39.39%。在2006—2011年，五种增长类型县域均有10%以上的分布，其中高水平增长类型占城市主城区县域总量的18.18%，在该时段四大类型县域中居第二位，中低水平和低水平分别占27.27%和24.24%。2011—2016年以中低水平和低水平增长类型县域为主，分别占其县域总量的36.36%和39.39%。2016—2018年，五种增长类型县域也都有10%以上的分布，其中高水平增长类型占24.24%，在该时段四大类型县域中居第一位，中高水平和中低水平分别占21.21%和27.27%（表4-28）。

表4-28　4个时间序列不同综合竞争力增长水平县域在四大类型县域的分布

四大类型县域	时间序列	各增长类型县域数量/个					各增长类型县域数量比重/%				
		高水平	中高水平	中等水平	中低水平	低水平	高水平	中高水平	中等水平	中低水平	低水平
城市主城区	2001—2006	1	13	13	4	2	3.03	39.39	39.39	12.12	6.06
	2006—2011	6	4	6	9	8	18.18	12.12	18.18	27.27	24.24
	2011—2016	1	3	4	12	13	3.03	9.09	12.12	36.36	39.39
	2016—2018	8	7	5	9	4	24.24	21.21	15.15	27.27	12.12
重点开发区县	2001—2006	1	19	25	7	3	1.82	34.55	45.45	12.73	5.45
	2006—2011	9	15	15	11	5	16.36	27.27	27.27	20.00	9.09
	2011—2016	3	13	18	21	2	5.26	22.81	31.58	36.84	3.51
	2016—2018	7	11	9	21	9	12.28	19.30	15.79	36.84	15.79
农产品主产区县	2001—2006	0	13	20	2	0	0.00	37.14	57.14	5.71	0.00
	2006—2011	8	12	7	8	0	22.86	34.29	20.00	22.86	0.00
	2011—2016	3	16	14	2	0	8.57	45.71	40.00	5.71	0.00
	2016—2018	0	6	3	20	6	0.00	17.14	8.57	57.14	17.14
重点生态功能区县	2001—2006	0	4	31	23	0	0.00	6.90	53.45	39.66	0.00
	2006—2011	6	9	6	17	20	10.34	15.52	10.34	29.31	34.48
	2011—2016	8	25	8	14	3	13.79	43.10	13.79	24.14	5.17
	2016—2018	9	4	11	31	3	15.52	6.90	18.97	53.45	5.17

注：表中比重是不同综合竞争力增长水平县域（各增长类型县域数量）占四大类型县域数量的比重。

重点开发区县经济综合竞争力在2001—2006年也主要以中等水平和中高水平类型县域为主，二者占其县域总量的比重分别为45.45%和34.55%。2006—2011年，高等水平、中等水平和中低水平增长类型县域比重分别为27.27%、27.27%和20.00%，高水平占16.36%。2011—2016年主要以中低水平和中等水平增长类型为主，占比分别为36.84%和31.58%，中高水平占比为22.81%。2016—2018年主要以中低水平增长类型为主，所占比重最高，为36.84%，其他四种增长类型县域比重都在10%～20%。

农产品主产区县经济综合竞争力在2001—2006年也主要以中等水平和中高水平类型县域为主，二者占其县域总量的比重分别为57.14%和37.14%。2006—2011年高水平、中高水平、中等水平和中低水平增长类型县域比重分别为22.86%、34.29%、20.00%和22.86%，高水平增长类型县域比重是该时段四大类型县域中最高的。2011—2016年主要以中高水平和中等水平增长类型为主，其比重分别为45.71%和40.00%。2016—2018年以中低水平所占比例最高，为57.14%，是该时段四大类型县域中最高的。

不同于上述三大类型县域，重点生态功能区县经济综合竞争力在2001—2006年主要以中等水平和中低水平县域为主，二者占其县域总量的比重分别为53.45%和39.66%。2006—2011年五种增长类型县域都有10%以上的分布，其中低水平增长类型占比最高，为34.48%，也是该时段四大类型县域中最高的；中低水平类型比重也较高，为29.31%。2011—2016年主要以中高水平增长类型为主，其比重为43.10%，中低水平类型比重为24.14%。重点生态功能区县经济综合竞争力在2016—2018年也是中低水平所占比例最高，为53.45%。

综上所述，在四大类型县域经济综合竞争力平均增长率总体较低的2001—2006年，城市主城区县域、重点开发区县和农产品主产区县三大类型县域经济综合竞争力都以中等水平和中高水平增长类型为主，重点生态功能区县则以中等水平和中低水平类型为主。在平均增长率最高和较高的2006—2011年和2011—2016年，农产品主产区县经济综合竞争力的表现最好，高水平和中高水平增长类型县域所占比例最高；其次是重点开发区县；城市主城区县域主要以中低和低水平增长类型为主；重点生态功能区县在2006—2011年主要以中低和低水平增长类型为主，2011—2016年以中高水平为主。在平均增长率出现下降的2016—2018年，城市主城区县域的表现最好，高水平和中高水平增长类型所占比例最高，表现出其县域经济增长的韧性和稳定性；

重点开发区县次之；农产品主产区县和重点生态功能区县增长率向下波动幅度大，增长类型以中低水平和低水平类型县域为主。

三、主要结论

（一）时序演化

（1）在时序演化上，四川省四大类型县域经济综合竞争力平均指数及其增长率总体表现出和全省县域经济综合竞争力演化类似的趋势特征。

（2）在位序演化上，城市主城区县域和重点开发区县的平均位序较为稳定，农产品主产区县和重点生态功能区县变化较大。重点开发区县平均位序小幅上升，农产品主产区县平均位序呈显著上升，重点生态功能区县平均位序呈显著下降。

（3）在差异性演化上，四大类型县域经济综合竞争力绝对差异呈不断扩大趋势，相对差异呈逐步缩小趋势。综合竞争力增长率相对差异呈不断波动变化的特征，但并没有表现出趋势性的上升或下降，变化具有不稳定性。

（二）空间分异

（1）总体上，2001—2018 年，四川省四大类型县域中城市主城区县域经济综合竞争力具有绝对优势（平均指数为 0.146 4），重点开发区县次之（平均指数为 0.078 7），农产品主产区县居第三位（平均指数为 0.056 7），重点生态功能区县平均指数最低（平均指数为 0.047 0）。

（2）在分项竞争力上，城市主城区县域在四项竞争力中均具有高于其他类型县域的绝对优势（均具首位）。重点开发区县在除民生水平外的其他三项分项竞争力中具有相对优势（居第二位）。农产品主产区县在民生水平上居四大类型县域末位，在其他三项竞争力中均居第三位。重点生态功能区县在民生水平上具有相对优势（居第二位），在其他三项竞争力上均处四大类型县域末位。与此同时，四大类型县域经济综合竞争力之间的差距主要体现在经济实力上（极值比为 13.1），其次是结构与潜力（极值比为 3.00），在民生水平和发展基础上的差距相对较小（极值比分别为 2.10 和 2.50）。

（3）从分项竞争力构成（即分项竞争力指数占综合竞争力指数的比重）变化来看，五个时间截面中（特别是自 2011 年后），经济实力和民生水平所占比重趋于不断上升，结构与潜力、发展基础所占比重则呈下降趋势，表明在21世纪前20年，四川省县域经济综合竞争力中经济实力、民生水平的贡献不断提高，结构与潜力、发展基础的贡献趋弱。

（4）在五个时间截面，四川省四大类型县域经济综合竞争力之间的差异都十分显著，其巨大差异主要体现在城市主城区县域和其他三个类型县域之间，重点开发区县、农产品主产区县和重点生态功能区县三种类型县域之间的差异相对小一些。

（5）在四大类型县域中，城市主城区县域始终是四川省县域经济发展的“领头羊”，其60%以上的县域经济综合竞争力水平属于高水平。重点开发区县经济综合竞争力水平在五种增长类型中均有分布，主要属于中高水平、中等水平和中低水平，近年来中高水平的县域数量有所增加（2016年和2018年分别有17个和16个），但仍要关注处在中低水平的相当部分县域（2018年数量占比近32%）。绝大部分农产品主产区县经济综合竞争力水平属中低水平（占比73%以上），近年来属于低水平的县域数量有所减少（2016年只有1个，2018年有3个）。重点生态功能区县经济综合竞争力水平类型集中在中低水平和低水平（占比在93%～100%），特别是2018年和2016年有58个县域经济综合竞争力水平都属于中低水平和低水平。

（6）在四大类型县域经济综合竞争力内部差异上，从大到小依次是城市主城区县域、重点开发区县、重点生态功能区县和农产品主产区县。在2001—2018年的五个时间截面上，四大类型县域的内部差异有基本相同的变化趋势，即绝对差异上升、相对差异下降，但不同类型县域的变化幅度不同。

（7）县域综合竞争力增长类型在不同时间截面的变化具有较强的跳跃性，延续性特征不明显。总体表现为：增长类型为中等水平的县域占据主体地位（除2016年外的其他4个时间截面上，中等水平县域所占比例均处于各类型最高，其中2001年高达67.98%）；高水平和低水平县域所占比例较低（除2016年外的其他4个时间截面上，占比均低于10%）；中高水平和中低水平县域所占比例较高（基本都在15%以上）。

（8）在4个时间序列中，2006—2011年县域综合竞争力平均增长率最高，为13.57%；2011—2016年次之，平均增长率为10.10%；2016—2018年居第三位，平均增长率为8.47%；2001—2006年最低，平均增长率为6.25%。县域经济综合竞争力增长类型在不同时段上的变化仍然表现出较强的跳跃性和非延续性特征，增长类型以中等水平、中高水平和中低水平占据主体地位（比例之和均在66%以上），高水平和低水平县域所占比例相对于其他类型县域较低。

第五章　21 个市（州）县域经济综合竞争力时空演化

从实际来看，四川省的许多县域经济发展规划及政策措施等大都是以行政区如市（州）为单位进行的。因此，从行政区划角度，对不同层级行政单元的县域经济综合竞争力进行分析评价是非常必要的。本章通过分析四川省21 个市（州）2001—2018 年县域经济综合竞争力的时空演变特征及差异性规律，为各市（州）县域经济发展提供依据。

需要说明的是，为有效避免由于指标体系及评价方法等不同或变更对评价结果造成影响，也为了便于不同空间尺度分析结论的对比，本章对四川省21 个市（州）县域经济分析评价的直接对象，仍是其所辖各县域经济综合竞争力，运用的指标体系和分析数据除特别说明外，前后都是一致的。

2018 年年末，四川省 21 个市（州）共辖 183 个县（市、区）。其中，成都市所辖县（市、区）数量最多，共 20 个；资阳市所辖县（市、区）数量最少，共 3 个（表 5-1）。

表 5-1　2018 年四川省 21 市（州）及其所辖县（市、区）

市（州）	县（市、区）	数量 / 个
成都市	锦江区、青羊区、金牛区、武侯区、成华区、龙泉驿区、青白江区、新都区、温江区、双流区、郫都区、金堂县、大邑县、蒲江县、新津县、都江堰市、彭州市、邛崃市、崇州市、简阳市	20
自贡市	自流井区、贡井区、大安区、沿滩区、荣县、富顺县	6
攀枝花市	东区、西区、仁和区、米易县、盐边县	5
泸州市	江阳区、纳溪区、龙马潭区、泸县、合江县、叙永县、古蔺县	7

市（州）	县（市、区）	数量 / 个
德阳市	旌阳区、中江县、罗江县、广汉市、什邡市、绵竹市	6
绵阳市	涪城区、游仙区、安州区、三台县、盐亭县、梓潼县、北川县、平武县、江油市	9
广元市	利州区、昭化区、朝天区、旺苍县、青川县、剑阁县、苍溪县	7
遂宁市	船山区、安居区、蓬溪县、射洪县、大英县	5
内江市	内江市市中区、东兴区、威远县、资中县、隆昌县	5
乐山市	乐山市市中区、沙湾区、五通桥区、金口河区、犍为县、井研县、夹江县、沐川县、峨边县、马边县、峨眉山市	11
南充市	顺庆区、高坪区、嘉陵区、南部县、营山县、蓬安县、仪陇县、西充县、阆中市	9
眉山市	东坡区、彭山区、仁寿县、洪雅县、丹棱县、青神县	6
宜宾市	翠屏区、南溪区、宜宾县、江安县、长宁县、高县、珙县、筠连县、兴文县、屏山县	10
广安市	广安区、前锋区、岳池县、武胜县、邻水县、华蓥市	6
达州市	通川区、达川区、宣汉县、开江县、大竹县、渠县、万源市	7
雅安市	雨城区、名山区、荥经县、汉源县、石棉县、天全县、芦山县、宝兴县	8
巴中市	巴州区、恩阳区、通江县、南江县、平昌县	5
资阳市	雁江区、安岳县、乐至县	3
阿坝州	马尔康市、汶川县、理县、茂县、松潘县、九寨沟县、金川县、小金县、黑水县、壤塘县、阿坝县、若尔盖县、红原县	13
甘孜州	康定市、泸定县、丹巴县、九龙县、雅江县、道孚县、炉霍县、甘孜县、新龙县、德格县、白玉县、石渠县、色达县、理塘县、巴塘县、乡城县、稻城县、得荣县	18
凉山州	西昌市、木里县、盐源县、德昌县、会理县、会东县、宁南县、普格县、布拖县、金阳县、昭觉县、喜德县、冕宁县、越西县、甘洛县、美姑县、雷波县	17
合计	—	183

一、总体分析

对四川省 21 个市（州）县域经济综合竞争力的分析，是通过计算各市（州）所辖县域经济综合竞争力的算术平均值并对其进行排序，以此来代表 21 个市（州）的整体县域经济竞争力。这样处理可以排除不同市（州）间由于县域数量不同而造成的影响，使各市（州）之间的数据具有可比性。但需要说明的是，这种求算术平均值的方法虽然可以代表 21 个市（州）的整体竞争力水平，但难以避免和排除各市（州）辖区内的强、弱县之间由于相互消长而产生的负面影响。所以，各市（州）之间的总体评价仅可作为 21 个市（州）县域经济相对发展水平的依据和参考，对具体县（市、区）则不应具有绝对约束性。

（一）综合竞争力水平

1. 市（州）间的差异性

不难看出，四川省 21 个市（州）之间的县域经济综合竞争力水平差异很大，其中最低的综合竞争力极值比为 3.05（2015 年），最高可达 4.28（2007 年）（表 5-2）。在县域经济综合竞争力差异性的演化上，18 年间 21 个市（州）之间的绝对差异不断扩大，特别是 2016 年后增幅进一步拉大，相对差异呈波动下降趋势（图 5-1）。21 个市（州）县域经济综合竞争力平均指数的平均差和标准差分别从 2001 年的 0.009 3 和 0.012 2 上升到了 2018 年的 0.029 9 和 0.047 6，分别增加了 2.21 倍和 2.91 倍。变异系数则经历了上升—下降—上升的变化特征，从 2001 年的 0.386 2 上升到 2007 年的 0.414 2（最高值），再下降到 2015 年的 0.271 1（最低值），又上升到 2018 年的 0.343 6。

表 5-2　2001—2018 年 21 市（州）县域经济综合竞争力平均指数

市（州）	成都市	自贡市	攀枝花市	泸州市	德阳市	绵阳市	广元市
2001	0.066 2	0.060 6	0.027 9	0.037 6	0.042 3	0.036 7	0.021 6
2002	0.072 0	0.061 9	0.030 1	0.033 0	0.044 8	0.038 4	0.022 5
2003	0.076 5	0.064 3	0.061 6	0.032 6	0.047 8	0.040 2	0.023 4
2004	0.080 8	0.063 3	0.059 0	0.033 4	0.048 3	0.040 0	0.023 9
2005	0.090 1	0.045 8	0.064 1	0.036 6	0.057 2	0.043 3	0.027 0
2006	0.101 5	0.049 6	0.069 4	0.035 8	0.065 7	0.049 8	0.028 6

市（州）	成都市	自贡市	攀枝花市	泸州市	德阳市	绵阳市	广元市
2007	0.118 0	0.056 7	0.075 4	0.039 8	0.073 5	0.053 7	0.032 2
2008	0.129 3	0.063 3	0.085 1	0.046 3	0.080 3	0.063 3	0.040 2
2009	0.144 6	0.072 3	0.090 8	0.054 1	0.091 9	0.072 3	0.048 2
2010	0.166 0	0.080 8	0.102 4	0.062 4	0.101 8	0.081 9	0.054 7
2011	0.183 8	0.089 9	0.112 6	0.070 9	0.112 3	0.081 5	0.054 8
2012	0.198 6	0.094 8	0.121 6	0.077 1	0.125 9	0.090 5	0.060 4
2013	0.217 9	0.109 0	0.127 4	0.094 8	0.138 3	0.101 0	0.072 0
2014	0.227 4	0.112 3	0.136 6	0.105 1	0.150 5	0.109 2	0.077 1
2015	0.245 5	0.133 6	0.147 8	0.133 6	0.168 8	0.132 1	0.099 8
2016	0.242 0	0.126 2	0.151 3	0.127 9	0.158 4	0.120 2	0.090 2
2017	0.304 3	0.131 4	0.168 7	0.143 2	0.166 0	0.128 4	0.096 2
2018	0.311 8	0.144 4	0.171 8	0.156 1	0.194 3	0.132 9	0.103 5
市（州）	遂宁市	内江市	乐山市	南充市	眉山市	宜宾市	广安市
2001	0.027 4	0.036 3	0.038 8	0.025 1	0.027 3	0.022 7	0.024 2
2002	0.029 5	0.035 7	0.033 3	0.027 3	0.028 5	0.024 6	0.026 5
2003	0.031 5	0.036 3	0.033 1	0.029 5	0.033 1	0.026 2	0.028 6
2004	0.030 7	0.034 9	0.033 0	0.029 2	0.035 2	0.029 0	0.029 6
2005	0.032 2	0.039 8	0.036 3	0.033 0	0.038 8	0.031 3	0.033 2
2006	0.037 0	0.044 0	0.041 0	0.036 6	0.041 0	0.035 1	0.037 0
2007	0.045 6	0.048 8	0.046 3	0.040 4	0.045 5	0.040 1	0.042 5
2008	0.053 4	0.057 8	0.052 4	0.045 5	0.050 7	0.045 2	0.048 3
2009	0.060 4	0.068 2	0.059 2	0.057 3	0.061 5	0.054 5	0.057 7
2010	0.072 5	0.078 7	0.067 1	0.064 7	0.068 4	0.064 1	0.065 8
2011	0.080 6	0.086 6	0.075 5	0.071 0	0.075 2	0.068 1	0.079 9
2012	0.082 6	0.090 5	0.078 6	0.075 8	0.081 1	0.075 1	0.083 5
2013	0.099 0	0.106 9	0.089 8	0.093 0	0.094 9	0.090 5	0.093 3
2014	0.105 1	0.112 3	0.095 0	0.098 4	0.103 2	0.096 6	0.103 4
2015	0.129 2	0.137 1	0.109 3	0.126 7	0.124 0	0.118 9	0.134 4

市（州）	成都市	自贡市	攀枝花市	泸州市	德阳市	绵阳市	广元市
2016	0.121 5	0.126 5	0.106 2	0.111 8	0.120 0	0.111 5	0.120 3
2017	0.129 4	0.125 9	0.112 0	0.119 4	0.119 8	0.119 6	0.126 7
2018	0.143 1	0.137 2	0.131 0	0.127 3	0.134 0	0.144 7	0.147 0

市（州）	达州市	雅安市	巴中市	资阳市	阿坝州	甘孜州	凉山州
2001	0.028 1	0.026 8	0.019 1	0.025 6	0.024 7	0.024 6	0.018 6
2002	0.028 7	0.027 0	0.019 8	0.025 8	0.025 9	0.023 4	0.018 8
2003	0.031 1	0.028 1	0.021 3	0.027 1	0.026 5	0.023 5	0.019 7
2004	0.029 0	0.028 7	0.021 1	0.028 6	0.028 9	0.024 3	0.021 5
2005	0.034 4	0.031 2	0.023 2	0.032 5	0.031 3	0.026 2	0.023 0
2006	0.036 5	0.034 4	0.024 2	0.039 0	0.032 2	0.027 8	0.024 7
2007	0.043 4	0.038 6	0.027 6	0.044 5	0.035 8	0.031 0	0.027 7
2008	0.049 6	0.044 5	0.033 6	0.053 0	0.039 2	0.033 5	0.031 6
2009	0.056 8	0.052 0	0.038 6	0.061 1	0.049 3	0.039 3	0.036 2
2010	0.064 8	0.055 7	0.043 9	0.074 0	0.058 0	0.043 4	0.041 2
2011	0.070 7	0.058 8	0.050 0	0.087 4	0.055 7	0.044 3	0.047 4
2012	0.076 5	0.064 3	0.060 8	0.098 6	0.058 8	0.049 3	0.051 7
2013	0.088 9	0.082 2	0.067 3	0.115 8	0.067 8	0.059 7	0.061 0
2014	0.097 4	0.089 5	0.074 0	0.130 5	0.071 6	0.063 5	0.063 7
2015	0.128 8	0.106 3	0.111 3	0.166 8	0.087 2	0.080 6	0.082 1
2016	0.109 9	0.086 3	0.091 4	0.139 3	0.082 7	0.074 8	0.072 9
2017	0.116 6	0.089 5	0.097 6	0.147 1	0.085 5	0.079 3	0.074 4
2018	0.124 7	0.091 9	0.102 3	0.148 2	0.092 4	0.090 7	0.081 5

图 5-2 是 2001 年、2006 年、2011 年、2016 年和 2018 年五个时间截面，21 个市（州）的县域经济综合竞争力平均状况及排序。在五个时间截面，成都市县域经济综合竞争力平均水平一直居于 21 个市（州）首位；德阳市在 2001 年、2006 年和 2011 年一直居于第三位，在 2016 和 2018 年居于第二位；自贡市 2001 年居第 2 位，2006 年、2011 年、2016 年和 2018 年依次下降为第 5 位、第 4 位、第 7 位和第 8 位；攀枝花市由 2001 年的第 9 位上升为

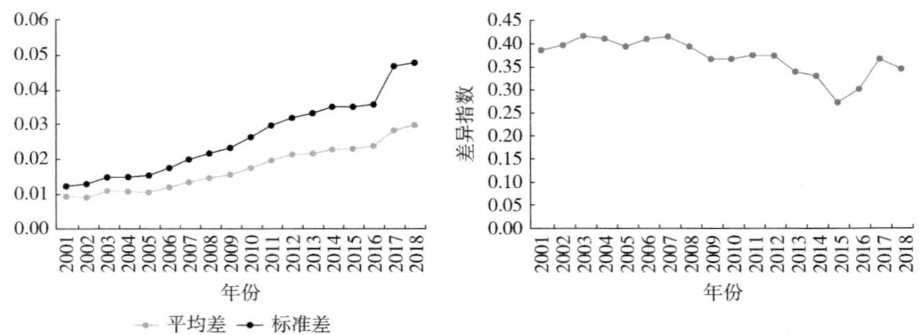

图 5-1 2001—2018 年 21 市（州）县域经济综合竞争力差异指数变化

2006 年、2011 年的第 2 位和 2016 年、2018 年的第 3 位。2001 年和 2006 年，居于 21 个市（州）末尾两位的市（州）是巴中市和凉山州，2011 年、2016 年和 2018 年均为甘孜州和凉山州。

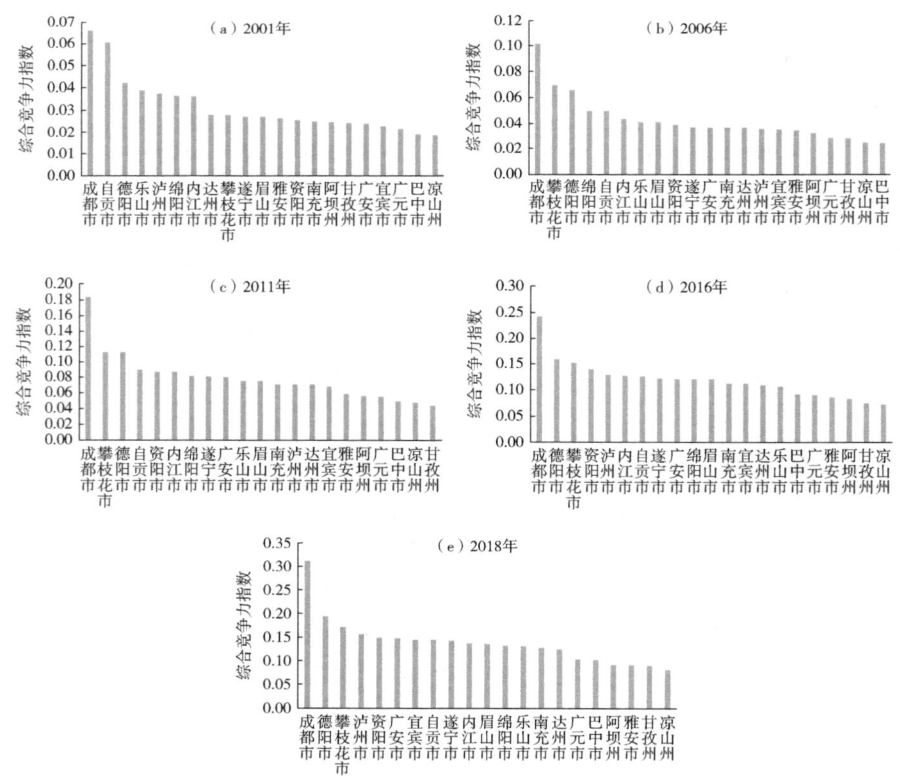

图 5-2 五个时间截面 21 市（州）县域经济综合竞争力指数排序

2. 市（州）综合竞争力水平类型

1）类型划分

依据县域水平分类标准（表 2-2），可得到五个时间截面四川省 21 个市（州）县域经济综合竞争力平均水平分类结果（表 5-3）和各类型市（州）数量及所占比重统计情况（表 5-4）。2001 年和 2006 年，21 个市（州）县域经济综合竞争力平均水平类型以中低水平类型市（州）最多，各有 8 个，比重均为 38.10%；其次是中等水平类型市（州），2001 年和 2006 年各有 4 个和 6 个，比例分别为 19.05% 和 28.57%；低水平市（州）都有 2 个，均为巴中市和凉山州；2001 年高水平市（州）有 3 个，为成都市、自贡市和德阳市，2006 年也有 3 个，为成都市、攀枝花市和德阳市。2011 年、2016 年和 2018 年，21 个市（州）县域经济综合竞争力平均水平类型则以中等水平类型市（州）最多，3 个年份的比例分别为 38.10%、42.86% 和 47.62%；其次是中低水平市（州），3 个年份的比例分别为 23.81%、23.81% 和 19.05%；中高水平类型市（州）的比例均为 14.29%；高水平类型的市（州）2011 年有 3 个，为成都市、攀枝花市和德阳市，占市（州）总数的 14.29%，2016 年和 2018 年都为 2 个，均为成都市和德阳市，所占比例为 9.25%；低水平类型的市（州）数量各年份都为 2 个，均为甘孜州和凉山州。可见，五个时间截面中，21 个市（州）县域经济综合竞争力平均水平以中等水平和中低水平类型市（州）为主，二者的比例均在 57% 以上。

表 5-3　五个时间截面 21 市（州）县域经济综合竞争力平均水平类型

市（州）	2001 年	2006 年	2011 年	2016 年	2018 年
成都市	高水平	高水平	高水平	高水平	高水平
自贡市	高水平	中高水平	中高水平	中等水平	中等水平
攀枝花市	中等水平	高水平	高水平	中高水平	中高水平
泸州市	中高水平	中低水平	中等水平	中高水平	中高水平
德阳市	高水平	高水平	高水平	高水平	高水平
绵阳市	中高水平	中高水平	中等水平	中等水平	中等水平
广元市	中低水平	中低水平	中低水平	中低水平	中低水平
遂宁市	中等水平	中等水平	中等水平	中等水平	中等水平
内江市	中高水平	中等水平	中高水平	中等水平	中等水平

市（州）	2001 年	2006 年	2011 年	2016 年	2018 年
乐山市	中高水平	中等水平	中等水平	中低水平	中等水平
南充市	中低水平	中低水平	中等水平	中等水平	中等水平
眉山市	中等水平	中等水平	中等水平	中等水平	中等水平
宜宾市	中低水平	中低水平	中低水平	中等水平	中等水平
广安市	中低水平	中等水平	中等水平	中等水平	中等水平
达州市	中等水平	中低水平	中等水平	中等水平	中等水平
雅安市	中低水平	中低水平	中低水平	中低水平	中低水平
巴中市	低水平	低水平	中低水平	中低水平	中低水平
资阳市	中低水平	中等水平	中高水平	中高水平	中高水平
阿坝州	中低水平	中低水平	中低水平	中低水平	中低水平
甘孜州	中低水平	中低水平	低水平	低水平	低水平
凉山州	低水平	低水平	低水平	低水平	低水平

表 5-4　五个时间截面 21 市（州）县域经济综合竞争力水平各类型数量及比例

类型	数量 / 个					比例 /%				
	2001 年	2006 年	2011 年	2016 年	2018 年	2001 年	2006 年	2011 年	2016 年	2018 年
高水平	3	3	3	2	2	14.29	14.29	14.29	9.52	9.52
中高水平	4	2	3	3	3	19.05	9.52	14.29	14.29	14.29
中等水平	4	6	8	9	10	19.05	28.57	38.10	42.86	47.62
中低水平	8	8	5	5	4	38.10	38.10	23.81	23.81	19.05
低水平	2	2	2	2	2	9.52	9.52	9.52	9.52	9.52

2）类型分布

在空间格局上，四川省 21 个市（州）县域经济综合竞争力水平类型分布总体上表现为：高于均值的高水平和中高水平市（州）集中在成都平原和川东南地区，低于均值的中低水平和低水平市（州）主要分布于川西三州和川东北地区，中等水平市（州）主要分布于成都平原的东部和南部地区。各类型市（州）数量在五个时间截面的变化趋势总体表现为：高水平和中高水平数量小幅下降，中低水平数量大幅下降，低水平数量稳定，中等水平数量大幅上升。具体变化表现为：高水平市（州）从2001年、2006年和2011年的3个减少至2011年之后的2个，空间范围上成都市和德阳市始终处于高水平，自贡市在2001年、攀枝花市在2006年和2011年处于高水平。中高水平市（州）数量从2001年的4个减少到2006年的2个及之后年份的3个，空间分布从2001年、2006年的成都平原东北部（绵阳市、内江市）转移到之后的成都平原东南部（内江市、资阳市、攀枝花市、泸州市）。低水平市（州）数量五个时间截面均为2个，空间分布从2001年、2006年的川东北（巴中市）和川西南（凉山州）变为2011年、2016年和2018年的川西地区（凉山州和甘孜州）。中低水平市（州）数量从2001年、2006年的8个减少为2011年、2016年的5个再至2018年的4个，空间分布从2001年广布于川西、川东北、川东南缩小至2018年的川西（阿坝州、雅安市）、川东北小部分地区（广元市和巴中市）。中等水平市（州）逐年增加，五个时间截面的数量依次为4个、6个、8个、9个、10个，空间范围从2001年的零星分散分布变为2018年的集中连片分布，主要集中于成都平原的东部和南部地区（图5-3、表5-4）。这一空间格局演化特征进一步表明，21世纪以来，四川省21个市（州）县域经济综合竞争力水平总体上获得了提升和发展。

3）类型演化

为分析21个市（州）县域经济综合竞争力水平类型的演化特征，以研究期初（2001年）和研究期末（2018年）为时间节点，参照对比两个时间节点各市（州）县域经济综合竞争力水平类型，依据县域经济综合竞争力水平类型演化分类标准（表3-13），对各市（州）县域经济综合竞争力水平类型演化进行分类。从分类结果（表5-5）可以看出，四川省21个市（州）县域经济综合竞争力发展具有较强的稳定性和延续性。21个市（州）中，有10个市（州）以路径依赖型Ⅰ为主体，占市（州）总数的47.62%；正向演化型Ⅱ和负向演化型Ⅲ市（州）数量相当，分别为6个和5个，各占市（州）总数的28.57%和23.81%。在路径依赖型Ⅰ市（州）中，以中等水平（Ⅰ3类）和中低水平（Ⅰ4类）最为稳定，市（州）数量各有3个，属于中等水平—中等水平Ⅰ3类演化类型的市（州）分别为遂宁市、眉山市和达州市，属于中低水平—中低水平Ⅰ4类演化类型的市（州）分别为广元市、雅安市和阿坝州；其次为高水平类，高水平—高水平Ⅰ1类市（州）数量为2个，为成都市和德阳市；中高水平—中高水平Ⅰ2类和低水平—低水平Ⅰ5类市（州）各1个，分别为泸州市和凉山州。在正向演化型Ⅱ市（州）中，主要以低或中低

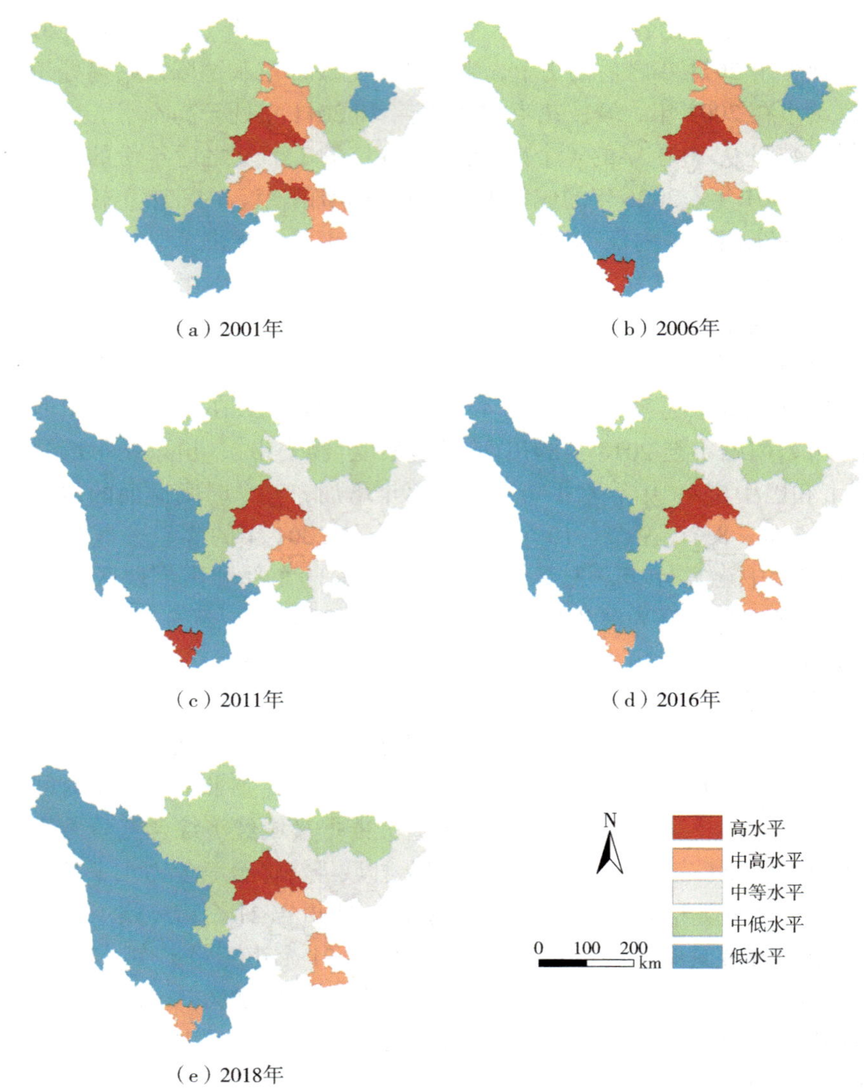

图 5-3　五个时间截面 21 市（州）县域经济综合竞争力类型空间分布

水平—中等水平Ⅱ 3 类为主，该演化类型市（州）数量为 3 个，分别为南充市、宜宾市和广安市；中等水平—中高水平Ⅱ 2 类和低水平—中低水平Ⅱ 4 类市（州）各 1 个，分别为攀枝花市和巴中市。值得一提的是，资阳市是 21 个市（州）中唯一一个跨越中等水平的正向演化类型市（州），即低水平或中低水平—中高或高水平Ⅱ 5 类。在负向演化型Ⅲ市（州）中，主要是高或中高水平—中等水平Ⅲ 2 类，该类型市（州）数量 4 个，分别为自贡市、绵阳市、内江市和乐山市，占市（州）总数的 19.05%；中等或中低水平—低水平Ⅲ 4 类市（州）1 个，为甘孜州。

表 5-5 2001—2018 年 21 市（州）县域经济综合竞争力水平类型演化

大类	亚类	县域	数量 / 个	比例 / %
路径依赖型Ⅰ	高水平—高水平（Ⅰ 1 类）	成都市、德阳市	2	9.25
	中高水平—中高水平（Ⅰ 2 类）	泸州市	1	4.76
	中等水平—中等水平（Ⅰ 3 类）	遂宁市、眉山市、达州市	3	14.29
	中低水平—中低水平（Ⅰ 4 类）	广元市、雅安市、阿坝州	3	14.29
	低水平—低水平（Ⅰ 5 类）	凉山州	1	4.76
正向演化型Ⅱ	中等水平—中高水平（Ⅱ 2 类）	攀枝花市	1	4.76
	低水平或中低水平—中等水平（Ⅱ 3 类）	南充市、宜宾市、广安市	3	14.29
	低水平—中低水平（Ⅱ 4 类）	巴中市	1	4.76
	低水平或中低水平—中高或高水平（Ⅱ 5 类）	资阳市	1	4.76
负向演化型Ⅲ	高水平或中高水平—中等水平（Ⅲ 2 类）	自贡市、绵阳市、内江市、乐山市	4	19.05
	中等水平或中低水平—低水平（Ⅲ 4 类）	甘孜州	1	4.76

（二）综合竞争力增长率

2001—2018 年，四川省 21 个市（州）县域经济综合竞争力年均增长率最高的是宜宾市，年均增长率为 12.09%；最低的是自贡市，年均增长率为 7.78%，极差 4.31%。年均增长率排名在前 5 位的市（州）分别为宜宾市、巴中市、广安市、资阳市和遂宁市，较高的增长率使除遂宁市外的 4 个市（州）在综合竞争力水平类型上都表现出了正向演化；排名在后 5 位的分别为内江市、甘孜州、雅安市、攀枝花市和自贡市。21 个市（州）中，县域经济综合竞争力年均增长率在 10%～12.09% 的市（州）为 11 个，在 7.78%～10% 的市（州）为 10 个（图 5-4）。

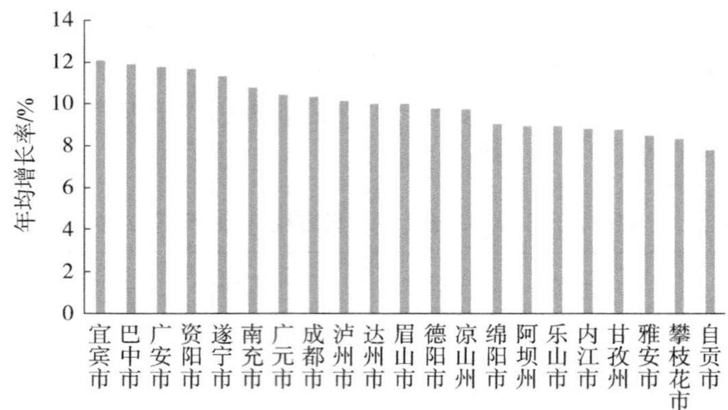

图 5-4 2001—2018 年 21 市（州）县域经济综合竞争力年均增长率排序

具体来看，不同市（州）在不同年份的县域经济综合竞争力增长率不同，因而市（州）之间的县域经济综合竞争力增长率在不同年份的差异性很大。2001—2018 年，各市（州）间的县域经济综合竞争力增长率的差异性变化呈现出很强的波动性特征（图 5-5、表 5-6）。各市（州）间综合竞争力增长率绝对差异的最高值出现在 2015 年，其平均差、标准差和极差分别为 6.85、9.05 和 42.90；绝对差异的最低值则出现在 2014 年，其平均差、标准差和极差分别为 1.81、2.19 和 8.41。相对差异的最高值和最低值分别在 2004 年和 2009 年，变异系数分别为 1.63 和 0.26。

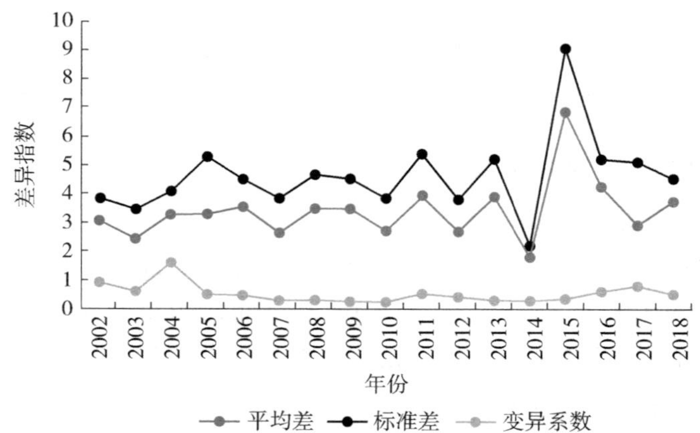

图 5-5 2001—2018 年 21 市（州）县域经济综合竞争力增长率差异性变化

表 5-6 2001—2018 年 21 市（州）县域经济综合竞争力增长率差异变化

差异指数	2002 年	2003 年	2004 年	2005 年	2006 年	2007 年	2008 年	2009 年	2010 年
平均差	3.07	2.44	3.25	3.30	3.54	2.65	3.49	3.48	2.71
标准差	3.84	3.44	4.09	5.28	4.50	3.82	4.65	4.52	3.85
变异系数	0.93	0.62	1.63	0.51	0.47	0.28	0.31	0.26	0.27
极差	14.01	17.19	16.33	27.61	21.31	18.36	19.43	19.91	17.52
差异指数	2011 年	2012 年	2013 年	2014 年	2015 年	2016 年	2017 年	2018 年	—
平均差	3.96	2.68	3.91	1.81	6.85	4.24	2.91	3.75	—
标准差	5.40	3.79	5.19	2.19	9.05	5.18	5.10	4.52	—
变异系数	0.54	0.43	0.29	0.29	0.36	0.61	0.80	0.51	—
极差	21.82	18.45	24.45	8.41	42.90	20.22	25.91	15.04	—

在五个时间截面，21个市（州）县域经济综合竞争力平均增长率不具有稳定性，往往具有较强的变动性和轮换性（表 5-7）。从各市（州）县域经济综合竞争力平均增长率排序来看，居于前5位的市（州）在五个时间截面中出现的频次，成都市、广安市和乐山市最高，各出现了3次；德阳市、宜宾市、资阳市和攀枝花市，各出现了2次；遂宁市、泸州市和阿坝州等市（州），各出现了1次。居于后5位的市（州）在五个时间截面中的表现，雅安市最多，出现了4次；甘孜州3次；阿坝州、巴中市、绵阳市、泸州市和资阳市，各出现了2次；还有乐山市、广元市等市（州），各出现了1次。

表 5-7 五个时间截面 21 市（州）县域经济综合竞争力平均增长率及排序

排序	2002 年		2006 年		2011 年		2016 年		2018 年	
	市（州）	增长率 /%	市（州）	增长率 /%	市（州）	增长率 /%	市（州）	增长率 /%	市（州）	增长率 /%
1	成都市	10.49	资阳市	19.17	广安市	22.41	攀枝花市	2.32	德阳市	16.48
2	广安市	9.85	德阳市	14.48	资阳市	17.63	成都市	−1.77	广安市	15.83
3	南充市	8.95	遂宁市	14.01	凉山州	14.29	眉山市	−2.83	乐山市	15.34
4	宜宾市	7.98	成都市	13.77	巴中市	14.09	乐山市	−3.27	甘孜州	14.94
5	攀枝花市	7.76	乐山市	12.74	泸州市	13.41	阿坝州	−5.26	宜宾市	14.35

排序	2002年		2006年		2011年		2016年		2018年	
	市（州）	增长率/%	市（州）	增长率/%	市（州）	增长率/%	市（州）	增长率/%	市（州）	增长率/%
6	遂宁市	7.53	宜宾市	11.94	乐山市	13.17	泸州市	−5.64	凉山州	11.70
7	德阳市	5.58	绵阳市	11.22	攀枝花市	11.87	自贡市	−5.87	眉山市	11.06
8	绵阳市	5.33	广安市	11.19	自贡市	11.65	宜宾市	−6.05	自贡市	10.15
9	阿坝州	5.19	南充市	11.04	成都市	11.29	德阳市	−6.29	遂宁市	9.37
10	广元市	4.79	雅安市	10.97	遂宁市	10.77	遂宁市	−6.81	泸州市	9.28
11	眉山市	4.28	内江市	10.95	眉山市	10.56	甘孜州	−7.00	内江市	8.69
12	巴中市	3.98	攀枝花市	9.03	德阳市	10.21	内江市	−8.16	阿坝州	8.28
13	自贡市	3.75	达州市	8.19	南充市	10.06	绵阳市	−9.02	广元市	7.06
14	资阳市	3.42	自贡市	8.07	内江市	9.95	广元市	−10.02	达州市	6.99
15	达州市	1.88	广元市	7.15	达州市	9.30	广安市	−10.57	南充市	6.62
16	凉山州	1.87	凉山州	6.81	宜宾市	8.43	南充市	−12.10	巴中市	5.04
17	雅安市	1.07	甘孜州	6.75	雅安市	6.14	凉山州	−12.60	成都市	4.96
18	内江市	0.74	眉山市	6.54	阿坝州	1.65	达州市	−14.72	绵阳市	4.82
19	乐山市	−1.29	巴中市	4.77	甘孜州	1.15	资阳市	−15.71	雅安市	2.78
20	泸州市	−2.83	阿坝州	2.49	广元市	1.09	雅安市	−17.71	攀枝花市	1.96
21	甘孜州	−3.52	泸州市	−2.14	绵阳市	0.59	巴中市	−17.90	资阳市	1.44

从各市（州）县域经济综合竞争力平均增长率类型（表2-2）来看，在不同年份，不同增长类型市（州）的比例不同。2001年，增长率以高水平和低水平类型的市（州）数量居多，分别有6个和7个，占市（州）总数的比例分别为28.57%和33.33%，中高水平增长类型市（州）比例为19.05%；2006年则以中高水平（7个）和中低水平（6个）增长类型的市（州）为主，所占比例分别为33.33%和28.57%，高水平增长类型市（州）比例为19.05%；2011年以中等水平（6个）和中高水平（5个）增长类型的市（州）为主，占比分别为28.57%和23.81%，高水平和低水平增长类型市（州）各占19.05%；2016年以中高水平（7个）和低水平（5个）增长类型的市（州）为主，占

比各为 33.33% 和 23.81%，高水平增长类型市（州）占 19.05%；2018 年以高水平（5 个）和低水平（5 个）增长类型的市（州）为主，占比均为 23.81%，中等水平和中低水平增长类型市（州）均占 19.05%（表 5-8）。

表 5-8 五个时间截面 21 市（州）县域经济综合竞争力平均增长率各类型数量及比例

类型	2001 年		2006 年		2011 年		2016 年		2018 年	
	数量 / 个	比例 / %	数量 / 个	比例 / %	数量 / 个	比例 / %	数量 / 个	比例 / %	数量 / 个	比例 / %
高水平	6	28.57	4	19.05	4	19.05	4	19.05	5	23.81
中高水平	4	19.05	7	33.33	5	23.81	7	33.33	3	14.29
中等水平	3	14.29	1	4.76	6	28.57	2	9.52	4	19.05
中低水平	1	4.76	6	28.57	2	9.52	3	14.29	4	19.05
低水平	7	33.33	3	14.29	4	19.05	5	23.81	5	23.81

表现在空间格局上，21 个市（州）县域经济综合竞争力增长类型具有明显的聚集性和分异性特征，但分异格局跳跃性大，缺乏延续性。具体来看，中高水平、中低水平和低水平增长类型市（州）总体呈集聚状态分布，高水平和中等水平类型市（州）分布相对分散。以 2018 年为例，中高水平市（州）主要分布于四川省中部眉山市及南部的自贡市和凉山州，中低水平市（州）集中于川东北的广元市、达州市、南充市和巴中市，低水平市（州）主要集中在成都市及其周边的绵阳市、资阳市和雅安市，高水平类型市（州）分散于德阳市、广安市、乐山市、宜宾市和甘孜州，中等水平类型市（州）分布于阿坝州、遂宁市、内江市和泸州市（图 5-6）。

从 2001—2018 年的 4 个时间序列来看，在 2001—2006 年，21 个市（州）中，县域经济综合竞争力平均增长率最高的市（州）是资阳市（增长率 9.62%），最低的市（州）是泸州市（1.44%）；其间增长率排前 5 位的市（州）依次为资阳市、德阳市、成都市、广安市和宜宾市，增长率排后 5 位的市（州）依次为乐山市、内江市、甘孜州、自贡市和泸州市。2006—2011 年，21 个市（州）中增长率最高的是遂宁市（17.89%），最低的是甘孜州（9.95%）；其间增长率排前 5 位的市（州）依次为遂宁市、资阳市、广安市、宜宾市和巴中市，增长率排后 5 位的市（州）依次为绵阳市、雅安市、德阳市、攀枝花市和甘孜州。2011—2016 年，平均增长率最高的是巴中

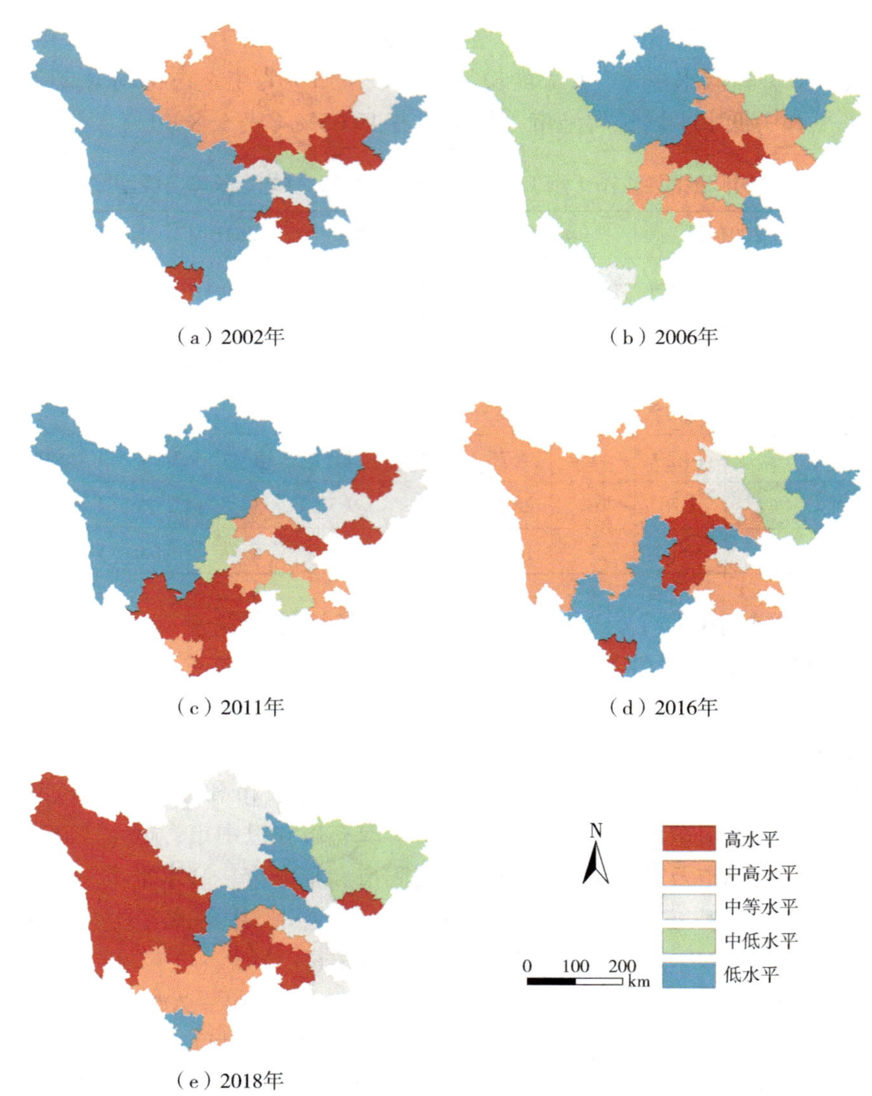

图 5-6 五个时间截面 21 市（州）县域经济综合竞争力增长类型空间分布及演化

市（16.83%），最低的是成都市（6.82%）；排前 5 位的市（州）依次为巴中市、泸州市、甘孜州、广元市和宜宾市，排后 5 位的市（州）依次为乐山市、德阳市、自贡市、攀枝花市和成都市。2016—2018 年，增长率最高的是成都市（15.14%），最低的是资阳市（2.90%）；排前 5 位的市（州）依次为成都市、德阳市、乐山市、广安市和甘孜州，排后5位的市（州）依次为阿坝州、眉山市、内江市、雅安市和资阳市（表5-9）。

表5-9 4个时间序列21市（州）县域经济综合竞争力平均增长率及排序

排序	2001—2006年		2006—2011年		2011—2016年		2016—2018年	
	市（州）	增长率/%	市（州）	增长率/%	市（州）	增长率/%	市（州）	增长率/%
1	资阳市	9.62	遂宁市	17.89	巴中市	16.83	成都市	15.14
2	德阳市	9.10	资阳市	17.68	泸州市	13.80	德阳市	10.93
3	成都市	9.07	广安市	17.02	甘孜州	12.44	乐山市	10.68
4	广安市	9.07	宜宾市	16.34	广元市	11.88	广安市	10.67
5	宜宾市	8.86	巴中市	16.16	宜宾市	11.70	甘孜州	10.58
6	眉山市	8.77	泸州市	15.18	资阳市	11.19	宜宾市	10.49
7	南充市	8.28	广元市	15.05	南充市	11.00	泸州市	10.09
8	遂宁市	7.93	内江市	14.82	凉山州	10.85	遂宁市	8.09
9	攀枝花市	7.39	南充市	14.73	达州市	10.70	自贡市	7.39
10	绵阳市	6.20	达州市	14.60	雅安市	10.28	凉山州	6.96
11	达州市	6.13	自贡市	13.68	眉山市	10.13	攀枝花市	6.74
12	凉山州	6.04	阿坝州	13.39	广安市	9.61	广元市	6.71
13	广元市	5.75	凉山州	13.36	遂宁市	9.48	南充市	6.65
14	雅安市	5.41	成都市	13.22	绵阳市	9.41	达州市	6.50
15	阿坝州	5.38	眉山市	12.96	阿坝州	9.21	绵阳市	5.96
16	巴中市	5.08	乐山市	12.89	内江市	8.63	巴中市	5.87
17	乐山市	5.04	绵阳市	12.59	乐山市	8.12	阿坝州	5.86
18	内江市	4.86	雅安市	11.77	德阳市	8.05	眉山市	5.35
19	甘孜州	3.12	德阳市	11.73	自贡市	7.90	内江市	4.05
20	自贡市	1.93	攀枝花市	11.30	攀枝花市	6.97	雅安市	3.03
21	泸州市	1.44	甘孜州	9.95	成都市	6.82	资阳市	2.90

依据县域水平分类标准（表2-2），对4个时间序列21个市（州）县域经济综合竞争力平均增长率进行了分类，并统计了各类型市（州）的数量及比例（表5-10）。2001—2006年，21个市（州）县域经济综合竞争力平均增长率最低，为6.40%，以中高水平和中低水平增长率类型的市（州）数量居多，

均为 5 个，占市（州）总数的比例都为 23.81%；高水平和中等水平比例均为 19.05%。2006—2011 年和 2011—2016 年，市（州）县域经济综合竞争力平均增长率最高，分别为 14.11% 和 10.24%，都以中等水平类型市（州）为主，数量分别为 10 个和 9 个，占比分别为 47.62% 和 42.86%。2006—2011 年中高水平和中低水平增长类型的市（州）数量均为 4 个，占比都为 19.05%；2011—2016 年中高水平和中低水平增长类型的市（州）数量分别为 5 个和 6 个，各自占比为 23.81% 和 28.57%。这两个时间序列均无低水平增长类型的市（州）。2016—2018 年，市（州）县域经济综合竞争力平均增长率较高，为 7.65%，中低水平增长类型的市（州）数量最多，为 8 个，占比 38.10%；高水平增长类型的市（州）4 个，比重为 19.05%；中高水平、中低水平和低水平增长类型的市（州）各 3 个，比重均为 14.29%。

表 5-10　4 个时间序列 21 市（州）县域经济综合竞争力平均增长率各类型数量及比例

单位：个、%

类型	2001—2006 年		2006—2011 年		2011—2016 年		2016—2018 年	
	数量 / 个	比例 / %	数量 / 个	比例 / %	数量 / 个	比例 / %	数量 / 个	比例 / %
高水平	4	19.05	3	14.29	1	4.76	4	19.05
中高水平	5	23.81	4	19.05	5	23.81	3	14.29
中等水平	4	19.05	10	47.62	9	42.86	3	14.29
中低水平	5	23.81	4	19.05	6	28.57	8	38.10
低水平	3	14.29	0	0.00	0	0.00	3	14.29

在 4 个时间序列，21 个市（州）县域经济综合竞争力增长类型的空间分布特征不同，连续性不强，跳跃性大，保持同一种增长类型的市（州）数量很少。总体来看，21 个市（州）县域经济综合竞争力增长类型以中等水平、中低水平和中高水平为主。在空间格局上，2001—2006 年和 2016—2018 年中低水平增长类型市（州）表现为聚集分布，2006—2011 年和 2011—2016 年中等水平增长类型市（州）表现为聚集分布。其中，2001—2006 年中低水平市（州）相对集中在四川中、西部的巴中市、乐山市、雅安市和阿坝州，2016—2018 年中低水平市（州）聚集在川西北的阿坝州、绵阳市及川东北的广元市、巴中市、达州市和南充市，其他增长类型的分布较为分散。2006—

2011 年，除了中低水平类型市（州）分布在甘孜州、雅安市、德阳市和攀枝花市，中高水平类型分布在广元市、巴中市、宜宾市和泸州市，高水平类型分布在遂宁市、资阳市和广安市外，其他市（州）都是中等水平增长类型聚集区。2011—2016 年和上一阶段相比，中等水平增长类型市（州）聚集的范围缩小了，主要是因为甘孜州在该阶段演化为中高水平类型，成都市、乐山市、内江市和自贡市演化为中低水平，而广安市和遂宁市演化为中等水平（图 5-7）。

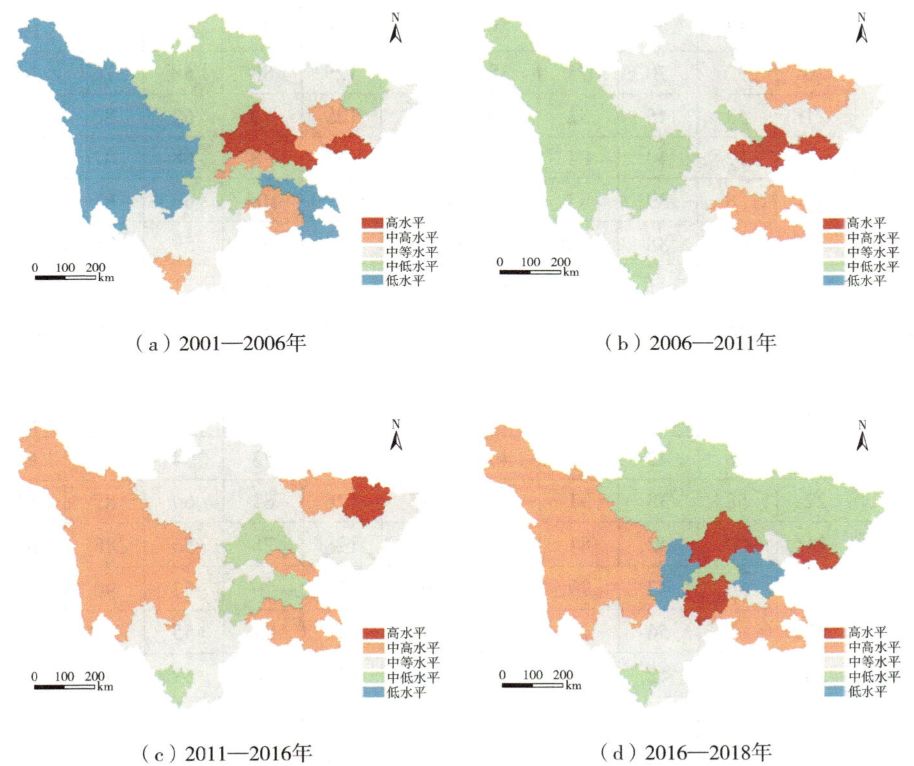

图 5-7　4 个时间序列 21 市（州）县域经济综合竞争力增长类型空间分布及演化

（三）综合竞争力位序

表 5-11 是 2001—2018 年四川省 21 个市（州）县域经济综合竞争力在全省 183 个县域中的平均位序。在 21 个市（州）中，县域经济综合竞争力水平平均位序最靠前的是成都市（第 21 位），最靠后的是凉山州（第 149 位）；平均位序居于最前的 5 个市（州）分别是成都市（第 21 位）、德阳市（第

39位）、攀枝花市（第46位）、自贡市（第58位）和内江市（第60位）；平均位序居于最后的5个市（州）分别是阿坝州（第118位）、广元市（第126位）、巴中市（第132位）、甘孜州（第135位）和凉山州（第149位）。

表5-11 2001—2018年21市（州）县域经济综合竞争力水平平均位序

年份	成都市	自贡市	攀枝花市	泸州市	德阳市	绵阳市	广元市	遂宁市	内江市	乐山市	南充市
2001	24	54	76	75	39	82	129	87	55	76	103
2002	20	52	70	75	38	79	129	83	58	76	96
2003	21	53	45	82	39	83	129	84	62	80	93
2004	22	52	40	84	46	83	133	98	68	82	100
2005	23	58	39	83	38	84	132	104	63	81	92
2006	22	60	38	100	37	85	133	97	59	76	89
2007	21	55	41	104	36	87	133	80	61	78	92
2008	23	56	39	101	36	75	117	82	55	80	96
2009	22	58	47	101	35	80	115	88	55	86	86
2010	22	59	45	98	40	77	117	74	55	88	85
2011	22	56	42	92	40	87	127	73	54	83	84
2012	22	58	38	91	38	87	126	81	60	87	86
2013	21	60	42	84	40	92	128	78	56	88	84
2014	21	66	42	79	39	95	126	79	57	90	84
2015	22	67	56	71	39	92	119	81	55	103	74
2016	20	63	42	69	40	94	123	78	59	93	80
2017	17	63	39	66	40	91	121	75	69	93	79
2018	19	62	45	63	39	94	124	75	70	89	79
年份	眉山市	宜宾市	广安市	达州市	雅安市	巴中市	资阳市	阿坝州	甘孜州	凉山州	—
2001	83	129	99	88	87	140	105	102	101	147	—
2002	82	125	88	90	91	141	107	101	112	151	—
2003	68	127	87	88	96	139	105	108	121	150	—
2004	66	124	83	104	96	143	100	99	120	146	—
2005	65	125	81	93	99	145	95	103	124	148	—

年份	成都市	自贡市	攀枝花市	泸州市	德阳市	绵阳市	广元市	遂宁市	内江市	乐山市	南充市
2006	66	120	79	90	97	148	79	111	127	147	—
2007	70	117	75	81	99	147	77	113	131	147	—
2008	75	118	76	80	97	139	72	116	140	148	—
2009	73	111	77	85	99	145	74	107	139	151	—
2010	77	102	77	84	108	145	65	107	143	151	—
2011	75	100	62	84	111	135	55	120	148	145	—
2012	74	97	68	83	111	116	50	124	147	144	—
2013	75	97	73	83	97	131	48	132	149	146	—
2014	76	97	67	79	96	127	46	134	149	147	—
2015	83	97	59	70	107	96	39	141	151	150	—
2016	72	91	61	81	127	115	47	134	149	150	—
2017	83	90	61	81	130	113	52	136	146	154	—
2018	82	89	56	82	137	116	58	136	139	156	—

注：本书将县域位序动态特征总体上分为上升、下降、稳定和波动四类。

从位序变化看，在2001—2018年的18年间，21个市（州）中县域经济综合竞争力平均位序上升最多的是资阳市，从2001年的第105位上升到2018年的第58位，上升了47位；平均位序下降最多的是雅安市，从2001年的第87位下降到2018年的第137位，下降了50位。平均位序上升在20位以上的市（州）有6个，分别是资阳市（上升47位）、广安市（上升43位）、宜宾市（上升40位）、攀枝花市（上升31位）、巴中市（上升24位）、南充市（上升23位），平均位序下降在20位以上的3个市（州）分别是阿坝州（下降33位）、甘孜州（下降38位）、雅安市（下降50位）（表5-12）。

表5-12 21市（州）县域经济综合竞争力水平18年间平均位序及位序变化量

市（州）	平均位序	市（州）	平均位序	市（州）	位序变化量	市（州）	位序变化量
成都市	21	乐山市	85	资阳市	-47	眉山市	-1
德阳市	39	绵阳市	86	广安市	-43	德阳市	-1
攀枝花市	46	南充市	88	宜宾市	-40	自贡市	8

市（州）	平均位序	市（州）	平均位序	市（州）	位序变化量	市（州）	位序变化量
自贡市	58	雅安市	105	攀枝花市	-31	凉山州	9
内江市	60	宜宾市	109	巴中市	-24	绵阳市	13
资阳市	71	阿坝州	118	南充市	-23	乐山市	14
广安市	74	广元市	126	遂宁市	-12	内江市	14
眉山市	75	巴中市	132	泸州市	-12	阿坝州	33
遂宁市	83	甘孜州	135	达州市	-6	甘孜州	38
泸州市	84	凉山州	149	成都市	-5	雅安市	50
达州市	85	—	—	广元市	-5	—	—

注：位序变化量是指 2018 年比 2001 年的位序变化量，“-”表示位序上升，“+”表示位序下降。

二、市（州）内部差异分析

（一）绝对差异与相对差异

纵向来看，2001—2018 年，四川省 21 个市（州）内部县域经济综合竞争力水平的绝对差异，除自贡市呈下降趋势外，其他市（州）总体都呈上升趋势，但不同市（州）的变化幅度不同（图 5-8）。与 2001 年比较，2018 年的平均差和标准差上升幅度最大的市（州）是攀枝花市，分别上升了 727.20% 和 942.28%；遂宁市、宜宾市、眉山市和巴中市的标准差上升幅度都在 500% 以上；德阳市、凉山州和广安市的标准差上升幅度在 300%～400%；广元市、资阳市和成都市的标准差上升幅度在 200%～300%；标准差上升幅度在 100%～200% 的市（州）有南充市、泸州市、雅安市、甘孜州、内江市和绵阳市；达州市、阿坝州和乐山市的标准差上升幅度小于 100%；自贡市的标准差较 2001 年下降了 52.72%（表 5-13）。与此同时，18 年间不同市（州）内部县域间绝对差异的具体波动情况也不相同，如成都市的平均差和标准差的最高点出现在 2017 年，绵阳市的平均差和标准差的最高点出现在 2014 年，攀枝花市则出现在 2003 年，泸州市和宜宾市出现在 2018 年，资阳市出现在 2015 年，阿坝州的峰值在 2010 年（图 5-8）。

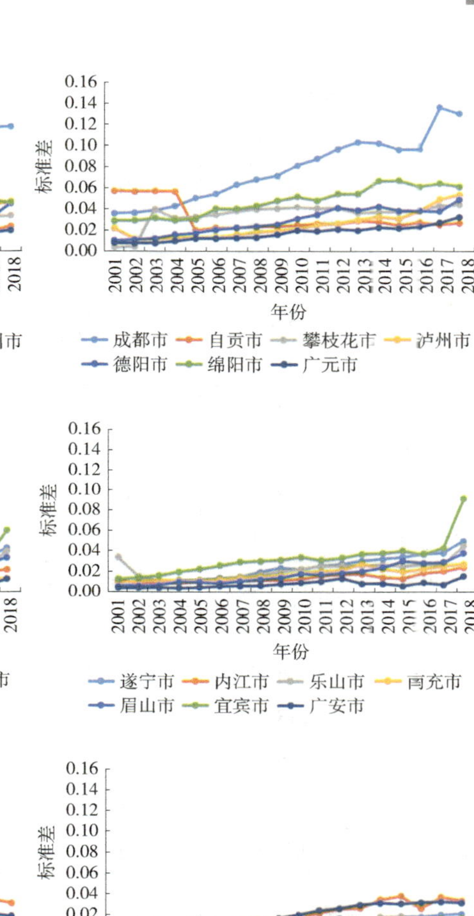

图 5-8　2001—2018 年 21 市（州）内部县域经济综合竞争力水平绝对差异变化

表 5-13　21 市（州）内部县域经济综合竞争力水平差异变化幅度（2018 年比 2001 年）

单位：%

平均差变化		标准差变化		变异系数变化	
攀枝花市	727.20	攀枝花市	942.28	攀枝花市	69.22
宜宾市	664.02	遂宁市	663.44	眉山市	46.74

平均差变化		标准差变化		变异系数变化	
眉山市	613.87	宜宾市	623.59	遂宁市	46.01
遂宁市	564.35	眉山市	621.13	宜宾市	13.57
巴中市	490.42	巴中市	501.52	巴中市	12.12
德阳市	379.29	德阳市	350.38	凉山州	-1.56
凉山州	333.84	凉山州	331.29	德阳市	-1.85
成都市	293.68	广安市	300.38	广元市	-19.44
广元市	274.37	广元市	285.66	成都市	-23.49
资阳市	266.67	资阳市	264.33	广安市	-34.17
广安市	248.46	成都市	260.20	雅安市	-34.63
南充市	235.69	南充市	198.93	资阳市	-37.08
泸州市	181.13	泸州市	144.63	甘孜州	-39.74
甘孜州	165.24	雅安市	124.36	泸州市	-41.09
雅安市	146.57	甘孜州	122.28	南充市	-41.14
绵阳市	143.42	内江市	115.79	绵阳市	-41.64
达州市	136.39	绵阳市	111.13	内江市	-42.83
内江市	105.78	达州市	99.87	马尔康市	-47.64
阿坝州	92.36	阿坝州	96.22	达州市	-54.99
乐山市	88.78	乐山市	32.01	乐山市	-60.87
自贡市	-44.58	自贡市	-52.72	自贡市	-80.17

2001—2018 年，在各市（州）内部县域经济综合竞争力水平的相对差异上，大部分市（州）总体呈逐步下降和缩小趋势（图 5-9）。在 21 个市（州）中，2018 年与 2001 年相比，攀枝花市、眉山市、遂宁市、宜宾市和巴中市 5 个市（州）的变异系数有一定程度的上升，其他 16 个市（州）的变异系数都有所下降。其中下降幅度超过 50% 的市（州）有达州市、乐山市和自贡市；下降幅度在 30%～50% 的 9 个市（州）是广安市、雅安市、资阳市、甘孜州、泸州市、南充市、绵阳市、内江市和马尔康市；成都市下降了 23.49%，广元市下降了 19.44%；凉山州和德阳市下降幅度最小（表 5-13）。18 年间，不同市（州）变异系数的波动情况也不尽相同（图 5-9）。成都市、自贡市、泸州市、德阳市、绵阳市、广元市、内江市、乐山市、南充市、宜宾市、广安市和凉山

州等大部分市（州）变异系数的最低点出现在 2015 年，巴中市的最低点出现在 2010 年，阿坝州和甘孜州出现在 2018 年；自贡市变异系数在 2005 年下降幅度最大，乐山市在 2002 年下降幅度最大；攀枝花市变异系数在 2003 年大幅增加，之后持续下降；宜宾市变异系数呈先上升后下降的倒“U”形变化特征，2017 年和 2018 年又有显著上升；阿坝州变异系数在 2010 年显著增加。

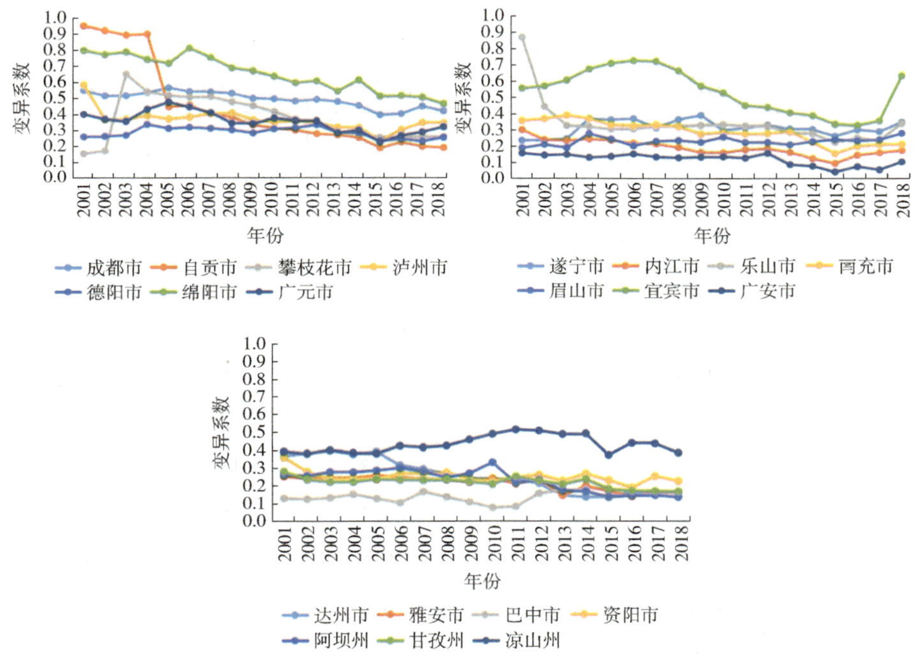

图 5-9 2001—2018 年 21 市（州）内部县域经济综合竞争力水平相对差异变化

横向比较，18 年间，就各市（州）内部县域经济综合竞争力水平的平均差异程度而言，成都市县域经济综合竞争力水平的绝对差异最大，平均差和标准差分别为 0.068 和 0.078，分别为绝对差异最小的巴中市（平均差和标准差分别为 0.006 和 0.007）的 11 倍。各市（州）中县域经济综合竞争力水平绝对差异较大，平均差和标准差都大于 21 个市（州）均值的有绵阳市、攀枝花市、宜宾市、自贡市、德阳市、泸州市和遂宁市 7 个市（州）。县域经济综合竞争力水平相对差异最大的是绵阳市，平均变异系数为 0.651；相对差异最小的是广安市，平均变异系数为 0.120，两者相差 5 倍多。相对差异较大，变异系数大于 21 个市（州）均值（0.319）的市（州）还有宜宾市、成都市、自贡市、凉山州、攀枝花市、泸州市、广元市和乐山市（表 5-14）。

表 5-14 2001—2018 年 21 市（州）县域经济综合竞争力水平内部差异平均指数及排序

市（州）	平均差	市（州）	标准差	市（州）	变异系数
成都市	0.068	成都市	0.078	绵阳市	0.651
绵阳市	0.033	绵阳市	0.048	宜宾市	0.538
攀枝花市	0.029	攀枝花市	0.035	成都市	0.492
自贡市	0.025	宜宾市	0.032	自贡市	0.435
德阳市	0.025	自贡市	0.032	凉山州	0.432
宜宾市	0.021	德阳市	0.029	攀枝花市	0.371
泸州市	0.021	泸州市	0.025	泸州市	0.360
遂宁市	0.020	遂宁市	0.023	广元市	0.353
乐山市	0.018	乐山市	0.022	乐山市	0.343
资阳市	0.018	凉山州	0.019	遂宁市	0.316
眉山市	0.015	资阳市	0.019	南充市	0.288
凉山州	0.013	广元市	0.018	德阳市	0.286
内江市	0.012	南充市	0.017	达州市	0.258
广元市	0.011	眉山市	0.017	巴中市	0.248
达州市	0.011	达州市	0.014	眉山市	0.233
雅安市	0.009	内江市	0.013	阿坝州	0.230
阿坝州	0.009	雅安市	0.011	甘孜州	0.218
南充市	0.008	阿坝州	0.011	资阳市	0.212
甘孜州	0.007	甘孜州	0.010	内江市	0.191
广安市	0.007	广安市	0.007	雅安市	0.133
巴中市	0.006	巴中市	0.007	广安市	0.120

在五个时间截面，无论是绝对差异还是相对差异，不同市（州）在不同年份的表现不一（表 5-15～表 5-17）。2001 年，自贡市县域经济综合竞争力水平绝对差异最大，平均差和标准差分别为 0.042 和 0.057。2006 年、2011 年、2016 年和 2018 年县域经济综合竞争力水平绝对差异最大的是成都市，其综合

竞争力平均差各年分别为 0.046、0.072、0.086 和 0.118，标准差依次为 0.055、0.082、0.097 和 0.131。巴中市在 2001 年、2006 年和 2011 年的县域经济综合竞争力水平绝对差异最小，其 3 个时间截面的平均差和标准差依次均为 0.002、0.002 和 0.003；2016 年县域经济综合竞争力水平绝对差异最小的是广安市，其平均差和标准差分别为 0.007 和 0.009；2018 年绝对差异最小的是阿坝州，其平均差和标准差分别为 0.011 和 0.013（表 5-15、表 5-16）。就各市（州）县域经济综合竞争力水平相对差异而言，2001 年自贡市相对差异最大，变异系数为 0.947；2006 年、2011 年和 2016 年绵阳市最大，3 个时间截面的变异系数依次为 0.812、0.635 和 0.514；2018 年宜宾市最大，变异系数为 0.633。2001 年、2006 年和 2011 年县域经济综合竞争力水平相对差异最小的市（州）都是巴中市，3 个年份的变异系数依次为 0.127、0.102 和 0.075；2016 年和 2018 年则是广安市最小，变异系数分别为 0.076 和 0.105（表 5-17）。

表 5-15 五个时间截面 21 市（州）内部县域经济综合竞争力水平平均差及排序

2001 年		2006 年		2011 年		2016 年		2018 年	
市（州）	平均差	市（州）	平均差	市（州）	平均差	市（州）	平均差	市（州）	平均差
自贡市	0.042	成都市	0.046	成都市	0.072	成都市	0.086	成都市	0.118
成都市	0.030	攀枝花市	0.029	攀枝花市	0.036	绵阳市	0.045	宜宾市	0.059
乐山市	0.020	绵阳市	0.026	绵阳市	0.033	德阳市	0.032	泸州市	0.046
绵阳市	0.019	德阳市	0.019	德阳市	0.026	遂宁市	0.032	绵阳市	0.046
泸州市	0.016	自贡市	0.017	自贡市	0.021	泸州市	0.031	德阳市	0.045
内江市	0.010	宜宾市	0.015	宜宾市	0.020	攀枝花市	0.031	遂宁市	0.042
德阳市	0.009	遂宁市	0.013	乐山市	0.020	宜宾市	0.026	乐山市	0.039
资阳市	0.008	泸州市	0.012	遂宁市	0.018	眉山市	0.026	攀枝花市	0.033
宜宾市	0.008	乐山市	0.011	泸州市	0.017	资阳市	0.024	眉山市	0.033
达州市	0.007	资阳市	0.010	阿坝州	0.016	乐山市	0.024	资阳市	0.031
遂宁市	0.006	内江市	0.009	资阳市	0.016	自贡市	0.022	自贡市	0.023
阿坝州	0.006	阿坝州	0.008	眉山市	0.014	凉山州	0.021	内江市	0.021
雅安市	0.005	达州市	0.008	凉山州	0.013	内江市	0.017	广元市	0.020
广元市	0.005	广元市	0.008	广元市	0.012	广元市	0.015	凉山州	0.019
甘孜州	0.005	眉山市	0.007	达州市	0.012	达州市	0.013	达州市	0.016

2001年		2006年		2011年		2016年		2018年	
市（州）	平均差	市（州）	平均差	市（州）	平均差	市（州）	平均差	市（州）	平均差
眉山市	0.005	凉山州	0.007	内江市	0.012	巴中市	0.012	巴中市	0.013
凉山州	0.004	雅安市	0.007	雅安市	0.011	雅安市	0.011	雅安市	0.013
攀枝花市	0.004	广安市	0.005	广安市	0.008	南充市	0.011	甘孜州	0.013
南充市	0.004	南充市	0.005	南充市	0.007	阿坝州	0.010	广安市	0.013
广安市	0.004	甘孜州	0.004	甘孜州	0.007	甘孜州	0.009	南充市	0.012
巴中市	0.002	巴中市	0.002	巴中市	0.003	广安市	0.007	阿坝州	0.011

表5-16 五个时间截面21市（州）内部县域经济综合竞争力水平标准差及排序

2001年		2006年		2011年		2016年		2018年	
市（州）	标准差	市（州）	标准差	市（州）	标准差	市（州）	标准差	市（州）	标准差
自贡市	0.057	成都市	0.055	成都市	0.082	成都市	0.097	成都市	0.131
成都市	0.036	绵阳市	0.040	绵阳市	0.052	绵阳市	0.062	宜宾市	0.092
乐山市	0.034	攀枝花市	0.035	攀枝花市	0.042	德阳市	0.039	绵阳市	0.062
绵阳市	0.029	宜宾市	0.026	宜宾市	0.034	攀枝花市	0.039	泸州市	0.053
泸州市	0.022	自贡市	0.022	德阳市	0.031	泸州市	0.038	遂宁市	0.050
宜宾市	0.013	德阳市	0.021	自贡市	0.025	遂宁市	0.037	德阳市	0.050
德阳市	0.011	遂宁市	0.014	乐山市	0.023	宜宾市	0.037	乐山市	0.045
内江市	0.011	泸州市	0.013	遂宁市	0.022	凉山州	0.032	攀枝花市	0.044
达州市	0.010	广元市	0.013	泸州市	0.022	眉山市	0.028	眉山市	0.038
资阳市	0.009	乐山市	0.013	广元市	0.020	自贡市	0.028	广元市	0.033
南充市	0.009	南充市	0.012	凉山州	0.020	乐山市	0.027	资阳市	0.033
广元市	0.009	达州市	0.012	阿坝州	0.019	资阳市	0.026	凉山州	0.031
凉山州	0.007	凉山州	0.010	南充市	0.019	广元市	0.024	自贡市	0.027
甘孜州	0.007	资阳市	0.010	眉山市	0.018	南充市	0.022	南充市	0.027
雅安市	0.007	内江市	0.010	资阳市	0.017	内江市	0.018	内江市	0.024

2001年		2006年		2011年		2016年		2018年	
市（州）	标准差	市（州）	标准差	市（州）	标准差	市（州）	标准差	市（州）	标准差
遂宁市	0.007	阿坝州	0.010	达州市	0.015	达州市	0.018	达州市	0.021
阿坝州	0.006	眉山市	0.008	雅安市	0.013	巴中市	0.013	广安市	0.015
眉山市	0.005	雅安市	0.008	内江市	0.013	甘孜州	0.013	甘孜州	0.015
攀枝花市	0.004	甘孜州	0.006	广安市	0.009	阿坝州	0.012	雅安市	0.015
广安市	0.004	广安市	0.006	甘孜州	0.009	雅安市	0.012	巴中市	0.015
巴中市	0.002	巴中市	0.002	巴中市	0.003	广安市	0.009	阿坝州	0.013

表 5-17 五个时间截面21市（州）内部县域经济综合竞争力水平变异系数及排序

2001年		2006年		2011年		2016年		2018年	
市（州）	变异系数	市（州）	变异系数	市（州）	变异系数	市（州）	变异系数	市（州）	变异系数
自贡市	0.947	绵阳市	0.812	绵阳市	0.635	绵阳市	0.514	宜宾市	0.633
乐山市	0.870	宜宾市	0.727	宜宾市	0.531	凉山州	0.439	绵阳市	0.465
绵阳市	0.796	成都市	0.542	成都市	0.495	成都市	0.402	成都市	0.419
泸州市	0.580	攀枝花市	0.505	凉山州	0.488	宜宾市	0.329	凉山州	0.385
宜宾市	0.557	自贡市	0.453	攀枝花市	0.413	遂宁市	0.305	遂宁市	0.349
成都市	0.548	广元市	0.444	广元市	0.374	泸州市	0.299	泸州市	0.342
广元市	0.399	凉山州	0.423	泸州市	0.345	广元市	0.267	乐山市	0.340
凉山州	0.391	泸州市	0.377	乐山市	0.336	攀枝花市	0.257	广元市	0.321
达州市	0.367	遂宁市	0.373	阿坝州	0.332	乐山市	0.252	眉山市	0.282
南充市	0.355	南充市	0.326	自贡市	0.310	德阳市	0.246	攀枝花市	0.259
资阳市	0.354	德阳市	0.319	德阳市	0.308	眉山市	0.236	德阳市	0.255
内江市	0.302	达州市	0.316	遂宁市	0.303	自贡市	0.222	资阳市	0.223
甘孜州	0.279	乐山市	0.309	南充市	0.286	南充市	0.199	南充市	0.209
德阳市	0.260	阿坝州	0.300	眉山市	0.261	资阳市	0.185	自贡市	0.188

2001年		2006年		2011年		2016年		2018年	
市（州）	变异系数	市（州）	变异系数	市（州）	变异系数	市（州）	变异系数	市（州）	变异系数
阿坝州	0.260	资阳市	0.265	雅安市	0.239	甘孜州	0.171	内江市	0.173
雅安市	0.248	雅安市	0.244	达州市	0.239	达州市	0.162	甘孜州	0.168
遂宁市	0.239	甘孜州	0.232	资阳市	0.224	巴中市	0.146	达州市	0.165
眉山市	0.192	内江市	0.221	甘孜州	0.209	阿坝州	0.145	雅安市	0.162
广安市	0.159	眉山市	0.206	内江市	0.161	内江市	0.145	巴中市	0.142
攀枝花市	0.153	广安市	0.155	广安市	0.138	雅安市	0.138	阿坝州	0.136
巴中市	0.127	巴中市	0.102	巴中市	0.075	广安市	0.076	广安市	0.105

（二）各市（州）不同综合竞争力水平类型县域的分布

在2001年、2006年、2011年、2016年和2018年五个时间截面，从综合竞争力水平不同类型县域在各市（州）的分布来看，高水平类型县域主要分布在成都市，其次是德阳市。在五个时间截面，成都市的高水平类型县域数量均在11～14个，占21个市（州）高水平类型县域总量的比重除2001年（42.31%）外均在50%以上。德阳市的高水平类型县域数量在2～4个，在21个市（州）中属于较多的。中高水平类型县域在各市（州）的分布没有高水平类型县域那样集中，总体上分布较多的是成都市（五个时间截面中的数量为3～7个）、乐山市（五个时间截面中的数量为1～5个）和德阳市、绵阳市（大多年份2个）等。中等水平类型县域在21个市（州）中的分布较为分散。中低水平类型县域是5种增长类型中数量最多的，五个时间截面中的数量为69～83个；也是分布最广的，除个别市（州）外，在绝大部分市（州）均有分布；该类型县域分布最多的是甘孜州，在五个时间截面中的数量为6～13个，其次为阿坝州（5～11个），分布较多的市（州）还有宜宾市、南充市和雅安市（数量均为4～7个）、绵阳市（5～6个）、乐山市和达州市（数量均为2～6个）和广元市（1～5个）。低水平类型县域主要分布于凉山州（五个时间截面中的数量为10～13个）和甘孜州（3～12个），在一些年份的其他一些市（州）也有较多分布，如广元市在2006年有5个，宜宾市在2001年有

5 个，雅安市在 2018 年有 4 个（表 5-18、表 5-19）。

表 5-18　2018 年综合竞争力水平不同类型县域在 21 个市（州）中的分布

市（州）	高水平	中高水平	中等水平	中低水平	低水平
成都市	金牛区、成华区、龙泉驿区、青白江区、武侯区、青羊区、锦江区、双流区、新都区、温江区、郫都区、新津县、彭州市	金堂县、简阳市、崇州市、都江堰市、蒲江县、邛崃市	大邑县	—	—
自贡市	—	自流井区、大安区	富顺县、贡井区	沿滩区、荣县	—
攀枝花市	攀枝花东区	攀枝花西区、仁和区	米易县	盐边县	—
泸州市	龙马潭区、江阳区	泸县	纳溪区	合江县、古蔺县、叙永县	—
德阳市	广汉市、旌阳区、绵竹市、什邡市	—	中江县	罗江县	—
绵阳市	涪城区	江油市	游仙区	安州区、三台县、梓潼县、北川县、盐亭县	平武县
广元市	—	利州区	—	昭化区、苍溪县、剑阁县、朝天区、旺苍县	青川县
遂宁市	船山区	—	射洪县	大英县、安居区、蓬溪县	—
内江市	—	威远县	内江市市中区、隆昌县	东兴区、资中县	—

市（州）	高水平	中高水平	中等水平	中低水平	低水平
乐山市	五通桥区、乐山市市中区	峨眉山市、沙湾区	—	夹江县、金口河区、犍为县、井研县、沐川县	峨边县、马边县
南充市	—	顺庆区	南部县、高坪区	嘉陵区、阆中市、蓬安县、西充县、营山县、仪陇县	—
眉山市	东坡区	—	彭山区、仁寿县	青神县、洪雅县、丹棱县	—
宜宾市	翠屏区	宜宾县	—	江安县、长宁县、南溪区、珙县、高县、筠连县、兴文县	屏山县
广安市	—	前锋区、华蓥市	武胜县、岳池县、邻水县	广安区	—
达州市	—	通川区	通川区、大竹县	宣汉县、渠县、开江县、万源市	—
雅安市	—	—	—	雨城区、石棉县、宝兴县、天全县	名山区、荥经县、芦山县、汉源县
巴中市	—	—	—	巴州区、平昌县、南江县、通江县	恩阳区
资阳市	—	雁江区	安岳县	乐至县	
阿坝州	—	—	—	马尔康市、汶川县、九寨沟县、黑水县、理县、松潘县、小金县、茂县、壤塘县	红原县、金川县、若尔盖县、阿坝县

市（州）	高水平	中高水平	中等水平	中低水平	低水平
甘孜州	—	—	—	色达县、炉霍县、康定市、巴塘县、得荣县、稻城县、白玉县、乡城县、道孚县	石渠县、丹巴县、雅江县、新龙县、泸定县、理塘县、九龙县、甘孜县、德格县
凉山州	—	西昌市	—	会理县、会东县、宁南县	德昌县、冕宁县、雷波县、木里县、普格县、盐源县、金阳县、喜德县、甘洛县、越西县、昭觉县、布拖县、美姑县

表5-19　五个时间截面综合竞争力水平不同类型县域在21个市（州）的分布数量统计

单位：个

市（州）	2018年					2016年				
	高水平	中高水平	中等水平	中低水平	低水平	高水平	中高水平	中等水平	中低水平	低水平
成都市	13	6	1	—	—	12	5	3	—	—
自贡市	—	2	2	2	—	1	1	3	1	—
攀枝花市	1	2	1	1	—	1	2	2	—	—
泸州市	2	1	1	3	—	1	1	3	2	—
德阳市	4	—	1	1	—	2	2	2	—	—
绵阳市	1	1	1	5	1	1	2	1	5	—
广元市	—	1	—	5	1	—	1	—	5	1
遂宁市	1	—	1	3	—	1	1	1	2	—

市（州）	2018年					2016年				
	高水平	中高水平	中等水平	中低水平	低水平	高水平	中高水平	中等水平	中低水平	低水平
内江市	—	1	2	2	—	—	2	2	1	—
乐山市	2	2	—	5	2	—	3	2	5	1
南充市	—	1	2	6	—	1	—	4	4	—
眉山市	1	—	2	3	—	1	1	1	3	—
宜宾市	1	1	—	7	1	1	1	1	7	—
广安市	—	2	3	1	—	—	1	5	—	—
达州市	—	1	2	4	—	—	1	4	2	—
雅安市	—	—	—	4	4	—	—	—	7	1
巴中市	—	—	—	4	1	—	—	1	4	—
资阳市	—	1	1	1	—	1	—	2	—	—
阿坝州	—	—	—	9	4	—	—	—	11	2
甘孜州	—	—	—	9	9	—	—	—	13	5
凉山州	—	1	—	3	13	1	—	1	5	10
合计	26	23	20	78	36	24	24	38	77	20

市（州）	2011年					2006年				
	高水平	中高水平	中等水平	中低水平	低水平	高水平	中高水平	中等水平	中低水平	低水平
成都市	13	3	4	—	—	14	3	3	—	—
自贡市	1	1	2	2	—	1	1	1	3	—
攀枝花市	2	1	1	1	—	2	1	1	1	—
泸州市	1	1	—	4	1	—	1	2	2	2
德阳市	3	1	—	2	—	4	—	1	1	—
绵阳市	1	2	—	5	1	1	2	—	5	1
广元市	—	1	—	3	3	—	1	—	1	5
遂宁市	1	1	1	2	—	—	2	—	2	1
内江市	—	2	1	2	—	—	2	1	2	—

市（州）	2018年					2016年				
	高水平	中高水平	中等水平	中低水平	低水平	高水平	中高水平	中等水平	中低水平	低水平
乐山市	—	5	1	2	3	1	3	2	4	1
南充市	1	—	2	6	—	1	—	1	7	—
眉山市	—	1	2	3	—	—	2	1	3	—
宜宾市	1			7	2	1			6	3
广安市	—	2	2	1	—	—	—	2	3	—
达州市	—	1	2	4	—	1	—	1	5	—
雅安市	—	—	2	5	1	—	1	1	4	2
巴中市	—	—	—	3	1	—	—	—	1	3
资阳市	1	—	1	1	—	—	1	—	2	—
阿坝州	—	—	2	8	3	—	1	2	5	5
甘孜州	—	—	—	6	12	—	1	—	12	5
凉山州	1	—	1	2	13	—	1	—	4	12
合 计	26	22	24	69	40	26	23	19	73	40

市（州）	2001年					—				
	高水平	中高水平	中等水平	中低水平	低水平	—	—	—	—	—
成都市	11	7	1	1	—	—	—	—	—	—
自贡市	3	—	—	3	—	—	—	—	—	—
攀枝花市	—	—	1	2	—	—	—	—	—	—
泸州市	2	1	1	2	1	—	—	—	—	—
德阳市	2	2	1	1	—	—	—	—	—	—
绵阳市	1	2	—	6	—	—	—	—	—	—
广元市	—	1	—	4	2	—	—	—	—	—
遂宁市	—	1	1	2	—	—	—	—	—	—
内江市	2	—	2	1	—	—	—	—	—	—
乐山市	2	1	1	6	1	—	—	—	—	—

市（州）	2018年					2016年				
	高水平	中高水平	中等水平	中低水平	低水平	高水平	中高水平	中等水平	中低水平	低水平
南充市	1	—	—	7	1	—	—	—	—	—
眉山市	—	—	2	4		—	—	—	—	—
宜宾市	1	—	—	4	5	—	—	—	—	—
广安市	—	—	1	4	—	—	—	—	—	—
达州市	1	—	—	6	—	—	—	—	—	—
雅安市		1	2	4	1	—	—	—	—	—
巴中市	—	—	—	2	2	—	—	—	—	—
资阳市	—	1	—	1	1	—	—	—	—	—
阿坝州	—	1	3	8	1	—	—	—	—	—
甘孜州	—	1	3	11	3	—	—	—	—	—
凉山州	—	1	1	4	11	—	—	—	—	—
合计	26	20	20	83	29	—	—	—	—	—

尽管不同综合竞争力水平类型县域在各市（州）的分布总体上表现出一定的集中或分散分布的特征，但在不同年份，不同市（州）中的各类型县域分布又有所不同。此外，因不同市（州）所辖县域数量差别较大，故用不同类型县域数量占各市（州）县域总量的比例来分析不同市（州）中各类型县域的分布。2001 年，21 个市（州）的县域经济综合竞争力水平类型主要以中低水平和低水平类型县域为主。除成都市、泸州市、德阳市和内江市以外的其他 17 个市（州），中低水平和低水平类型县域占其县域总量的比重均在 50% 以上，其中，巴中市的比重最高，为 100%。中低水平和低水平类型县域占比在 80% 及以上的市（州）还有宜宾市（90%）、南充市（88.9%）、凉山州（88.2%）、达州市和广元市（85.7%），以及广安市（80%）。成都市和德阳市以高水平、中高水平类型县域为主，成都市占其县域总数的比重为 90%，德阳市的比重为 66.7%。自贡市高水平和中低水平类型县域各占 50%，泸州市 5 种水平类型县域均有分布，内江市以高水平和中等水平（均占 40%）类型县域为主。

和 2001 年相似，2006 年各市（州）的县域经济综合竞争力仍主要以中低水平和低水平类型县域为主。除成都市、攀枝花市、德阳市、乐山市和内江市以外的16个市（州）中，中低水平和低水平类型县域占其县域总量的比重均在50%以上，其中巴中市的比重仍为100%。中低水平和低水平类型县域占比在80%及以上的市（州）还有甘孜州和凉山州（比重均为94%）、宜宾市（90%）和广元市（85.7%）。成都市、德阳市和攀枝花市均以高水平、中高水平类型县域为主，成都市两种类型县域数量占其县域总数的比重在85%，德阳市为66.7%，攀枝花市为60%。遂宁市和内江市的中高水平和中低水平类型县域各占40%。

2011年，21个市（州）的县域虽仍以中低水平和低水平类型为主，共有除成都市、自贡市、攀枝花市、德阳市、遂宁市、乐山市、内江市、广安市和资阳市以外的12个市（州），中低水平和低水平类型县域占其县域总量的比重在50%以上，但市（州）数量较前面两个时间截面显著减少。其中，巴中市和甘孜州的比重最高，均为100%。中低水平和低水平类型县域占比在80%及以上的市（州）还有宜宾市（比重90%）、凉山州（88.2%）、广元市（85.7%）和阿坝州（84.6%）。成都市、德阳市和攀枝花市仍以高水平、中高水平类型县域为主，成都市两种类型县域占其县域总数的比重为80%，德阳市和攀枝花市各为66.7%和60%。高水平和中高水平类型县域占比较高的还有乐山市（45%），遂宁市、广安市和内江市（均为40%）。

2016年，中低水平和低水平类型县域占其县域总量的比重在50%以上的市（州）共有10个，包括绵阳市、广元市、乐山市、眉山市、宜宾市、雅安市、巴中市、阿坝州、甘孜州和凉山州，市（州）数量少于50%。其中雅安市、阿坝州和甘孜州的比重最高，均为100%。中低水平和低水平类型县域占比在80%及以上的市（州）还有凉山州（88.2%）、广元市（85.7%）和巴中市（80%）。成都市、德阳市和攀枝花市仍以高水平、中高水平类型县域为主，成都市两种类型县域占比85%，德阳市为66.7%，攀枝花市为60%。高水平和中高水平类型县域占比较高的还有遂宁市和内江市（均为40%）。此外，广安市（83.3%）、资阳市（66.7%）、达州市（57.1%）和自贡市（50%）4个市（州）以中等综合竞争力水平类型县域为主（中等水平类型县域比重大于或等于50%）。

不同于2016年，2018年21个市（州）的县域又以中低水平和低水平综合竞争力水平类型为主，共有13个市（州）（除成都市、自贡市、攀枝花市、泸州市、德阳市、内江市、广安市和资阳市外）的中低水平和低水平类型县域占其县域总量的比重在50%以上。其中，雅安市、巴中市、阿坝州和甘孜州的比重最高，均为100%。中低水平和低水平类型县域占比在80%及以上的市（州）还有凉山州（94.1%）、广元市（85.7%）和宜宾市（80%）。成都市、德阳市和攀枝花市还是以高水平、中高水平类型县域为主，成都市两种类型县域占其县域总数的比重为95%，德阳市为66.7%，攀枝花市为60%。高水平和中高水平类型县域占比较高的还有泸州市，比重为42.9%。此外，广安市以中等水平类型县域所占比重较高，为50%。

三、主要结论

（一）综合竞争力水平

（1）四川省21个市（州）之间的县域经济综合竞争力水平差异很大。18年间，市（州）之间的绝对差异不断扩大（特别是2016年后增幅进一步拉大），相对差异呈波动下降趋势。

（2）在五个时间截面，21个市（州）的县域经济综合竞争力位序不同，成都市始终居于首位。

（3）在五个时间截面，21个市（州）的县域经济综合竞争力平均水平以中等水平和中低水平类型为主，二者比例之和都在57%以上。

（4）在空间格局上，21个市（州）县域经济综合竞争力水平类型分布总体表现为：高于均值的高水平和中高水平类型县域集中在成都平原和川东南地区，低于均值的中低水平和低水平类型县域主要分布于川西三州和川东北地区，中等水平类型县域主要分布于成都平原的东部和南部地区。

各类型县域数量在五个时间截面的变化趋势总体表现为：高水平和中高水平数量小幅下降，中等水平数量大幅上升，中低水平数量大幅下降，低水平数量稳定。

（5）在县域经济综合竞争力水平类型的演化上，相当部分市（州）仍具有较强的稳定性及延续性。近一半的市（州）（10个）以路径依赖型为主，另外，正向演化类型的市（州）有6个，负向演化类型的市（州）有5个。需要关注中低水平（广元市、雅安市、阿坝州）和低水平（凉山州）的路径依赖和负向演化类型的市（州）（自贡市、绵阳市、内江市、乐山市、甘孜州）。值得一提的是，正向演化类型的市（州），如南充市、宜宾市、广安市、攀枝花市和巴中市，特别是跨越中等水平的正向演化类型的资阳市。

（二）综合竞争力增长率

（1）18 年间，21 个市（州）中县域经济综合竞争力年均增长率最高的是宜宾市（12.09%），最低的是自贡市（7.78%）。年均增长率排名在前 5 位的市（州）分别为宜宾市、巴中市、广安市、资阳市和遂宁市。

（2）各市（州）间县域经济综合竞争力增长率的差异性呈很强的波动性特征，差异性最高值出现在 2015 年。五个时间截面中，各市（州）在县域经济综合竞争力增长率上具有不稳定性、变动性和强轮换性。

（3）在五个时间截面和 4 个时间序列，不同增长水平类型的市（州）比例都不一样。在空间格局上，21 个市（州）具有明显的聚集性和分异性特征，但分异格局跳跃性大，缺乏延续性。其中中高水平、中低水平和低水平增长类型市（州）总体呈集聚状态分布，高水平和中等水平类型市（州）分布相对分散。

（三）综合竞争力位序

（1）2001—2018 年，21 个市（州）县域经济综合竞争力在全省 183 个县域中的平均位序，最靠前的是成都市（第 21 位），最靠后的是凉山州（第 149 位）。平均位序居于最前的 5 个市（州）分别是成都市、德阳市、攀枝花市、自贡市和内江市；平均位序居于最后的 5 个市（州）分别是阿坝州、广元市、巴中市、甘孜州和凉山州。

（2）从位序变化看，21 个市（州）县域经济综合竞争力平均位序上升最多的是资阳市，上升了 47 位；下降最多的是雅安市，下降了 50 位。

（四）各市（州）内部差异

（1）纵向来看，18 年间，21 个市（州）内部县域经济综合竞争力水平绝对差异除自贡市总体上呈下降趋势外，其他市（州）总体都呈上升趋势。相对差异总体呈逐步下降和缩小趋势。无论绝对差异还是相对差异，不同市（州）的变化幅度均有不同。

（2）横向比较，就 18 年间的平均差异而言，成都市县域经济综合竞争力水平的绝对差异最大，差异系数是绝对差异最小的巴中市的 11 倍。绝对差异较大的还有绵阳市、攀枝花市、宜宾市、自贡市、德阳市、泸州市和遂宁市。各市（州）内部相对差异最大的是绵阳市，变异系数是相对差异最小的广安市的5倍多。相对差异较大的还有宜宾市、成都市、自贡市、凉山州、攀枝花市、泸州市、广元市和乐山市。在五个时间截面，不同市（州）的内部差异性在不同年份表现不一。

（3）在五个时间截面，不同综合竞争力水平类型县域在21个市（州）的总体分布表现为：高水平类型县域主要分布于成都市，其次是德阳市。中高水平类型县域在各市（州）的分布没有高水平类型县域那样集中，总体上分布较多的是成都市、乐山市、德阳市、绵阳市和南充市。中等水平类型县域在市（州）中的分布较为分散。中低水平类型县域是五种增长类型中数量最多、也是分布最广的，其中分布最多的市（州）是甘孜州和阿坝州，分布较多的还有宜宾市、绵阳市、南充市、达州市和广元市。低水平类型县域主要分布于凉山州和甘孜州，在一些年份的其他一些市（州）也有较多分布。在空间分布格局上，不同综合竞争力水平的县域在各市（州）的分布总体上表现出一定的集中或分散的特征，但在不同年份不同市（州）中的各类型县域分布又有所不同。

第六章 五大经济区县域经济综合竞争力时空演化

2006年1月20日，四川省第十届人民代表大会第四次会议审议通过的《四川省国民经济和社会发展第十一个五年规划纲要》提出了构建成都、川南、攀西、川东北和川西北五大经济区的发展战略，构建四川省未来区域发展新格局的设想[63]。2010年1月，成都经济区扩大为成都、德阳、绵阳、眉山、乐山、资阳、遂宁和雅安。2010年1月30日，成都经济区区域合作联席会第一次会议召开，成都与上述7市签署了《成都经济区区域合作框架协议》，标志着成都经济区一体化发展开始起步。与此同时，川东北经济区等区域范围均有调整[64]。2016年9月2日，四川省人民政府办公厅《关于印发五大经济区“十三五”发展规划的通知》（川办发〔2016〕62号）[65]正式发布。2020年6月，四川省委十一届三次全会出台《关于全面推动高质量发展的决定》[66]，作出“一干多支、五区协同”“四向拓展、全域开放”等战略部署，是四川全面落实中央推动高质量发展决策部署，加快建设经济强省的根本遵循和行动指南。

鉴于四川省许多区域发展战略规划及管理措施等都是基于五大经济区尺度开展，本书认为有必要对五大经济区县域经济综合竞争力进行分析。本章以四川省五大经济区为基本尺度单位，分析2001—2018年各经济区县域经济综合竞争力的时空演变特征及差异性规律，为推动五大经济区的协同发展提供参考依据。

需要说明的是，为有效避免由于指标体系及评价方法等的不同或变更而对评价结论造成影响，也为便于不同尺度分析结论进行对比，本章在五大经济区尺度上进行的县域经济分析评价的直接对象仍是其所辖各县域经济综合竞争力，运用的指标体系和分析数据除特别说明外前后都是一致的。

本书中五大经济区的范围，是根据川办发〔2016〕62号文件划分的，具体包括成都平原经济区、川南经济区、攀西经济区、川西北生态经济区和川东北经济区。其中，成都平原经济区包括成都市、德阳市、绵阳市、资阳市、眉山市、遂宁市、雅安市和乐山市共8个市的68个县（市、区），川南经济区包括自贡市、泸州市、内江市和宜宾市共4个市的28个县（市、区），攀西经济区包括攀枝花市和凉山州共2个市（州）的21个县（市、区），川西北生态经济区包括阿坝州和甘孜州共2个州的31个县（市），川东北经济区包括广元市、南充市、广安市、巴中市和达州市共5个市的34个县（市、区）。

一、时序演化

（一）综合竞争力指数的演化

2001—2018年，四川省五大经济区县域经济综合竞争力平均水平都呈不断上升趋势（图6-1）。成都平原经济区县域经济综合竞争力指数从2001年的0.043 3上升到2018年的0.187 3，川南经济区县域从2001年的0.037 0上升到2018年的0.146 2，攀西经济区、川西北生态经济区和川东北经济区县域分别从0.020 0、0.024 6和0.024 1上升到0.102 0、0.091 4和0.121 7。五大经济区县域经济综合竞争力指数18年间分别增加了4.3倍、4.0倍、5.1倍、3.7倍和5.0倍，表明21世纪以来，五大经济区县域经济综合竞争力水平均显著提升。

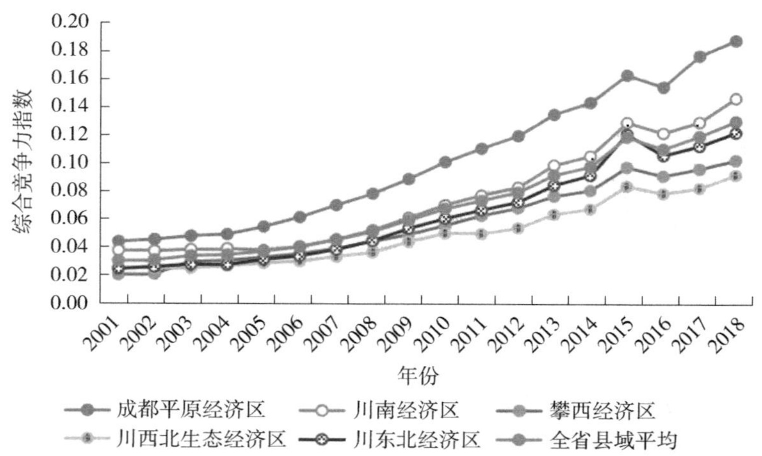

图6-1　2001—2018年五大经济区县域经济综合竞争力平均指数变化

（二）综合竞争力指数增长率的演化

2002年以来，五大经济区县域经济综合竞争力平均指数呈波动性增长特征（图6-2）。就年均增长率而言，2001—2018年，川南经济区和川东经济区县域经济综合竞争力年均增长率较高，分别为10.09%和10.85%。成都平原经济区和攀西经济区县域居中，分别为9.75%和9.36%，和全省县域经济综合竞争力平均增长率相当。川西北生态经济区县域年均增长率最低，为8.82%。在波动性特征上，五大经济区县域经济综合竞争力平均指数增长率和四川省县域经济综合竞争力平均指数增长率的总体波动特征类似，呈现出三阶段特征：第一阶段（2001—2004年），呈较低速率波动上升，五大经济区县域平均增长率为3.95%，年均增长率最高的是攀西经济区县域，平均增长率为5.35%。第二阶段（2005—2010年），呈较高速率波动上升，五大经济区县域平均增长率为12.78%，各经济区县域年均增长率均在10%以上，年均增长率最高的是川东北经济区，为14.81%。第三阶段（2011—2018年），呈中高速率波动上升，五大经济区县域平均增长率为9.71%，波动幅度显著增大，是三个阶段中最大的。该阶段川东北经济区和川南经济区县域的年均增长率最高，分别为10.43%和10.26%；成都平原经济区县域最低，年均增长率为8.93%（表6-1）。18年中，川东北经济区县域的平均增长率波动幅度最大，川西北生态经济区县域增长率波动幅度最小（图6-2）。

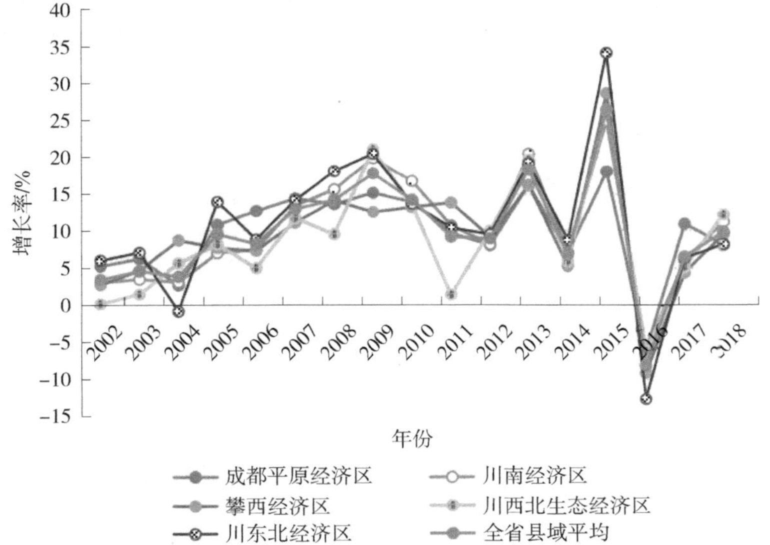

图6-2　2002—2018年五大经济区县域经济综合竞争力平均指数增长率变化

表 6-1　不同时段五大经济区县域经济综合竞争力平均指数增长率　　单位：%

经济区类型	2001—2004 年	2005—2010 年	2011—2018 年	2001—2018 年
成都平原经济区	4.71	13.37	8.93	9.75
川南经济区	3.21	13.30	10.26	10.09
攀西经济区	5.35	10.95	9.67	9.36
川西北生态经济区	2.40	11.46	9.25	8.82
川东北经济区	4.07	14.81	10.43	10.85
全省县域平均	3.95	12.78	9.71	9.78

（三）位序演化

2001—2018 年，从五大经济区县域经济综合竞争力平均位序变化来看，成都平原经济区县域的平均位序比较稳定，川东北经济区县域的平均位序呈上升趋势，川南经济区县域平均位序先小幅下降后呈上升趋势，攀西经济区县域呈小幅波动，川西北生态经济区县域的平均位序有较大幅度下降（图 6-3）。成都平原经济区县域 2001 年和 2018 年的平均位序分别为 62 位和 67 位，平均位序极差为 7 位（2008 年居最前，排名在 60 位，2018 年居最后，排名在 67 位）。川南经济区县域 2001 年和 2018 年的平均位序分别为 86 位和 73 位，上升了 13 位，平均位序极差为 18 位（2018 年居最前，排名在 73 位，2006 年居最后，排名在 91 位）。川东北经济区县域 2001 年平均位

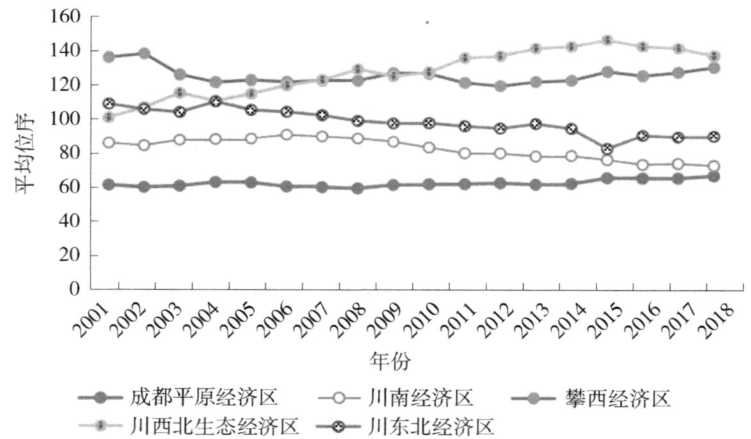

图 6-3　2001—2018 年五大经济区县域经济综合竞争力平均位序变化

序在 109 位，2018 年在 90 位，上升了 19 位，极差 28 位（2015 年最前排名在 83 位，2004 年最后排名在 111 位）。攀西经济区县域 2001 年和 2018 年的平均位序分别为 136 位和 131 位，上升了 5 位，极差 19 位（2012 年最前排名在 120 位，2002 年最后排名在 139 位）。川西北生态经济区县域 2001 年和 2018 年的平均位序分别为 101 位和 137 位，下降了 36 位，极差 46 位（2001 年最前排名在 101 位，2015 年最后排名在 147 位）。

（四）差异性演化

1. 综合竞争力指数的差异性演化

2001—2018 年，四川省五大经济区县域经济综合竞争力绝对差异呈不断扩大趋势，综合竞争力指数平均差和标准差都不断增大，特别是 2005 年以来差距拉大的速度加快（图 6-4）。五大经济区县域经济综合竞争力指数平均差从 2001 年的 0.008 3 增加到 2018 年的 0.029 6，标准差从 0.008 8 增加到 0.034 3，分别增加了 2.58 倍和 2.89 倍。表明 21 世纪以来，随着全省县域经济综合竞争力的不断提高，五大经济区县域经济综合竞争力之间的绝对差距在不断拉大，县域经济综合力指数最高的成都平原经济区县域与最低的川西北生态经济区县域之间的差距从 2001 年的 0.023 3 上升到 2018 年的 0.095 9，增加了 3 倍多（图 6-1）。

同期，五大经济区县域经济综合竞争力指数的变异系数总体呈小幅波动特征（图 6-4）。2001—2018 年的 18 年中，有 14 年的变异系数在 0.25～0.30 之间微幅波动，有 4 年在 0.23～0.25 之间波动，表明五大经济区县域间的综合竞争力相对差异并未像全省 183 县域、四大类型县域和 21 市（州）县域那样呈逐步缩小的趋势。2001 年五大经济区县域经济综合竞争力指数变异系数和极值比分别为 0.296 1 和 2.17，2018 年分别为 0.264 5 和 2.05，略有下降。

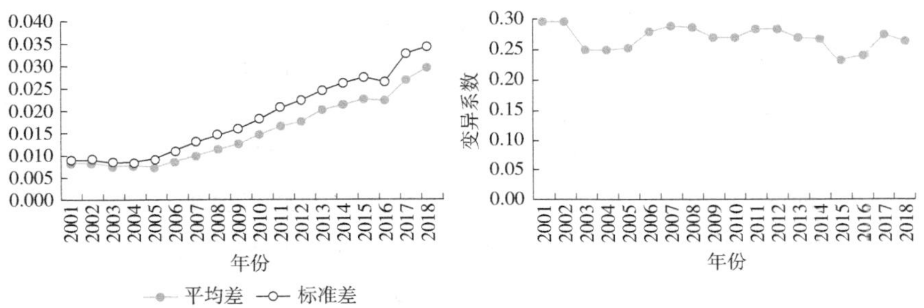

图 6-4　2001—2018 年五大经济区县域经济综合竞争力指数差异性变化

2. 综合竞争力指数增长率的差异性演化

2001—2018 年，五大经济区县域经济综合竞争力指数增长率无论绝对差异还是相对差异，都呈现出较为复杂的、无规律的波浪形变化特征（图 6-5）。表明在县域经济综合竞争力增长率上，五大经济区县域间的差异性在不同时间的变化呈现出较强的不稳定性。其中，五大经济区之间绝对差异最大值出现在 2015 年（平均差和标准差分别为 3.99 和 5.25），最小值在 2012 年（平均差和标准差分别为 0.66 和 0.73）；相对差异最大值出现在 2004 年（变异系数为 0.83），最小值也在 2012 年（变异系数为 0.08）。

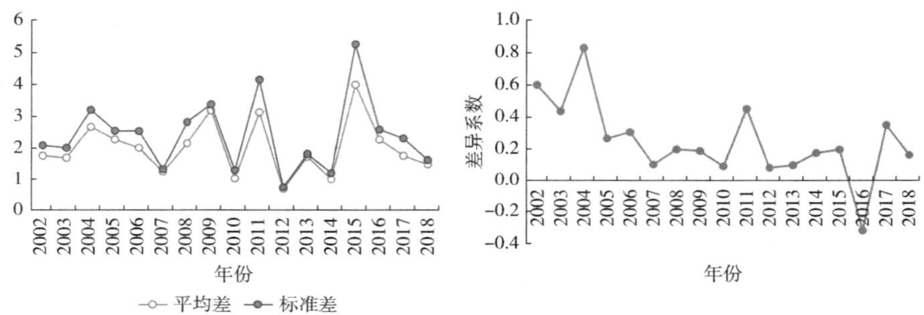

图 6-5 2001—2018 年五大经济区县域经济综合竞争力指数增长率差异性变化

二、差异性分析

（一）五大经济区总体差异

1. 综合竞争力水平的差异性

2001—2018 年，从五大经济区县域经济综合竞争力年平均指数来看，成都平原经济区县域年平均指数最高，为 0.101 3；川南经济区县域次之，年平均指数为 0.074 6；川东北经济区县域居第三位，年平均指数 0.063 1；攀西经济区县域居第四位，年平均指数 0.056 9；川西北生态经济区县域年平均指数最低，为 0.049 3（图 6-6）。在分项竞争力上，成都平原经济区县域在除民生水平外的其他 3 项分项竞争力中均具有高于其他经济区县域的绝对优势（均居首位）；川南经济区县域在除民生水平外的其他 3 项竞争力中具有相对优势（居第二位）；川东北经济区县域在经济实力和发展基础方面居第三位，结构效率居第四，民生水平居末位；攀西经济区县域在结构效率与民生水平上居第三位，经济实力和发展基础方面居第四位；川西北生态经济区县域在民生水平上具有优势（居首位），但在其他 3 项竞争力上居于末位（图 6-7）。五大经济区县域经济综合竞争力之间的差距主要体现在经济实力上，其极值比接近 14；其他 3 项竞争力上的差异相对较小，极值比在 2 左右。

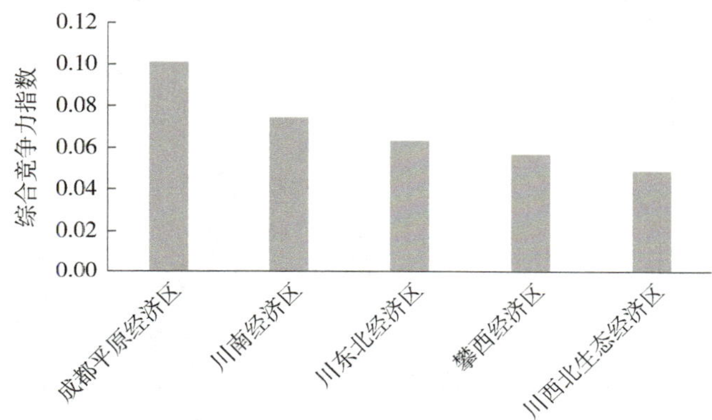

图 6-6　2001—2018 年五大经济区县域经济综合竞争力年平均指数

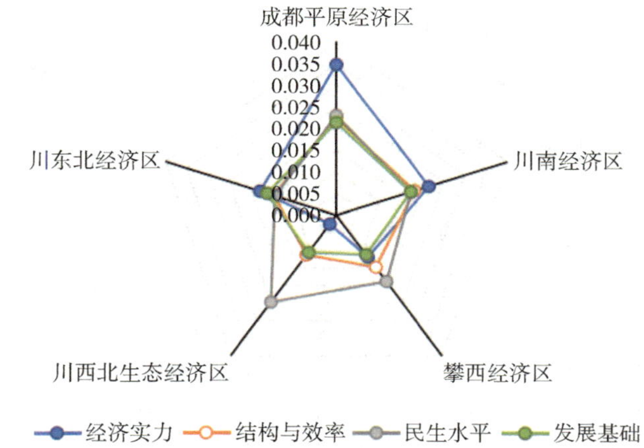

图 6-7　2001—2018 年五大经济区县域经济综合竞争力分项年平均指数

在 2001 年、2006 年、2011 年、2016 年和 2018 年五个时间截面，五大经济区县域经济综合竞争力水平的相对高低状况较为稳定。成都平原经济区县域始终稳居首位，具有绝对优势，五个时间截面的综合竞争力平均指数分别为 0.043 3、0.061 0、0.110 3、0.154 1 和 0.187 3；川南经济区县域有相对优势，五个时间截面均居第二位；川东北经济区均居第三位；攀西经济区均居第四位，川西北生态经济区均处于末位（图 6-8）。综合竞争力在五大经济区县域之间的差异显著，且绝对差异从 2001 年、2006 年、2011 年、2016 年和 2018 年五个时间截面（特别是在 2006 年后）依次不断增大。五大经济区县域之间的显著差异主要体现在成都平原经济区县域和其他 4 个经济区县域之间，其他 4 个经济区县域之间的差异虽然相对小一些，但在 2006 年后也在进一步扩大。

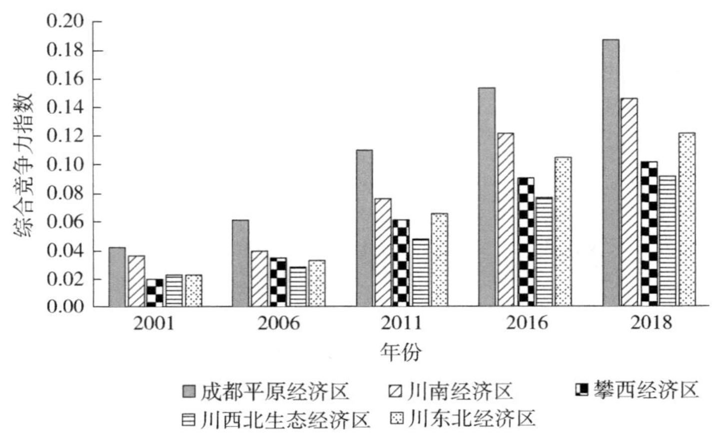

图 6-8 五个时间截面五大经济区县域经济综合竞争力平均指数对比

2. 综合竞争力增长率的差异性

在五个时间截面，五大经济区县域经济综合竞争力平均增长率不稳定性、变动性和轮换性较强（表 6-2）。2002 年，在五大经济区县域经济综合竞争力平均增长率总体不高（3.45%）的情况下，川东北经济区县域最高（6.02%），成都平原经济区县域次之（5.25%）。2006 年，五大经济区县域经济综合竞争力平均增长率较高（8.22%），成都平原经济区县域最高（12.62%），川东北经济区县域次之（8.81%），川南经济区、攀西经济区和川西北生态经济区县域在这两个年份的平均增长率分别居第三位、第四位和第五位。2011 年五大经济区县域经济综合竞争力平均增长率较高（9.15%），攀西经济区县域居首（13.74%），川南经济区县域次之（10.64%），川东北经济区和成都平原经济区县域分居第三位、第四位，川西北生态经济区县域仍居末位（1.36%）。2015 年，五大经济区县域经济综合竞争力指数及其增长率均达到了新高，特别是增长率达到了 21 世纪以来的最高；在此背景下，2016 年五大经济区县域经济综合竞争力平均增长率 18 年来最低（-8.18%），增长率下降幅度最小的是川西北生态经济区县域（-6.27%），下降相对较小的还有成都平原经济区和川南经济区县域，川东北经济区县域下降幅度最大（-12.79%）。2018 年五大经济区县域经济综合竞争力平均增长率在五个时间截面中最高（9.81%），其中川西北生态经济区县域最高（12.15%），川南经济区县域次之（11.17%），攀西经济区和川东北经济区县域分居第三位、第四位，成都平原经济区县域最低（8.09%）（表 6-2）。

表 6-2　五个时间截面五大经济区县域经济综合竞争力平均增长率　单位：%

经济区	2002 年	2006 年	2011 年	2016 年	2018 年
成都平原经济区	5.25	12.62	9.65	-6.32	8.09
川南经济区	3.08	7.41	10.64	-6.29	11.17
攀西经济区	2.75	7.31	13.74	-9.21	9.48
川西北生态经济区	0.13	4.96	1.36	-6.27	12.15
川东北经济区	6.02	8.81	10.36	-12.79	8.18
平均	3.45	8.22	9.15	-8.18	9.81

从 2001—2018 年 4 个时间序列五大经济区县域经济综合竞争力平均增长率及其排序来看，成都平原经济区县域在 2001—2006 年和 2016—2018 年两个时间序列的综合竞争力增长率均居五大经济区之首，平均增长率分别为 7.51% 和 9.49%；2006—2011 年居第三位，平均增长率为 13.30%；2011—2016 年居末位，为 8.57%；再次显示出 21 世纪以来成都平原经济区县域经济综合竞争力增长的稳定性。川南经济区县域经济综合竞争力增长也表现出相对的稳定性，2001—2006 年居第四位（平均增长率 4.81%），2006—2011 年居第二位（平均增长率 15.21%），2011—2016 年和 2016—2018 年均居第三位。攀西经济区县域经济综合竞争力增长率在五大经济区中的位置在 4 个时间序列中呈现出一定的下移，2001—2006 年居第三位（平均增长率 6.21%），2006—2011 年和 2011—2016 年均居第四位，2016—2018 年居末位（平均增长率 6.91%）。川东北经济区县域经济综合竞争力增长率在五大经济区中整体上升，但具较强的不稳定性，2001—2006 年居第二位（平均增长率 6.98%），2006—2011 年和 2011—2016 年均居首位（平均增长率分别为 15.31% 和 11.73%），2016—2018 年居第四位（平均增长率 7.23%）。川西北生态经济区县域经济综合竞争力增长率表现出较强的不稳定性和显著的“后发优势”或

“追赶效应”，2001—2006 年和 2006—2011 年均居末位（平均增长率分别为 4.07% 和 11.39%），2011—2016 和 2016—2018 年均居第二位（平均增长率分别为 11.09% 和 8.60%）（表 6-3）。

表 6-3　4 个时间序列五大经济区县域经济综合竞争力平均增长率及排序　单位：%

排序	经济区	2001—2006 年	经济区	2006—2011 年
1	成都平原经济区	7.51	川东北经济区	15.31
2	川东北经济区	6.98	川南经济区	15.21
3	攀西经济区	6.21	成都平原经济区	13.30
4	川南经济区	4.81	攀西经济区	12.89
5	川西北生态经济区	4.07	川西北生态经济区	11.39
排序	经济区	2011—2016 年	经济区	2016—2018 年
1	川东北经济区	11.73	成都平原经济区	9.49
2	川西北生态经济区	11.09	川西北生态经济区	8.60
3	川南经济区	10.86	川南经济区	8.57
4	攀西经济区	9.97	川东北经济区	7.23
5	成都平原经济区	8.57	攀西经济区	6.91

（二）五大经济区内部差异

1. 绝对差异与相对差异

纵向来看，2001—2018 年，五大经济区内部的县域经济综合竞争力水平在绝对差异上均呈上升趋势，但不同经济区的变化幅度不同（图 6-9）。和 2001 年相比，2018 年平均差和标准差上升幅度最大的是攀西经济区，分别上升了 622% 和 571%；其次是成都平原经济区，分别上升了 308% 和 270%；川东北经济区平均差和标准差上升幅度也较大，分别上升了 290% 和 234%；川西北生态经济区上升幅度相对小一些，其平均差和标准差分别为 133% 和 113%；川南经济区上升幅度最小，平均差和标准差分别上升了 101% 和 91%。在波动的峰值上，除川西北生态经济区标准差的最高点出现在 2010 年外，五大经济区内部县域经济综合竞争力水平的平均差和标准差的最高点都在 2017 年或 2018 年，表明五大经济区县域内部的综合竞争力水平在绝对差异上近年进一步拉大。

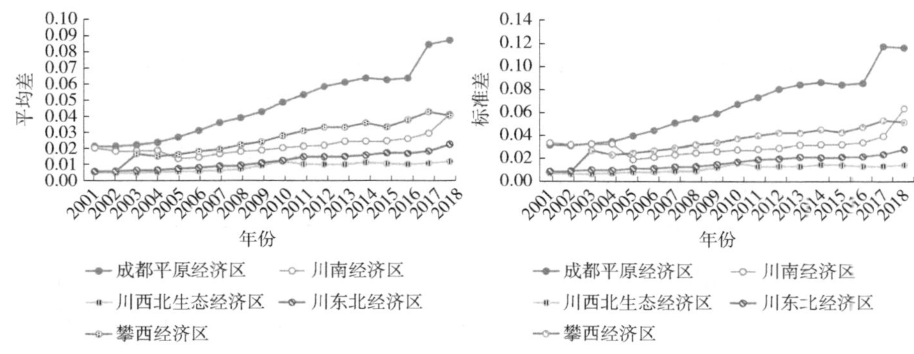

图 6-9　2001—2018 年五大经济区县域经济综合竞争力内部绝对差异变化

2001—2018 年，在县域经济综合竞争力水平的相对差异上，五大经济区内部均呈逐步下降和缩小的趋势（图 6-10）。其中，相对差异下降幅度最大的是川南经济区，2018 年的变异系数较 2001 年降低了 51.60%；其次是攀西经济区，2018 年的变异系数较 2003 年（最高）下降了 45.11%；川西北生态经济区的下降幅度也较大，2018 年较 2001 年降低了 42.64%；川东北经济区 2018 年较 2001 年降低了 33.82%；成都平原经济区下降幅度最小，2018 年较 2001 年降低了 14.56%。从变异系数的波动来看，五大经济区变异系数的最低点均出现在 2015 年，即从 21 世纪初到 2015 年，随着县域经济发展，五大经济区内部的县域经济综合竞争力相对差异逐步缩小，2015 年以后又出现了一定程度的扩大。

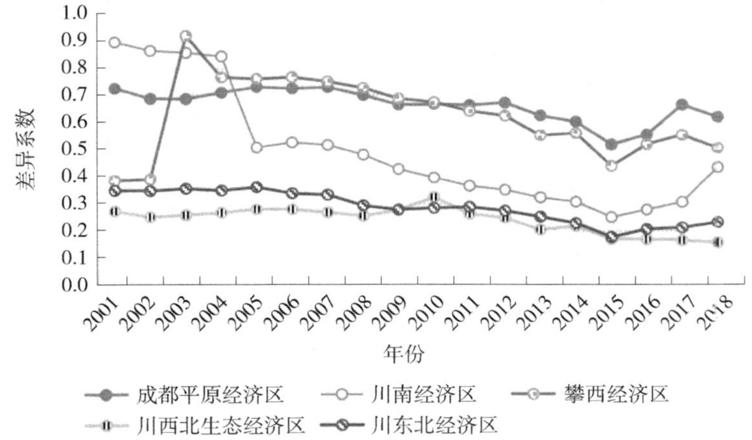

图 6-10　2001—2018 年五大经济区县域经济综合竞争力内部相对差异变化

横向比较，就五大经济区2001—2018年的总体平均差异而言，成都平原经济区县域经济综合竞争力内部差异最大，这不仅体现在绝对差异上，还体现在相对差异上，其平均差、标准差和变异系数分别为0.047、0.065和0.663，分别是差异最小的川西北生态经济区的5.60倍、5.98倍和2.78倍；攀西经济区和川南经济区的县域经济综合竞争力内部差异也较大，攀西经济区的平均差、标准差和变异系数分别为0.025、0.034和0.623，川南经济区的分别为0.022、0.031和0.495；川东北经济区的内部差异较小，平均差、标准差和变异系数分别为0.012、0.016和0.285；川西北生态经济区的内部差异最小，平均差、标准差和变异系数分别为0.008、0.011和0.238。在五个时间截面，除川南经济区（2001年）和攀西经济区（2006年）的相对差异最大外，五大经济区的县域经济综合竞争力水平内部差异的相对大小和2018年的平均状况基本一致（表6-4）。

表6-4 五个时间截面五大经济区县域经济综合竞争力内部差异对比

经济区	2001年			2006年		
	平均差	标准差	变异系数	平均差	标准差	变异系数
成都平原经济区	0.021	0.031	0.725	0.031	0.044	0.724
川南经济区	0.020	0.033	0.895	0.015	0.021	0.524
攀西经济区	0.006	0.008	0.383	0.018	0.027	0.766
川西北生态经济区	0.005	0.007	0.271	0.006	0.008	0.278
川东北经济区	0.006	0.008	0.347	0.008	0.011	0.337
经济区	2011年			2016年		
	平均差	标准差	变异系数	平均差	标准差	变异系数
成都平原经济区	0.053 4	0.073 0	0.662 1	0.063 7	0.085 3	0.553 9
川南经济区	0.021 5	0.027 9	0.363 9	0.026 1	0.033 6	0.276 8
攀西经济区	0.030 9	0.039 9	0.640 9	0.037 7	0.047 1	0.518 8
川西北生态经济区	0.010 2	0.012 8	0.260 8	0.010 2	0.013 0	0.167 0
川东北经济区	0.014 8	0.018 9	0.286 2	0.016 9	0.021 6	0.204 5
经济区	2018年			2001—2018年平均		
	平均差	标准差	变异系数	平均差	标准差	变异系数
成都平原经济区	0.087 2	0.116 0	0.619 3	0.047	0.065	0.663

经济区	2018 年			2001—2018 年平均		
	平均差	标准差	变异系数	平均差	标准差	变异系数
川南经济区	0.041 1	0.063 3	0.433 1	0.022	0.031	0.495
攀西经济区	0.040 4	0.051 4	0.504 1	0.025	0.034	0.623
川西北生态经济区	0.012 0	0.014 2	0.155 3	0.008	0.011	0.238
川东北经济区	0.022 6	0.028 0	0.229 7	0.012	0.016	0.285

2. 综合竞争力水平及其类型分布

1）成都平原经济区

在五个时间截面，成都平原经济区县域间的差异性和不平衡性很大（表 6-5）。2001 年，成都平原经济区县域经济综合竞争力排名第一的是锦江区，排名末位的是马边县，前者是后者的 8.54 倍；2006 年和 2011 年，青羊区县域经济综合竞争力居首位，是分属于末位的安居区和马边县的 9.78 倍和 8.39 倍；2016 和 2018 年，分别是双流区和金牛区居首位，是分属于末位的马边县和汉源县的 5.98 倍和 7.40 倍（表 6-5）。

表 6-5　五个时间截面成都平原经济区各县域经济综合竞争力指数及位序

位序	2001 年		2006 年		2011 年		2016 年		2018 年	
	县域	指数	县域	指数	县域	指数	县域	指数	县域	指数
1	锦江区	0.143	青羊区	0.209	青羊区	0.334	双流区	0.402	金牛区	0.561
2	峨眉山市	0.142	武侯区	0.206	武侯区	0.333	武侯区	0.384	成华区	0.535
3	青羊区	0.135	金牛区	0.188	锦江区	0.317	龙泉驿区	0.381	龙泉驿区	0.467
4	武侯区	0.126	锦江区	0.188	双流区	0.286	青羊区	0.378	青白江区	0.443
5	金牛区	0.120	涪城区	0.160	金牛区	0.276	锦江区	0.351	武侯区	0.431
6	涪城区	0.117	成华区	0.149	成华区	0.241	金牛区	0.341	青羊区	0.411
7	成华区	0.106	双流区	0.117	郫都区	0.232	成华区	0.299	锦江区	0.410
8	双流区	0.065	郫都区	0.116	龙泉驿区	0.221	涪城区	0.281	双流区	0.368
9	郫都区	0.061	新都区	0.095	涪城区	0.211	新都区	0.259	新都区	0.338
10	新都区	0.058	温江区	0.093	新都区	0.197	温江区	0.241	温江区	0.333

位序	2001年		2006年		2011年		2016年		2018年	
	县域	指数	县域	指数	县域	指数	县域	指数	县域	指数
11	旌阳区	0.057	旌阳区	0.090	温江区	0.195	郫都区	0.224	涪城区	0.291
12	温江区	0.057	龙泉驿区	0.085	旌阳区	0.167	旌阳区	0.218	郫都区	0.283
13	青白江区	0.054	青白江区	0.083	青白江区	0.153	青白江区	0.213	广汉市	0.246
14	龙泉驿区	0.051	绵竹市	0.081	广汉市	0.142	新津县	0.205	船山区	0.237
15	什邡市	0.051	广汉市	0.076	新津县	0.129	广汉市	0.192	旌阳区	0.233
16	乐山市中区	0.048	什邡市	0.074	船山区	0.124	船山区	0.188	绵竹市	0.229
17	都江堰市	0.046	新津县	0.072	都江堰市	0.120	雁江区	0.176	新津县	0.219
18	广汉市	0.045	都江堰市	0.066	雁江区	0.117	东坡区	0.169	五通桥区	0.214
19	崇州市	0.044	乐山市中区	0.066	什邡市	0.114	金堂县	0.166	彭州市	0.208
20	绵竹市	0.044	金堂县	0.062	绵竹市	0.112	绵竹市	0.161	什邡市	0.204
21	大邑县	0.043	船山区	0.058	乐山市中区	0.108	简阳市	0.161	东坡区	0.204
22	新津县	0.042	江油市	0.058	东坡区	0.107	彭州市	0.161	乐山市中区	0.203
23	江油市	0.040	彭州市	0.056	简阳市	0.105	什邡市	0.157	雁江区	0.195
24	蒲江县	0.040	东坡区	0.056	沙湾区	0.105	都江堰市	0.156	金堂县	0.192
25	雨城区	0.039	沙湾区	0.055	彭州市	0.101	乐山市中区	0.150	简阳市	0.191
26	邛崃市	0.039	雁江区	0.054	金口河区	0.100	江油市	0.149	崇州市	0.191
27	雁江区	0.038	邛崃市	0.052	峨眉山市	0.098	沙湾区	0.142	都江堰市	0.179
28	游仙区	0.037	崇州市	0.052	游仙区	0.094	仁寿县	0.139	蒲江县	0.167
29	五通桥区	0.037	峨眉山市	0.052	江油市	0.094	崇州市	0.138	峨眉山市	0.164

位序	2001年		2006年		2011年		2016年		2018年	
	县域	指数	县域	指数	县域	指数	县域	指数	县域	指数
30	金堂县	0.036	五通桥区	0.051	五通桥区	0.093	峨眉山市	0.136	江油市	0.163
31	射洪县	0.036	游仙区	0.051	崇州市	0.093	游仙区	0.135	邛崃市	0.158
32	沙湾区	0.035	雨城区	0.051	射洪县	0.089	射洪县	0.135	沙湾区	0.156
33	东坡区	0.034	彭山区	0.049	邛崃市	0.088	彭山区	0.129	大邑县	0.154
34	彭山区	0.034	射洪县	0.048	金堂县	0.088	邛崃市	0.128	射洪县	0.154
35	石棉县	0.033	蒲江县	0.048	大邑县	0.085	蒲江县	0.126	彭山区	0.152
36	彭州市	0.033	简阳市	0.047	彭山区	0.084	大邑县	0.125	游仙区	0.150
37	中江县	0.031	大邑县	0.045	蒲江县	0.083	五通桥区	0.124	仁寿县	0.144
38	船山区	0.031	石棉县	0.044	雨城区	0.082	安岳县	0.123	中江县	0.136
39	宝兴县	0.029	夹江县	0.041	大英县	0.079	乐至县	0.119	安岳县	0.128
40	夹江县	0.028	中江县	0.041	仁寿县	0.079	罗江县	0.116	乐至县	0.122
41	金口河区	0.028	仁寿县	0.039	石棉县	0.075	夹江县	0.111	夹江县	0.121
42	青神县	0.027	金口河区	0.039	安岳县	0.074	安州区	0.107	金口河区	0.121
43	安州区	0.027	安州区	0.038	夹江县	0.072	中江县	0.107	安州区	0.119
44	简阳市	0.027	荥经县	0.036	乐至县	0.070	大英县	0.107	雨城区	0.119
45	荥经县	0.026	洪雅县	0.036	中江县	0.070	雨城区	0.106	罗江县	0.117
46	罗江县	0.025	青神县	0.035	罗江县	0.069	石棉县	0.102	大英县	0.113
47	名山区	0.025	犍为县	0.034	安州区	0.066	青神县	0.098	三台县	0.111
48	梓潼县	0.025	宝兴县	0.034	青神县	0.065	犍为县	0.096	石棉县	0.111
49	仁寿县	0.024	罗江县	0.034	犍为县	0.063	宝兴县	0.094	安居区	0.106
50	峨边县	0.024	梓潼县	0.033	蓬溪县	0.060	丹棱县	0.093	蓬溪县	0.106
51	三台县	0.024	乐至县	0.032	三台县	0.060	三台县	0.092	青神县	0.105
52	天全县	0.024	丹棱县	0.032	洪雅县	0.059	洪雅县	0.092	犍为县	0.104
53	井研县	0.024	井研县	0.032	梓潼县	0.059	蓬溪县	0.092	洪雅县	0.103

位序	2001年		2006年		2011年		2016年		2018年	
	县域	指数	县域	指数	县域	指数	县域	指数	县域	指数
54	犍为县	0.023	天全县	0.032	宝兴县	0.058	金口河区	0.091	井研县	0.099
55	丹棱县	0.023	三台县	0.032	荥经县	0.058	梓潼县	0.090	宝兴县	0.099
56	大英县	0.022	安岳县	0.031	丹棱县	0.058	井研县	0.087	梓潼县	0.098
57	平武县	0.021	大英县	0.031	井研县	0.058	沐川县	0.087	丹棱县	0.097
58	芦山县	0.021	峨边县	0.030	北川县	0.055	安居区	0.087	沐川县	0.096
59	乐至县	0.021	芦山县	0.030	名山区	0.053	天全县	0.083	北川县	0.092
60	盐亭县	0.021	沐川县	0.029	盐亭县	0.051	荥经县	0.080	天全县	0.089
61	沐川县	0.021	平武县	0.028	安居区	0.051	盐亭县	0.079	盐亭县	0.088
62	洪雅县	0.020	蓬溪县	0.026	芦山县	0.050	芦山县	0.079	峨边县	0.084
63	蓬溪县	0.020	盐亭县	0.026	天全县	0.050	名山区	0.077	平武县	0.083
64	北川县	0.019	汉源县	0.025	峨边县	0.047	峨边县	0.077	名山区	0.082
65	安岳县	0.018	名山区	0.025	沐川县	0.047	北川县	0.076	荥经县	0.081
66	汉源县	0.017	北川县	0.024	平武县	0.045	平武县	0.074	马边县	0.079
67	马边县	0.017	马边县	0.023	汉源县	0.044	汉源县	0.070	芦山县	0.079
68	—	—	安居区	0.021	马边县	0.040	马边县	0.067	汉源县	0.076

在五个时间截面五大经济区县域经济综合竞争力水平类型上，成都平原经济区经济综合竞争力高水平县域数量均在15个以上，2018年最多（22个），2001年最少（16个），分别占成都平原经济区县域总量的23.88%和32.35%；中高水平县域在10～15个；中等水平县域在7～20个；值得注意的是，成都平原经济区中低水平县域数量也相对较多，在20～25个，所占比例在30%～37%；低水平县域数量少，五个时间截面均在10个以下。需注意的是2018年明显增多（图6-11、表6-6）。横向比较来看，各个时间截面综合竞争力高水平县域大部分集中在成都平原经济区，其高水平县域数量占当年高水平县域总数的比例在2001年为61.54%，在其他4个年份该比例都在73%以上，2018年达到84.62%。

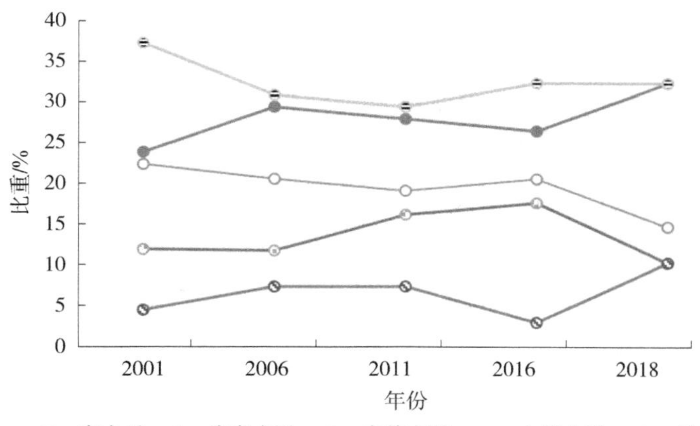

图 6-11　五个时间截面成都平原经济区县域经济综合竞争力水平类型比例变化

表 6-6　五个时间截面综合竞争力水平不同类型县域在五大经济区的分布

经济区	2018 年					2016 年				
	高水平	中高水平	中等水平	中低水平	低水平	高水平	中高水平	中等水平	中低水平	低水平
成都平原经济区	22	10	7	22	7	18	14	12	22	2
川南经济区	3	5	5	14	1	3	5	9	11	—
攀西经济区	1	3	1	4	13	2	2	3	5	10
川西北生态经济区	—	—	—	18	13	—	—	—	24	7
川东北经济区	—	5	7	20	2	1	3	14	15	1
合计	26	23	20	78	36	24	24	38	77	20

经济区	2011 年					2006 年				
	高水平	中高水平	中等水平	中低水平	低水平	高水平	中高水平	中等水平	中低水平	低水平
成都平原经济区	19	13	11	20	5	20	14	8	21	5
川南经济区	3	4	3	15	3	2	4	4	13	5
攀西经济区	3	1	2	3	13	2	2	1	5	12
川西北生态经济区	—	—	2	14	15	—	2	2	17	10
川东北经济区	1	4	6	17	4	2	1	4	17	8
合计	26	22	24	69	40	26	23	19	73	40

经济区	2001 年									
	高水平	中高水平	中等水平	中低水平	低水平					
成都平原经济区	16	15	8	25	3					
川南经济区	8	1	3	10	6					
攀西经济区	—	1	2	6	11					
川西北生态经济区	—	2	6	19	4					
川东北经济区	2	1	1	23	5					
合计	26	20	20	83	29					

2）川南经济区

在五个时间截面，川南经济区县域间的差异也十分显著。2001 年，川南经济区县域经济综合竞争力排名第一的是自流井区，屏山县排名居末位，前者是后者的 13.95 倍；2006 年、2011 年、2016 年和 2018 年，翠屏区连续稳居首位，屏山县连续居于末位，前者依次是后者的 5.89 倍、3.99 倍、2.87 倍和 5.09 倍（表 6-7）。在五大经济区县域经济综合竞争力水平类型上，川南经济区综合竞争力高水平县域数量在 2001 年最多，有 8 个，2006 年为 2 个，其他年份均为 3 个，在其县域总量中的比例除 2001 年外，都在 10% 左右；中高水平县域数量逐年增多，2018 年和 2016 年均为 5 个；中等水平县域在 3～9 个；中低水平县域数量较多，在 10～15 个，在其县域总量中的比例也最高，在 35%～53%；低水平县域数量少，且近 3 个年份逐年减少（图 6-12、表 6-6）。横向比较来看，各个时间截面川南经济区综合竞争力高水平和中高水平县域数量在五大经济区中较多，仅低于成都平原经济区；除 2001 年外，其高水平和中高水平县域数量占当年相应水平类型县域总数的比重分别在 10% 和 20% 左右。

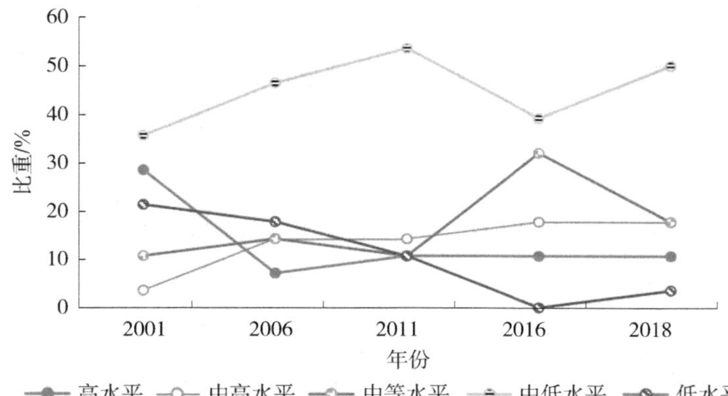

图 6-12　五个时间截面川南经济区县域经济综合竞争力水平类型比例

表 6-7　五个时间截面川南经济区各县域经济综合竞争力指数及位序

位序	2001 年		2006 年		2011 年		2016 年		2018 年	
	县域	指数	县域	指数	县域	指数	县域	指数	县域	指数
1	自流井区	0.186	翠屏区	0.111	翠屏区	0.157	翠屏区	0.208	翠屏区	0.411
2	纳溪区	0.084	自流井区	0.097	自流井区	0.143	江阳区	0.204	龙马潭区	0.237
3	翠屏区	0.060	江阳区	0.062	江阳区	0.120	自流井区	0.185	江阳区	0.236
4	贡井区	0.057	内江市市中区	0.058	威远县	0.105	龙马潭区	0.160	自流井区	0.194
5	东兴区	0.050	大安区	0.053	内江市市中区	0.105	内江市市中区	0.147	宜宾县	0.173
6	江阳区	0.049	威远县	0.053	大安区	0.103	威远县	0.146	威远县	0.165
7	内江市市中区	0.048	贡井区	0.045	龙马潭区	0.094	宜宾县	0.142	大安区	0.164
8	大安区	0.048	龙马潭区	0.043	贡井区	0.083	大安区	0.133	泸县	0.157
9	龙马潭区	0.038	纳溪区	0.043	隆昌县	0.082	隆昌县	0.128	内江市市中区	0.153
10	泸县	0.033	隆昌县	0.040	荣县	0.072	泸县	0.126	隆昌县	0.146
11	威远县	0.032	东兴区	0.036	资中县	0.071	贡井区	0.118	富顺县	0.137

位序	2001 年		2006 年		2011 年		2016 年		2018 年	
	县域	指数	县域	指数	县域	指数	县域	指数	县域	指数
12	隆昌县	0.029	荣县	0.035	富顺县	0.071	纳溪区	0.117	贡井区	0.136
13	沿滩区	0.026	珙县	0.034	东兴区	0.070	江安县	0.116	纳溪区	0.128
14	合江县	0.026	富顺县	0.034	泸县	0.070	沿滩区	0.108	江安县	0.123
15	荣县	0.024	沿滩区	0.033	南溪区	0.069	富顺县	0.107	东兴区	0.123
16	南溪区	0.024	资中县	0.033	沿滩区	0.068	东兴区	0.107	合江县	0.123
17	珙县	0.024	泸县	0.033	珙县	0.067	合江县	0.107	长宁县	0.122
18	富顺县	0.023	宜宾县	0.031	江安县	0.066	荣县	0.106	沿滩区	0.120
19	资中县	0.022	南溪区	0.030	宜宾县	0.064	珙县	0.105	南溪区	0.118
20	长宁县	0.021	长宁县	0.028	纳溪区	0.063	资中县	0.105	荣县	0.116
21	宜宾县	0.020	高县	0.027	长宁县	0.060	长宁县	0.100	珙县	0.116
22	叙永县	0.019	江安县	0.027	筠连县	0.059	南溪区	0.098	古蔺县	0.107
23	高县	0.018	合江县	0.026	高县	0.056	古蔺县	0.097	高县	0.107
24	江安县	0.018	叙永县	0.025	古蔺县	0.054	高县	0.097	叙永县	0.105
25	兴文县	0.017	筠连县	0.023	合江县	0.052	筠连县	0.091	筠连县	0.105
26	筠连县	0.015	兴文县	0.022	兴文县	0.046	兴文县	0.085	资中县	0.099
27	古蔺县	0.015	古蔺县	0.019	叙永县	0.044	叙永县	0.084	兴文县	0.094
28	屏山县	0.013	屏山县	0.019	屏山县	0.039	屏山县	0.072	屏山县	0.081

3）攀西经济区

攀西经济区 22 个县域经济综合竞争力在五个时间截面的分布十分不均衡。2001 年，攀西经济区县域经济综合竞争力指数西昌市排名第一，美姑县排名末位，前者是后者的 4.16 倍；2006 年、2011 年、2016 年和 2018 年，攀枝花东区均居首位，除 2011 年昭觉县处于末位外，其他 3 个年份都是美姑县处于末位，首位县域的综合竞争力指数分别是末位县域的 8.47 倍、6.70 倍、5.04 倍和 4.47 倍（表 6–8）。

在五大经济区县域经济综合竞争力水平类型上，攀西经济区以低水平类型最多，在五个时间截面中都在 10 个及以上，在其县域总量中的比例也最高，除 2016 年占比 45.45% 外，其他 4 个年份均在 55% 及以上；同时中低水平类型县域的数量也相对较多，在 3～6 个，除 2011 年外，所占比例均在 20% 左右；高水平、中高水平和中等水平类型县域分布较少，高水平类型县域在 2018 年、2016 年、2011 年和 2006 年分别为 1 个、2 个、3 个和 2 个；2001 年没有高水平类型县域（图 6-13、表 6-6）。横向比较来看，五个时间截面攀西经济区综合竞争力低水平类型县域数量在五大经济区中较多，仅低于川西北生态经济区，其低水平县域数量占当年低水平类型县域总数的比重在五个时间截面中均在 30% 以上，2016 年达到了 50%。

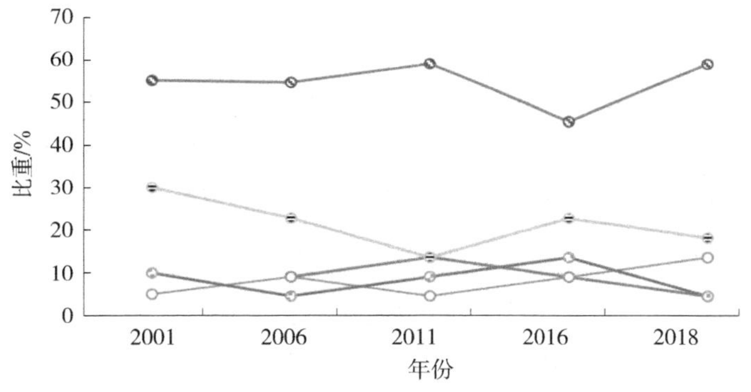

图 6-13　五个时间截面攀西经济区县域经济综合竞争力水平类型比例

表 6-8　五个时间截面攀西经济区各县域经济综合竞争力指数及位序

位序	2001 年		2006 年		2011 年		2016 年		2018 年	
	县域	指数	县域	指数	县域	指数	县域	指数	县域	指数
1	西昌市	0.043	攀枝花东区	0.134	攀枝花东区	0.180	攀枝花东区	0.220	攀枝花东区	0.253
2	仁和区	0.034	攀枝花西区	0.078	攀枝花西区	0.136	西昌市	0.181	西昌市	0.195
3	德昌县	0.029	西昌市	0.061	西昌市	0.130	攀枝花西区	0.159	攀枝花西区	0.173
4	米易县	0.025	仁和区	0.054	仁和区	0.104	仁和区	0.148	仁和区	0.167
5	盐边县	0.024	盐边县	0.045	会理县	0.083	米易县	0.118	米易县	0.144
6	木里县	0.020	米易县	0.037	盐边县	0.075	会理县	0.112	盐边县	0.122

位序	2001年		2006年		2011年		2016年		2018年	
	县域	指数	县域	指数	县域	指数	县域	指数	县域	指数
7	会理县	0.020	会理县	0.037	米易县	0.069	盐边县	0.111	会理县	0.105
8	冕宁县	0.019	德昌县	0.030	会东县	0.055	会东县	0.090	会东县	0.095
9	甘洛县	0.019	会东县	0.029	德昌县	0.052	宁南县	0.080	宁南县	0.093
10	宁南县	0.018	冕宁县	0.026	盐源县	0.047	德昌县	0.079	德昌县	0.083
11	普格县	0.018	甘洛县	0.025	宁南县	0.046	冕宁县	0.075	冕宁县	0.081
12	越西县	0.016	宁南县	0.024	冕宁县	0.046	木里县	0.074	雷波县	0.080
13	会东县	0.016	木里县	0.022	木里县	0.045	雷波县	0.069	木里县	0.077
14	喜德县	0.016	普格县	0.021	金阳县	0.040	盐源县	0.065	普格县	0.076
15	盐源县	0.016	盐源县	0.020	雷波县	0.040	普格县	0.058	盐源县	0.074
16	布拖县	0.016	雷波县	0.020	甘洛县	0.039	喜德县	0.056	金阳县	0.067
17	金阳县	0.014	布拖县	0.019	普格县	0.034	金阳县	0.055	喜德县	0.064
18	昭觉县	0.013	越西县	0.019	越西县	0.034	越西县	0.053	甘洛县	0.063
19	雷波县	0.013	金阳县	0.019	喜德县	0.031	昭觉县	0.051	越西县	0.062
20	美姑县	0.010	喜德县	0.017	布拖县	0.031	布拖县	0.049	昭觉县	0.060
21	—	—	昭觉县	0.017	美姑县	0.028	甘洛县	0.049	布拖县	0.057
22	—	—	美姑县	0.016	昭觉县	0.027	美姑县	0.044	美姑县	0.057

4）川西北生态经济区

川西北生态经济区县域经济综合竞争力在五个时间截面整体水平较低，但县域间的差异性相对较小。2001年和2018年，康定市排名首位，2006年、2011年和2016年汶川县排名首位；排名处于末位的除2011年是石渠县外，其他4个年份都是德格县；五个时间截面首位县域综合竞争力指数分别是末位县域的3.29倍、3.03倍、3.35倍、2.30倍和2.03倍（表6-9）。

在五个时间截面，川西北生态经济区县域经济综合竞争力水平绝大部分以中低水平和低水平类型为主，这两种类型县域数量在其县域总量中的比例各年份均在74%以上，2016年和2018年甚至高达100%。高水平、中高水平和中等水平类型县域分布非常少甚至为0。五个时间截面中，高水平类型县域在川西北生态经济区均无分布，2011年、2016年和2018年中高水平类型县域没有分布，

2016年和2018年甚至连中等水平类型县域也没有分布（图6-14、表6-6）。横向比较可知，川西北生态经济区各个年份综合竞争力中低水平和低水平类型县域数量在五大经济区中最多，其中低水平和低水平类型县域数量占当年相应类型县域总数的比重在五个时间截面均在36%以上，2016年达到了66%。

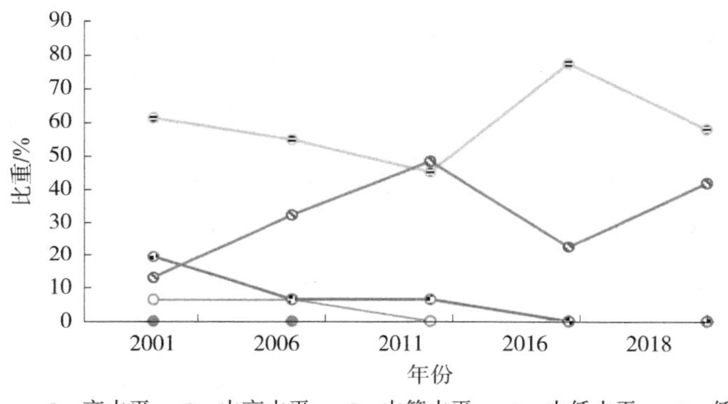

图6-14 五个时间截面川西北生态经济区县域经济综合竞争力水平类型比例

表6-9 五个时间截面川西北生态经济区各县域经济综合竞争力指数及位序

位序	2001年		2006年		2011年		2016年		2018年	
	县域	指数	县域	指数	县域	指数	县域	指数	县域	指数
1	康定市	0.045	汶川县	0.051	汶川县	0.082	汶川县	0.103	康定市	0.118
2	马尔康市	0.038	康定市	0.049	马尔康市	0.072	马尔康市	0.101	马尔康市	0.115
3	汶川县	0.035	九寨沟县	0.048	康定市	0.069	康定市	0.100	色达县	0.114
4	九寨沟县	0.032	马尔康市	0.046	阿坝县	0.066	理县	0.093	炉霍县	0.111
5	得荣县	0.031	理县	0.037	理县	0.064	黑水县	0.093	汶川县	0.109
6	甘孜县	0.030	松潘县	0.034	九寨沟县	0.060	得荣县	0.090	九寨沟县	0.105
7	乡城县	0.029	得荣县	0.032	稻城县	0.058	稻城县	0.089	黑水县	0.104
8	理县	0.029	九龙县	0.032	得荣县	0.057	九寨沟县	0.089	巴塘县	0.103
9	道孚县	0.028	甘孜县	0.031	茂县	0.056	色达县	0.085	得荣县	0.103
10	巴塘县	0.027	乡城县	0.030	乡城县	0.055	炉霍县	0.085	理县	0.102
11	松潘县	0.026	黑水县	0.030	松潘县	0.053	松潘县	0.082	稻城县	0.101
12	泸定县	0.026	道孚县	0.029	泸定县	0.052	茂县	0.082	白玉县	0.094

位序	2001年		2006年		2011年		2016年		2018年	
	县域	指数	县域	指数	县域	指数	县域	指数	县域	指数
13	炉霍县	0.025	茂县	0.028	九龙县	0.052	小金县	0.080	松潘县	0.094
14	稻城县	0.024	巴塘县	0.028	黑水县	0.050	乡城县	0.079	乡城县	0.094
15	壤塘县	0.024	稻城县	0.028	壤塘县	0.050	红原县	0.077	小金县	0.090
16	丹巴县	0.023	炉霍县	0.028	红原县	0.048	泸定县	0.076	茂县	0.090
17	雅江县	0.023	红原县	0.028	金川县	0.044	巴塘县	0.076	壤塘县	0.090
18	新龙县	0.023	新龙县	0.028	丹巴县	0.043	雅江县	0.074	道孚县	0.085
19	理塘县	0.023	丹巴县	0.027	道孚县	0.043	丹巴县	0.073	石渠县	0.083
20	九龙县	0.021	泸定县	0.027	甘孜县	0.043	金川县	0.073	丹巴县	0.083
21	黑水县	0.021	白玉县	0.027	小金县	0.042	道孚县	0.073	红原县	0.082
22	小金县	0.021	理塘县	0.026	炉霍县	0.042	理塘县	0.073	雅江县	0.082
23	金川县	0.020	金川县	0.025	巴塘县	0.042	白玉县	0.073	新龙县	0.082
24	红原县	0.020	小金县	0.025	白玉县	0.042	壤塘县	0.072	金川县	0.081
25	阿坝县	0.020	壤塘县	0.025	雅江县	0.041	甘孜县	0.071	泸定县	0.081
26	茂县	0.019	阿坝县	0.023	理塘县	0.040	九龙县	0.068	理塘县	0.080
27	白玉县	0.019	雅江县	0.023	若尔盖县	0.039	新龙县	0.067	九龙县	0.079
28	若尔盖县	0.017	色达县	0.022	新龙县	0.039	阿坝县	0.066	甘孜县	0.079
29	石渠县	0.016	若尔盖县	0.021	色达县	0.032	若尔盖县	0.065	若尔盖县	0.073
30	色达县	0.016	石渠县	0.019	德格县	0.025	石渠县	0.050	阿坝县	0.072
31	德格县	0.014	德格县	0.017	石渠县	0.025	德格县	0.045	德格县	0.058

5）川东北经济区

川东北经济区县域间的差异性较小。2001年，在川东北经济区县域经济综合竞争力排名首位的是通川区，其他4个年份都是顺庆区；2001年、2006年和2011年排名处于末位的县域都是朝天区，2016年和2018年都是青川县；五个时间截面首位县域的综合竞争力指数依次是末位县域的3.41倍、3.66倍、2.97倍、2.40倍和2.49倍（表6-10）。

在五大经济区县域经济综合竞争力水平类型上，五个时间截面川东北经济区以中低水平类型县域数量最多（15～23个），比例最高，在其县域总量中的比例 2016 年为 44.12%，其他各年份均在 53% 以上，2018 年最高（72%）；同时中等水平类型县域的数量也相对较多，除 2001 年外，其他年份数量在 4～14 个；高水平、中高水平和低水平类型县域分布较少。值得关注的是，相较于 2001 年和 2006 年，2011 年、2016 年和 2018 年川东北经济区的中高水平和中等水平类型县域数量显著增加，中高水平数量从 1 个增加到 3～5 个，中等水平数量从 1 个和 4 个增加到 6 个、14 个和 7 个（图 6-15、表 6-6）。横向比较可知，川东北经济区各个年份综合竞争力中等水平和中低水平类型县域数量在五大经济区中较多，其中等水平类型县域数量占当年相应类型县域总数的比重均在 20% 以上（2001 年除外），该比例仅次于成都平原经济区（2016 年高于成都平原经济区，达 37%）；其中低水平类型县域数量占当年相应类型县域总数的比重也在 20% 以上，2016 年和 2018 年都达到了 31%。

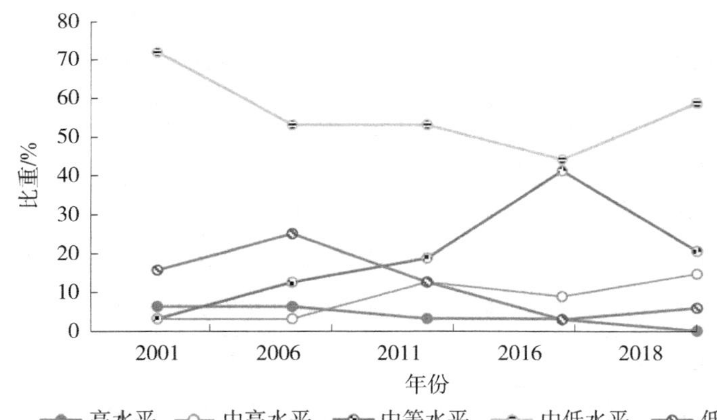

图 6-15　五个时间截面川东北经济区县域经济综合竞争力水平类型比例

表 6-10　五个时间截面川东北经济区各县域经济综合竞争力指数及位序

位序	2001 年		2006 年		2011 年		2016 年		2018 年	
	县域	指数	县域	指数	县域	指数	县域	指数	县域	指数
1	通川区	0.052	顺庆区	0.068	顺庆区	0.123	顺庆区	0.169	顺庆区	0.195
2	顺庆区	0.049	通川区	0.063	通川区	0.105	通川区	0.142	利州区	0.176
3	利州区	0.040	利州区	0.056	利州区	0.097	利州区	0.141	前锋区	0.171
4	华蓥市	0.030	华蓥市	0.046	广安区	0.091	华蓥市	0.136	通川区	0.159

位序	2001 年		2006 年		2011 年		2016 年		2018 年	
	县域	指数	县域	指数	县域	指数	县域	指数	县域	指数
5	大竹县	0.028	广安区	0.041	邻水县	0.089	南部县	0.126	华蓥市	0.157
6	阆中市	0.027	阆中市	0.039	华蓥市	0.084	前锋区	0.124	武胜县	0.150
7	开江县	0.027	大竹县	0.039	大竹县	0.079	武胜县	0.123	岳池县	0.142
8	达川区	0.027	高坪区	0.038	南部县	0.077	大竹县	0.122	邻水县	0.140
9	广安区	0.027	达川区	0.037	达川区	0.073	邻水县	0.119	南部县	0.139
10	高坪区	0.025	南部县	0.035	阆中市	0.072	达川区	0.113	大竹县	0.137
11	南部县	0.023	武胜县	0.035	武胜县	0.072	岳池县	0.111	达川区	0.132
12	渠县	0.023	嘉陵区	0.034	高坪区	0.069	阆中市	0.111	高坪区	0.131
13	巴州区	0.023	岳池县	0.033	渠县	0.068	渠县	0.110	宣汉县	0.127
14	旺苍县	0.022	蓬安县	0.033	嘉陵区	0.066	宣汉县	0.109	嘉陵区	0.125
15	岳池县	0.022	宣汉县	0.031	宣汉县	0.065	广安区	0.109	阆中市	0.125
16	蓬安县	0.021	渠县	0.031	蓬安县	0.064	巴州区	0.109	渠县	0.125
17	武胜县	0.021	邻水县	0.030	岳池县	0.064	嘉陵区	0.108	广安区	0.122
18	营山县	0.021	旺苍县	0.029	仪陇县	0.060	高坪区	0.107	巴州区	0.118
19	西充县	0.021	开江县	0.029	开江县	0.055	蓬安县	0.103	平昌县	0.116
20	嘉陵区	0.020	巴州区	0.028	巴州区	0.055	平昌县	0.101	蓬安县	0.112
21	邻水县	0.020	西充县	0.028	旺苍县	0.054	南江县	0.095	南江县	0.107
22	平昌县	0.020	仪陇县	0.027	营山县	0.054	仪陇县	0.095	西充县	0.107
23	宣汉县	0.020	营山县	0.027	西充县	0.054	营山县	0.095	营山县	0.106
24	苍溪县	0.020	万源市	0.027	苍溪县	0.052	西充县	0.094	仪陇县	0.106
25	青川县	0.019	苍溪县	0.026	平昌县	0.052	昭化区	0.091	昭化区	0.100
26	万源市	0.019	青川县	0.025	万源市	0.051	万源市	0.087	开江县	0.098
27	昭化区	0.019	平昌县	0.025	昭化区	0.051	开江县	0.087	苍溪县	0.098
28	仪陇县	0.018	昭化区	0.024	南江县	0.051	剑阁县	0.086	万源市	0.096
29	剑阁县	0.017	剑阁县	0.023	剑阁县	0.046	苍溪县	0.085	剑阁县	0.095
30	南江县	0.017	南江县	0.022	通江县	0.043	旺苍县	0.082	通江县	0.091

位序	2001 年		2006 年		2011 年		2016 年		2018 年	
	县域	指数	县域	指数	县域	指数	县域	指数	县域	指数
31	通江县	0.017	通江县	0.022	青川县	0.042	通江县	0.079	朝天区	0.091
32	朝天区	0.015	朝天区	0.019	朝天区	0.041	朝天区	0.076	旺苍县	0.088
33	—	—	—	—	—	—	恩阳区	0.073	恩阳区	0.080
34	—	—	—	—	—	—	青川县	0.070	青川县	0.078

三、主要结论

（一）时序演化

（1）五大经济区县域经济综合竞争力水平均显著提升，其综合竞争力平均指数呈不断上升趋势。

（2）在县域经济综合竞争力增长率上，五大经济区呈波动性增长特征；在年均增长率上，川南经济区和川东北经济区较高，分别为 10.09% 和 10.85%，成都平原经济区和攀西经济区居中，分别为 9.75% 和 9.36%，川西北生态经济区最低，为 8.82%；在波动幅度上，川东北经济区县域的平均增长率波动幅度最大，成都平原经济区和攀西经济区增长率波动幅度最小。

（3）在位序演化上，成都平原经济区县域经济综合竞争力的平均位序比较稳定，川东北经济区的平均位序呈上升趋势，川南经济区平均位序呈先小幅下降后上升趋势，攀西经济区呈小幅度波动，川西北生态经济区平均位序有较大幅度下降。

（4）在差异性演化上，五大经济区之间的县域经济综合竞争力绝对差异呈不断扩大趋势。相对差异总体呈小幅波动特征，其变异系数并未像四川省 183 县域、四大类型县域和 21 市（州）县域那样呈逐步缩小的趋势。

（二）空间分异

1）五大经济区之间的总体差异

无论是在 2001—2018 年，还是在五个时间截面，五大经济区的县域经济综合竞争力平均水平对比中，成都平原经济区始终处于绝对优势，居五大经济区之首；川南经济区具有相对优势，居第二位；川东北经济区居第三位，攀西经济区居第四位，川西北生态经济区居末位。

在五个时间截面，五大经济区的县域经济综合竞争力平均增长率呈现出不稳定性，变动性和轮换性较强。在4个时间序列中，成都平原经济区增长率表现出较强的稳定性；川南经济区也表现出一定的稳定性；攀西经济区的增长率在五大经济区中的位置呈现出一定的下移；川东北经济区的增长率在五大经济区中整体上升，但具较强的不稳定性；川西北生态经济区增长率表现出较强的不稳定性和显著的“后发优势”。

2）五大经济区内部分异

在绝对差异和相对差异上，18年间五大经济区内部的县域经济综合竞争力水平在绝对差异上均呈上升趋势，在相对差异上呈逐步下降和缩小的趋势，但不同经济区差异性的变化幅度不同。横向比较来看，在五大经济区中，成都平原经济区县域经济综合竞争力内部差异最大，攀西经济区和川南经济区较大，川东北经济区较小，川西北生态经济区最小。

在不同经济综合竞争力水平县域类型分布上，绝大部分（62%～85%）高水平县域集中分布在成都平原经济区；川南经济区的高水平和中高水平县域数量较多，仅低于成都平原经济区；攀西经济区低水平类型县域数量较多，仅低于川西北生态经济区；川西北生态经济区中低水平和低水平类型县域数量在五大经济区中最多；川东北经济区中等水平和中低水平类型县域数量在五大经济区中较多。

第七章　四川省县域经济综合竞争力时空演化驱动机制

县域经济综合竞争力是一个包含县域内的经济、社会、资源环境和政策制度等许多因素的综合性范畴。四川省县域经济综合竞争力时空演化及分异格局是由诸多因素共同作用形成的，四川省县域经济综合竞争力时空演化及分异格局的驱动机制是影响和决定县域经济差异和演化格局的诸多因素相互影响、相互作用的内在机理。根据前述分析并参考大量相关文献，本书将这些影响因素归结为区位因素、经济因素、社会因素及制度政策因素四大方面。

一、四大因素作用概述

（一）各因素的驱动作用

1. 区位因素

区位因素主要包括自然区位、经济区位及行政区位，在区域经济演化及差异格局形成中发挥着基础性作用[49]。自然区位为区域社会经济发展提供了基础空间，它往往决定了区域自然环境和生态基础是优越还是脆弱、自然资源是丰富还是匮乏，在较长时间和空间尺度上影响或决定着区域经济差异格局。随着社会经济发展，一个区域的经济区位对其发展也起着至关重要的作用。该区域是否属于经济战略核心及辐射区、是否位于优先开发区、是否在交通便捷区等，都对区域经济差异格局具有重要影响。另外，由于我国具有不同等级的行政体制，省（自治区、直辖市）、市（州）、县（市、区）、乡（镇）等在行政等级上形成严密的从属嵌套结构，不同行政等级下的区域在其发展过程中会直接影响甚至决定着该区域的发展资源、潜力等，从而形成了不同行政等级或单元的区域经济发展水平的差异。

2. 经济因素

经济因素包括经济实力、经济结构和效率、经济潜力。经济因素在区域经济演化和差异格局形成中发挥着决定性作用。经济实力是指区域经济发展的总量规模。不同区域之间经济规模的差别，以及发展过程中经济总量的集聚及循环累积作用，是区域经济演化及差异格局形成的最重要的推动力。在我国经济发展进入“提质换挡”的新常态背景下，区域产业结构、城乡结构以及经济效率在区域经济发展中的作用日趋显著。21世纪的中国，随着科技的发展，各类新兴业态层出不穷，产业结构必然要不断调整以适应新形势下的社会经济发展。同时，城乡结构调整特别是推进新型城镇化是促进区域经济发展的重要动力之一。经济活力主要指拉动区域经济发展的“三驾马车”（消费需求、投资需求和出口）及经济增长率，区域经济发展之间的差异和演化不仅取决于不同区域间各项需求拉动作用的差异，其演化的快慢、扩大或缩小的幅度还取决于经济增长率的高低。

3. 社会因素

社会因素主要包括社会基础、社会服务及社会保障，在区域经济演化及差异格局形成中发挥着重要的基础和保障作用[49]。其中社会基础主要包含区域农业现代化基础、人口密度、居民生活水平及信息化等方面。社会服务主要是指区域科、教、文、卫等生活性基础设施。社会保障主要包括交通、水、电、气、热等生产性基础设施以及保障区域经济发展的良好社会环境能力等。

4. 制度政策因素

制度政策因素主要包括与区域经济有关的制度规范、战略规划及政策等，在区域经济演化和差异格局形成中起着重要的推动和支撑作用。与前述三大因素不同的是，区域经济发展过程中的制度规范、战略规划及政策等要素的制定及实施主体是各级党委和政府，所以这些因素会随着政治环境的变化而变化。我国行政体制的等级性特征，使国家、省、市、县、乡等不同时期的制度规范、战略规划及政策对不同尺度范围的区域经济发展产生重要影响，使不同行政单元内部因实施的发展战略、发展规划及区域政策等的不同而形成区域单元内部差异，这种差异进而影响区域之间经济差异格局的演化。当然，这反过来也会影响更大尺度层面上的制度规范、战略规划及政策的制定和调整，使不同尺度的行政单元之间在战略规划及政策制定上往往具有相互影响、相互促进的作用。

（二）四大因素的综合作用

任何一个区域的经济发展都受其区位因素、经济因素、社会因素及政策制度因素等的共同作用，区域经济综合竞争力的演变和时空差异是这四大因素综合作用的结果。在区域经济发展演变和差异格局形成过程中，各因素均发挥着或积极或消极、或大或小的作用，这取决于各因素本身的状况以及各因素之间的比例组合。

各因素对不同区域经济的作用和影响不同，即四大因素在不同区域的作用大小和方向是有所差异的。对于同一个区域而言，不同时期的主导因素也可能会有所差别。同时，不同区域之间的影响因素往往具有一定的相似性，其内在作用机制同样也具有相似性，但由于主导因素的不同以及不同因素效能发挥的差异而产生区域经济的差别。

另外，不同区域各因素间也会相互影响，某一区域的经济发展不仅直接受到本区域内部各因素的作用，同时还会受到其他区域各因素的影响和作用，某一区域经济综合竞争力的高低是区域内部和外部因素综合作用的结果。因此，区域经济综合竞争力的提高不仅要充分发挥和提高区域自身各因素的效能，还要注重加大与其他区域之间的联系，积极参与更大空间区域内的分工与合作，推动区域经济综合竞争力的提高。

二、四大因素的驱动作用分析

（一）区位因素的作用

区位因素在区域经济演化和差异格局形成中发挥着重要的基础性作用。本书主要从自然区位、经济区位和行政区位三个方面分析区位因素在四川省县域经济综合竞争力演化和差异格局形成中的作用。

1. 自然区位的影响

自然区位直接影响和决定了区域发展的自然环境和生态资源，是区域经济发展的基础。自然环境和资源的差异性会直接影响区域经济发展，形成区域经济差异。四川省县域经济发展对区域自然资源环境和区位特点具有较强的依赖性。四川省国土资源厅、省政府办公厅、农业厅等相关部门依据全省县域地形地貌、自然资源等特征将除城市主城区外的 135 个县（市）划分为平原县（15 个）、丘陵县（43 个）、盆周山区县（26 个）和民族县（51 个）四大类型[67]。自然条件优越的平原县域经济综合竞争力平均水平显著高于其他类型县域，综合竞争力平均指数为 0.108 8；自然条件相对较好的丘陵县域居第二位，综合竞争力平均指数为 0.066 0；地处偏远、地形以山地或高原为主、自然环境条件较差的盆周山区县和民族县域的经济综合竞争力水平较低，平均指数分别为 0.054 6 和 0.047 4（图 7-1）。

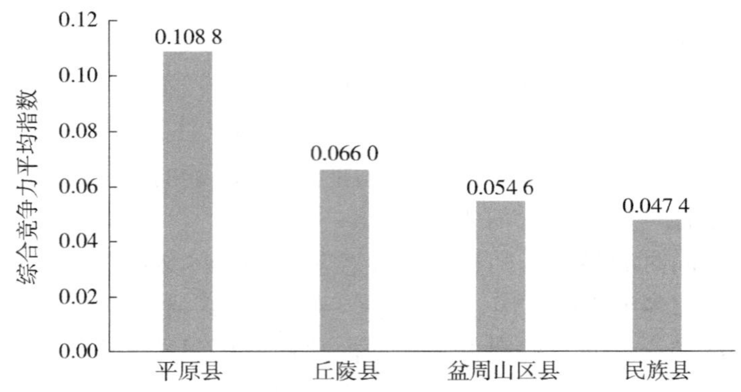

图 7-1　按自然条件划分的四川省四大类型县域经济综合竞争力平均指数

为进一步验证四川省县域经济综合竞争力与其自然区位的相关性，首先计算出 2001—2018 年上述 135 个县（市）的经济综合竞争力平均指数，然后把这 135 个县域按“平原县、丘陵县、盆周山区县和民族县”四种类型分别赋值为“4、3、2、1”，对县域经济综合竞争力平均指数和县域类型做皮尔逊相关分析（表 7-1）。结果表明，四川省县域经济综合竞争力的差异性与县域所处的地形地貌、海拔高程及资源环境等自然区位特征具有显著的相关性。

表 7-1　四川省县域经济综合竞争力指数与县域类型相关系数

相关系数	*P* 值	自由度
0.633**	0.000	135

注：** 表示在 0.01 水平（双尾）相关性显著。

自然条件不同的县域在经济发展要素获取能力、资源整合能力及利用效率等方面都存在差异，如平原县在这些方面要比其他类型县域明显优越，从而使其县域经济综合竞争力显著高于其他类型县域。自然环境与生态资源不仅直接影响和决定着县域产业结构的形成及演化，也会对人口分布、生产方式等产生直接影响，而这些又最终会影响县域经济发展，进而造成县域经济综合竞争力分异格局的形成。2018 年，除城市主城区外的 135 个县域中，四大自然类型县域在产业结构方面的差异是非常显著的。平原县第二产业、第三产业产值比的平均值分别比丘陵县、盆周山区县和民族县高 4.9 个百分点和 3.8 个百分点、0.8 个百分点和 5.1 个百分点、11.8 个百分点和 3.4 个百分点。平原县第二产业、第三产业就业比的平均值分别比丘陵县、盆周山区县和民族县高 9.9 个百分点和 3.8 个百分点、13.7 个百分点和 6.1 个百分点、27.6 个百分点和 8.3 个百分点。在人口密度上的差异则更为悬殊，平原县的平均人口密度分别是丘陵县、盆周山区县和民族县平均水平的 1.5 倍、4.5 倍和 15.5 倍（表 7-2）。诸多差异进而形成四大自然类型县域经济综合竞争力水平类型的差异性格局：综合竞争力高水平县域都为平原县域，73.4% 的平原县域其经济综合竞争力水平类型为高水平和中高水平类型县域；丘陵县域中有 7 个（16.3%）中高水平类型，11 个（25.6%）中等水平类型和 25 个（58.1%）中低水平类型县域；92.3% 的盆周山区县域经济综合竞争力水平为中低水平和低水平类型；51 个民族县域中，除西昌市为中高水平类型外，其他 50 个县域均为中低水平和低水平类型。特别是低水平类型数量最多，为 28 个，占民族县域数量的 54.9%（表 7-3）。

表 7-2 2018 年四川省四大自然类型县域产业结构和人口密度对比

县域类型	第一产业产值比 /%	第二产业产值比 /%	第三产业产值比 /%	第一产业就业比 /%	第二产业就业比 /%	第三产业就业比 /%	人口密度 /（人 /km²）
平原县	10.4	48.1	41.5	26.2	35.4	38.4	712
丘陵县	19.1	43.2	37.7	40.0	25.5	34.5	471
盆周山区县	16.3	47.3	36.4	46.1	21.6	32.3	160
民族县	25.5	36.4	38.1	62.2	7.7	30.1	46

表 7-3　2018 年四川省四大自然类型县域中综合竞争力水平不同类型数量及比例

县域类型	高水平		中高水平		中等水平		中低水平		低水平	
	数量 / 个	比例 / %	数量 / 个	比例 / %	数量 / 个	比例 / %	数量 / 个	比例 / %	数量 / 个	比例 / %
平原县	7	46.7	4	26.7	2	13.3	2	13.3	—	—
丘陵县	—	—	7	16.3	11	25.6	25	58.1	—	—
盆周山区县	—	—	1	3.8	1	3.8	18	69.2	6	23.1
民族县	—	—	1	2.0	—	—	22	43.1	28	54.9

另外，自然资源禀赋的先天性差异和变化也是影响县域经济差异和演化的重要因素。如自贡市、攀枝花市等矿产资源较为丰富的县域，在较长一段时间段内（21 世纪前 10 年）县域经济综合竞争力保持较高水平，但随着资源消耗、环境污染及经济发展转型等系列原因，其县域经济综合竞争力明显下滑。在 2001 年、2006 年、2011 年、2016 年和 2018 年五个时间截面，自贡市县域经济综合竞争力水平类型的演化依次为高水平—中高水平—中高水平—中低水平—中低水平，攀枝花市县域经济综合竞争力水平类型的演化依次为中等水平—高水平—高水平—中高水平—中高水平（表 5-3）。与此同时，一些县域如彭州市随着气田资源的发现和开发，其县域经济综合竞争力水平不断提高，竞争力水平类型在五个时间截面中的演化依次为中等水平—中高水平—中高水平—中高水平—高水平（表 3-8～表 3-12）。

2. 经济区位的影响

自然区位的相对稳定使其对区域经济差异格局起着长期和全局的作用。随着科技的发展、信息化和现代化进程的加快、生产方式及发展制度等的变化等，自然条件对区域经济发展的影响在一定程度上有所减弱，而区域所处的经济区位对其经济发展的影响则日益加深。从四川省县域经济综合竞争力水平类型分布图（图 3-6）中可以看出，绝大部分高水平和中高水平类型县域集中分布在成都市及其周边位于成都平原、靠近交通干线的区域范围，显然经济区位在此差异格局的形成中发挥了重要作用。地形地貌等自然条件对经济差异格局的形成也具有重要影响。平原地区因优越的自然条件造成人口的大量集聚，再加之交通运输的便利性和低成本吸引产业集聚、外商投资和商贸的大力发展等，从而形成了其较高水平的经济综合竞争力水平。成都市县域经济综合竞争力水平与其他 20 个市（州）相比，具有显著的差异性（图 5–2）。

地理学第一定律表明，任何事物和现象都具有一定的相关性，一般而言，地理空间位置越近，相关性越强。成都市作为国家中心城市、特大城市及四川省省会城市，随着经济综合竞争力的不断增强，其经济区位的重要性也不断加强和凸显，对周边区域的辐射带动作用也越发明显。如德阳市、资阳市、眉山市一些区县和绵阳市的涪城区等县域，与成都市距离较近，又处于成绵乐城际高速铁路、成绵高速及其复线、宝成铁路、成渝高速铁路等交通大动脉上，交通便捷，受成都市辐射带动效应强，在四川省县域经济综合竞争力差异格局中具有较高水平。而对于凉山、甘孜、阿坝川西三州以及广元市、巴中市等县域，地处偏远，与中心城市成都市的距离遥远，交通不便，受特大城市的辐射带动作用很小，再加之较差的自然条件，使这些地区的县域经济综合竞争力长期处于中低水平和低水平。

不过，相对自然区位而言，经济区位往往会随着经济、社会及政治因素的变化而变化。如 21 世纪初随着国家主体功能区划的提出和落实，某一县域是否处于优先开发区已成为其经济发展的重要支撑；随着国家新型城镇化战略和区域发展战略新格局的深化，是否位于城镇化发展轴带（如成渝城市群、成渝地区双城经济圈等）将会直接影响甚至决定相关县域的经济发展；随着国家高速铁路、高速公路等交通干线的修建，县域是否位于交通便捷区等因素都可能会影响其经济发展。由此可见，在相对稳定的自然区位基础条件下，县域可以充分利用和发挥经济、社会及政治等因素的作用，强化自身的经济区位优势，以促进县域经济发展和综合竞争力水平的提高。

3. 行政区位的影响

在我国，区域行政管理体系的差异导致不同区域的行政等级不同，我们称这种不同为行政区位的差异。区域行政（等级）区位的差异会直接造成其发展诸要素的不同，从而对区域经济发展产生影响。从四川省 21 个市（州）县域经济综合竞争力水平差异格局来看，作为省会的成都市，其县域经济综合竞争力水平在五个时间截面均高于其他市（州）（图 5–2）。在四川省 183 个县域经济综合竞争力水平差异格局中，城市主城区县域经济综合竞争力水平和其他县（市）相比始终处于绝对优势（图 4–7）。因为省会城市和其他市（州）相比、城市主城区和其他县（市）相比，其行政级别不同。因其行政级别的影响，省会城市和城市主城区包括人口在内的各种生产、生活等资源要素相对集中，产业结构、基础设施建设和社会福利等相对较优，使它们成为区域经济发展的核心。与此同时，也形成了省会城市与其他市（州）之间、城市主城区与其他县（市）之间经济综合竞争力的分异特征，即县域经济综合竞争力水平的高低与市（州）、县域的行政等级有很大的关联性。

为进一步验证四川省县域经济综合竞争力水平与其行政区位的相关性，本书首先计算出2001—2018年四川省183个县域经济综合竞争力平均指数，然后把183个县域按三种行政级别类型（区、市、县）分别赋值为“3、2、1”，对县域经济综合竞争力平均指数和县域行政级别类型做皮尔逊相关分析（表7-4）。结果表明，四川省县域经济综合竞争力的差异性与县域行政区位呈显著相关性，进一步证明行政区位（等级）的不同对县域经济综合竞争力水平的差异性格局具有显著影响。由此可见，在考虑其他条件和因素的前提下，可通过调整和优化县域行政级别如改县设市、改县设区等方式，为县域经济发展创造更好的条件，以促进县域经济综合竞争力水平的提高。

表7-4 四川省县域经济综合竞争力指数与县域行政级别的相关系数

相关系数	P 值	自由度
0.616**	0.000	183

注：** 表示在0.01水平（双尾）相关性显著。

（二）经济因素的作用

经济因素在区域经济演化和差异格局形成中发挥着决定性作用。由前述不同尺度、不同类型的县域经济综合竞争力水平测度和分析可知，经济因素所包含的各要素直接影响和决定了县域经济综合竞争力水平。在此基础上，我们进一步分析探讨经济因素对县域经济综合竞争力演化及差异格局的影响。

1. 经济实力的作用

区域经济综合竞争力的演变和差异格局都是在一定的经济实力基础上发展形成的，因此，区域经济已有的基础对其进一步发展演化意义重大。某区域的经济实力主要是指该区域在经济规模、经济总量上的大小，与经济结构、效率及经济活力等要素有关。经济实力规模主要是通过经济发展中的“循环累积因果效应”“集聚扩散效应”“空间相互作用”等影响区域经济演化和差异格局的。改革开放以来，四川省的平原县域、城市主城区县域等凭借其自然区位、经济区位和行政区位等方面的优势，经济取得了较大程度的发展；

较强的经济实力基础使其在资金、技术、产业等方面均具有较强的优势，从而吸引更多资金、人才、资源等要素的大量流入与集聚，进一步推动其经济发展，同时也拉开了与盆周山区县域、民族县域等在经济实力基础上的较大距离。而经济发展水平低的县域，其经济基础普遍薄弱，经济活动关联性小，经济发展缓慢，再加上人才、资源等的大量外流，使其县域经济综合竞争力长期处于低水平状态，从而导致四川省县域经济综合竞争力水平不同类型的县域在经济实力方面的差距是非常显著甚至悬殊的（表 7-5）。如 2001 年，自流井区等 26 个综合竞争力高水平类型县域的地区生产总值、公共财政收入、社会固定资产投资总额、出口总额和规模以上工业总产值的平均值，分别为宁南县等 29 个低水平类型县域相应指标均值的 7.5 倍、6.4 倍、11.6 倍、502.5 倍和 29.3 倍。2018 年，金牛区等 26 个综合竞争力高水平类型县域的地区生产总值、公共财政收入、社会固定资产投资总额、出口总额和规模以上工业总产值平均值分别为峨边县等 36 个低水平类型县域相应指标均值的 17.1 倍、15.9 倍、10.7 倍、219.4 倍和 19.9 倍。

表 7-5 四川省不同综合竞争力水平类型县域经济实力情况对比

年份	综合竞争力水平类型	地区生产总值 / 万元	公共财政收入 / 万元	社会固定资产投资总额 / 万元	出口总额 / 万元	规模以上工业总产值 / 万美元
2001	高水平	181 339	5 457	111 860	6 637	127 221
	中高水平	114 123	3 361	49 532	529	45 644
	中等水平	53 196	1 362	28 302	780	23 906
	中低水平	45 033	1 240	18 500	124	10 981
	低水平	24 171	847	9 655	13	4 341
2018	高水平	1 410 930	93 527	1 455 885	43 417	963 454
	中高水平	669 322	33 036	877 716	7 774	718 154
	中等水平	584 649	25 469	823 898	5 627	564 205
	中低水平	256 005	11 919	419 939	994	203 790
	低水平	82 645	5 888	136 593	198	48 504

2. 经济结构和效率的作用

区域经济发展在很大程度上取决于经济发展各要素的投入量或投入力度及其配置效率，其中投入力度取决于区域经济实力，而配置效率则受到区域产业结构及产业集聚水平的影响。产业结构是第一产业、第二产业、第三产业经济活动之间的相对比例及其关系，其实质是区域社会经济生产结构的体现[68]。产业是区域经济发展的主体，产业结构的演化对区域经济发展起着重要作用[69]。合理的产业结构能充分利用区域的资源要素并提高其配置效率，进而提高生产效率，推动区域经济的快速发展并提高其综合竞争力。随着区域经济发展水平的提升，社会需求结构会发生变化，科学技术也会不断提高，由此推动区域产业结构升级转变。新产业的出现将成为区域经济增长新的动力源泉，促进区域经济进一步发展。因而区域经济发展与产业结构演化是相互影响、相互推动的作用关系。21 世纪以来，四川省县域产业结构在原有基础上已发生显著变化。从全省县域平均看，第一产业比重显著下降，产值比重下降了近 14 个百分点，第二产业、第三产业比重均相应上升，产值比重分别上升了近 10 个百分点和 5 个百分点。产业结构的转化升级是推动全省县域经济综合竞争力总体上升的重要因素之一。当然，不同县域的产业结构状况及其演化程度并不相同（表 7-6），因而县域间产业结构的差异是造成县域经济综合竞争力差异的重要因素之一。

表 7-6　四川省不同经济综合竞争力水平类型县域产业构成情况　　单位：%

年份	县域类型	产值结构			就业结构		
		第一产业	第二产业	第三产业	第一产业	第二产业	第三产业
2001	高水平	10.4	46.8	42.8	35.1	30.5	34.4
	中高水平	17.7	41.5	40.8	52.2	19.5	28.3
	中等水平	24.1	42.2	33.7	63.5	15.3	21.2
	中低水平	37.5	29.8	32.7	68.4	11.4	20.2
	低水平	47.4	21.1	31.6	79.7	5.2	15.1
	全省县域平均	31.2	33.7	35.1	62.8	14.6	22.5
2018	高水平	4.6	46.8	48.6	17.8	33.3	48.9
	中高水平	9.0	50.9	40.1	28.7	30.6	40.8
	中等水平	15.2	45.6	39.2	36.4	25.9	37.7
	中低水平	19.5	42.6	37.9	46.5	19.8	33.8
	低水平	27.2	35.8	37.0	62.2	10.0	27.7
	全省县域平均	17.0	43.3	39.7	41.9	21.9	36.1

3. 经济活力的作用

在我国市场经济体制逐步完善及经济全球化的背景下，区域经济发展是否有活力至关重要。区域经济增长速率的快慢是经济活力最直接的表现，而作为需求重要组成部分的投资和消费则仍为区域经济活力的重要支撑要素。经济实力和收入水平是投资和消费的根本源泉。我国改革开放的不断深入和社会主义市场经济的不断发展使市场化水平也成为影响区域经济活力的重要因素。经济活力差异对四川省县域经济综合竞争力差异格局及其演化具有重要影响（表 7-7）。21 世纪以来，一些县域特别是综合竞争力高水平和中高水平类型县域，凭借其相对优越的区位优势和较强的经济实力基础，不断吸引省内外资源要素的聚集和流入，成为大量资本的投入地和人才、技术等要素的聚集地。同时，相对较高的收入水平和市场化水平带动和刺激了其不断增高的社会消费需求和民营经济的活跃发展，都在很大程度上增强了县域的经济活力，推动县域经济综合竞争力的不断提高。与其形成鲜明对比的是，诸多综合竞争力处于中低和低水平类型的山区县域、民族县域等，较差的自然条件、薄弱的经济基础，使其不仅不能吸引省内外的资本等资源要素的投入和聚集，还可能引起自身区域内的人才、资金等要素大量外流；区域内稀疏的人口和较低的收入水平在很大程度上抑制了消费需求的快速增长，进而导致市场化进程缓慢，民营企业数量少、规模小。这些都造成了山区县域、民族县域经济发展的活力、动力不足，很多县域经济综合竞争力长期处于中低水平或低水平路径依赖状态，一些县域的经济综合竞争力水平甚至出现了负向演化（表 3-14）。

总体来看，综合竞争力水平不同类型县域在经济活力 4 项指标上均存在显著差异，中低水平和低水平类型县域的四项指标均值都低于全省县域平均水平。2001 年，高水平类型县域在人均固定资产投资额、人均地区生产总值和人均社会消费品零售总额 3 项指标的均值分别是中低水平类型县域的 4.1 倍、4.0 倍和 5.0 倍，分别是低水平县域的 7.2 倍、5.5 倍和 8.2 倍；2018 年高水平类型县域在人均固定资产投资额、人均地区生产总值、人均社会消费品零售总额和人均民营经济增加值四项指标的均值分别是中低水平类型县域的 1.6 倍、2.6 倍、2.9 倍和 2.4 倍，分别是低水平县域的 2.3 倍、4.0 倍、4.6 倍和 3.8 倍（表 7-7）。

表 7-7 四川省不同综合竞争力水平类型县域经济活力指标对比 单位：万元

县域类型	2018 年				2001 年		
	人均固定资产投资额	人均地区生产总值	人均社会消费品零售额	人均民营经济增加值	人均固定资产投资额	人均地区生产总值	人均社会消费品零售额
高水平	62 348	88 439	37 918	45 288	4 424	13 255	5 566
中高水平	53 892	59 952	21 076	33 648	2 341	7 850	2 621
中等水平	39 548	41 356	16 704	24 415	2 535	5 820	1 729
中低水平	38 841	34 319	13 232	19 127	1 074	3 318	1 106
低水平	26 812	22 117	8 306	11 889	616	2 416	675
全省县域平均	41 931	43 864	17 245	23 968	1 809	5 458	1 947

注：因 2001 年的民营经济增加值数据无法查取，故表中没有列出。

4. 经济各因素作用的定量验证

为进一步检验经济实力、经济结构和效率、经济活力等经济因素对四川省县域经济综合竞争力水平演变及差异格局的作用关系，在下文中对这些指标变量作相关分析。

1）指标选取

在经济实力方面，除选取能综合反映经济实力的核心指标地区生产总值、人均地区生产总值外，还选取了公共财政收入、出口总额和规模以上工业总产值 3 项指标，分别反映政府收入、对外贸易及工业产出的实力规模。

经济结构和效率方面，选取非农产业结构系数反映区域经济产业结构（包括产值结构和就业结构），选用全员劳动生产率和规模以上工业总产值利税率两项指标，分别反映劳动力整体生产效率和工业生产效益情况。

经济活力方面，选用地区生产总值增长速度直接反映经济增长活力，运用社会固定资产投资总额、人均社会消费品零售总额和职工平均工资，分别从投资需求、消费需求和居民收入等拉动经济增长的核心因素方面间接反映经济活力。

2）分析思路方法

为分析各经济因素对县域经济综合竞争力总体演化的作用影响，同时为避免某个县域的具体演化对总体演化可能造成的误差，首先分别求出 183 个县域的解释变量和被解释变量在 2001—2018 年各年份的均值，然后对其均值进行皮尔逊相关分析（表 7-8）。

表 7-8　四川省县域经济综合竞争力指数与经济各因素的相关性

	指标	地区生产总值	人均地区生产总值	公共财政收入	出口总额	规模以上工业总产值
经济实力	相关系数	0.994**	0.993**	0.804**	0.802**	0.943**
	P 值	0.000	0.000	0.000	0.000	0.000
	自由度	18	18	18	18	18
经济结构与效率	指标	非农产业结构系数	全员劳动生产率	规模以上工业总产值利税率	—	—
	相关系数	0.959**	0.992**	-0.035	—	—
	P 值	0.000	0.000	0.892	—	—
	自由度	18	18	18	—	—
经济活力	指标	地区生产总值增长速度	社会固定资产投资总额	人均社会消费品零售总额	职工平均工资	—
	相关系数	-0.509*	0.993**	0.992**	0.994**	—
	P 值	0.031	0.000	0.000	0.000	—
	自由度	18	18	18	18	—

注：①此相关分析以四川省 2001—2018 年的相应指标数据为样本。

② ** 表示在 0.01 水平（双尾）相关性显著，* 表示在 0.05 水平（双尾）相关性显著。

为分析各经济因素对县域经济综合竞争力差异格局的作用影响，同时为避免某个时间截面数据可能存在的一些误差，首先分别求出解释变量和被解释变量在 2001—2018 年各年份的均值，然后对其均值进行皮尔逊相关分析（表 7-9）。

表 7-9　四川省县域经济综合竞争力指数与经济各因素的相关性

	指标	地区生产总值	人均地区生产总值	公共财政收入	出口总额	规模以上工业总产值
经济实力	相关系数	0.935**	0.871**	0.883**	0.882**	0.690**
	P 值	0.000	0.000	0.000	0.000	0.000
	自由度	183	183	183	183	183

	指标	非农产业结构系数	全员劳动生产率	规上工业总产值利税率	—	—
经济结构与效率	相关系数	0.798**	0.856**	0.062	—	—
	P 值	0.000	0.000	0.406	—	—
	自由度	183	183	183	—	—
经济活力	指标	地区生产总值增长速度	社会固定资产投资总额	人均社会消费品零售总额	职工平均工资	—
	相关系数	0.046	0.868**	0.807**	0.355**	—
	P 值	0.537	0.000	0.000	0.000	—
	自由度	183	183	183	183	—

注：①此相关分析以 2001—2018 年平均的四川省 183 个县域的相应指标数据为样本。
② ** 表示在 0.01 水平（双尾）相关性显著。

3）结果分析

无论是在 2001—2018 年（表 7-8），还是在 183 个县域间（表 7-9），经济实力 5 项指标与四川省县域经济综合竞争力指数均呈显著的正相关关系。这说明 21 世纪以来，经济实力规模的不断增强和扩大是四川省县域经济综合竞争力水平不断提高（不断正向演化）的重要推动力，县域间经济实力规模的差异是造成经济综合竞争力水平在 183 个县域间显著差异的重要因素。与此同时，经济结构与效率 3 项指标中，除规模以上工业总产值利税率外的其他指标，经济活力 4 项指标中除地区生产总值增长速度外的其他指标，与县域经济综合竞争力也呈现出显著的正相关关系。这表明随着产业结构的不断优化升级、生产效率的不断提高，以及在县域投资需求和消费需求的不断推动下，四川省县域经济综合水平不断提高。当然，不同县域经济结构效率以及经济活力的不同也造成了县域经济综合竞争力水平的分异格局。所以，发展壮大县域经济是提升四川省县域经济综合竞争力的核心和关键。而发展县域经济不光要注重经济规模的扩大，在新时期更要注重经济结构的优化升级和经济效率的提高，同时还要注意激发经济活力，增强经济发展后劲。

（三）社会因素的作用

社会因素在县域经济综合竞争力水平时序演化和空间分异中起着重要作用，主要包括社会基础、社会服务与保障三个方面。

1. 社会基础的作用

县域经济综合竞争力水平的提高与包括县域人口状况、居民生活水平以及城镇化、信息化和思想文化观念等的社会基础因素密切关联（表 7-10）。人口因素往往是一个区域经济发展的重要动力，对区域经济的影响不仅体现在人口数量上，人口质量与结构也发挥着越来越重要的作用。虽然对于一个区域而言，过多的人口可能会增加资源环境的压力进而限制发展，但适量的人口却是扩大再生产、发展经济的劳动力保障和基础。同时，一定数量的人口也是区域扩大市场规模、增加需求进而激发经济活力的条件，因而人口数量对县域经济综合竞争力水平具有明显的影响。

2001 年，综合竞争力高水平类型县域的人口密度分别为中高水平、中等水平、中低水平和低水平类型县域的 5.5 倍、8.6 倍、8.9 倍和 16.0 倍；2018 年高水平类型县域的人口密度分别为中高水平、中等水平、中低水平和低水平县域的 4.7 倍、6.6 倍、15.0 倍和 51.8 倍。高素质人员在现代区域经济发展中的作用不可否认，许多地方把培育和引进人才作为发展经济的重要抓手，因为高素质意味着更高的创新力和更先进的科学技术以及更高的生产效率。此外，人口结构也会对县域经济发展产生一定的影响。在四川省川西三州的县域中，民族结构的影响明显，不同民族在生产生活方式、语言文化习俗等方面的不同，造成民族县和其他县域经济发展的差异（图 7-1）。区域居民生活水平的高低状况会直接影响消费能力及其他经济活动的开展和效度，从而影响经济活力；同时县域城镇化和信息化水平等状况也会直接影响区域内人们的生活水平、获取资源的能力以及生产生活方式等，进而影响县域经济发展活力和县域经济综合竞争力水平。四川省不同综合竞争力水平类型县域在城镇化率、移动电话用户数量及城乡居民储蓄存款余额方面的差距也是非常大的（表 7-10）。

表 7-10 不同综合竞争力水平类型县域社会因素部分指标对比

年份	县域类型	人口密度 /（人 / km^2）	城镇化率 / %	移动电话用户 / 户	城乡居民储蓄存款余额 / 亿元	每万人医院床位数 / 张	平均耕地面积 /（hm^2/ 万人）	有效灌溉面积比重 / %	等级公路密度 /（km/ km^2）	每万名中小学教师数 /（人 / 万人）
2001	高水平	2 741	46.4	72 676	33.7	45	321	76.2	0.9	546
	中高水平	501	25.9	39 835	21.5	30	536	72.7	0.5	549
	中等水平	317	19.8	17 772	10.8	27	755	58.6	0.3	603
	中低水平	307	13.2	12 992	10.8	19	708	45.0	0.2	529
	低水平	171	8.8	6 769	4.6	14	692	31.2	0.1	475
	全省县域平均	672	19.7	22 525	14.0	24	635	52.1	0.3	534
2018	高水平	3 613	74.2	973 744	793.9	74	328	71.6	1.5	686
	中高水平	768	56.8	649 086	468.1	58	675	52.4	1.8	703
	中等水平	550	47.0	627 855	320.6	34	888	47.6	1.4	678
	中低水平	241	40.7	330 716	166.1	33	1 070	40.9	0.9	779
	低水平	70	30.7	126 971	58.6	25	1 049	33.7	0.4	676
	全省县域平均	801	46.4	438 868	275.9	41	888	46.2	1.1	725

注：因四川统计年鉴 2012 年后缺乏相关数据，表中 2018 年每万人医院床位数用 2012 年数据代替。

2. 社会服务与保障的作用

社会服务与保障是县域经济发展的重要基础和保障。社会服务与保障诸要素和区域经济发展是相互联系、相互支撑、相互促进的关系。区域经济发展水平的提升会增强区域社会服务与保障水平，社会服务与保障水平的提升又进一步推动区域经济发展，同时社会服务与保障的区域差异自然也会造成区域经济发展之间的差异[50]。21 世纪以来，四川省县域经济综合竞争力水平不断提高，各县域在教育、医疗、文化等方面的服务水平有了很大程度的提升（表 7-10）。全省县域平均每万名中小学教师数从 2001 年的 534 人 / 万人增加到 2018 年的 725 人 / 万人，每万人医院床位数从 2001 年的 24 张增加到 2012 年的 41 张。基础设施、农业支撑等方面的社会保障水平也有很大程度的提高。全省县域平均的等级公路密度从 2001 年的 0.3 km/km^2 增加到 2018 年的 1.1 km/km^2，平均耕地面积从 2001 年的 635 hm^2/ 万人增加到 2018 年的 888 km^2/ 万人，移动电话用户从 2001 年的 22 525 户增加到 2018 年的 438 868 户。同时，社会服务与保障的县域差异自然也形成了不同县域经济综合竞争力水平之间的差异（表 7-10）。

3. 社会各因素作用的定量验证

为进一步验证社会基础因素、社会服务与保障等因素对四川省县域经济综合竞争力水平演变及差异格局的作用关系，在下文中对这些指标变量作相关分析。

1）指标选取

参考相关文献，同时根据数据的可获得性，社会基础方面指标选用人口密度、城镇化率、移动电话用户和城乡居民储蓄存款余额，分别反映县域的人口数量、城镇化、信息化发展水平以及居民生活水平；分别选取每万人医院床位数和每万名中小学教师数来反映县域医疗服务和教育文化服务水平；选取等级公路密度、平均耕地面积和有效灌溉面积比重反映县域在交通、农业水利等方面的基础设施和农业支撑方面的社会保障状况。

2）分析思路方法

分析思路方法类同于经济因素作用的分析，即分别求出 183 个县域的解释变量和被解释变量在 2001—2018 年各年份的均值，然后对其均值进行皮尔逊相关分析（表 7-11）；再分别求出解释变量和被解释变量在 2001—2018 年各年份的均值，然后对其均值进行皮尔逊相关分析（表 7-12）。

表 7-11　四川省县域经济综合竞争力指数与社会因素的相关性

指标	人口密度	城镇化率	移动电话用户	城乡居民储蓄存款余额	每万人医院床位数	每万名中小学生教师数	人均耕地面积	有效灌溉面积比重	等级公路密度
相关系数	0.781**	0.869**	0.675**	0.789**	0.663**	0.001	−0.607**	0.657**	0.700**
P 值	0.000	0.000	0.000	0.000	0.000	0.986	0.000	0.000	0.000
自由度	183	183	166	175	183	183	183	183	183

注：①此相关分析以 2001—2018 年平均的四川省 183 个县域的相应指标数据为样本。
② ** 表示在 0.01 水平（双尾）相关性显著。

表 7-12 四川省县域经济综合竞争力指数与社会因素的相关性

指标	人口密度	城镇化率	移动电话用户	城乡居民储蓄存款余额	每万人医院床位数	每万名中小学生教师数	人均耕地面积	有效灌溉面积比重	等级公路密度
相关系数	0.804**	0.956**	0.976**	0.990**	0.932**	0.972**	0 757**	-0.315	0.967**
P 值	0.000	0.000	0.000	0.000	0.000	0.000	0.000	0.203	0.000
自由度	18	18	18	18	12	18	18	18	18

注：①此相关分析以 2001—2018 年平均的四川省 183 个县域相应指标数据为样本。
② ** 表示在 0.01 水平（双尾）相关性显著。

3）结果分析

2001—2018 年，社会因素中除有效灌溉面积比重外的其他 8 项指标均与县域经济综合竞争力指数呈显著的正相关关系（表 7-12）。这表明自 21 世纪以来，随着人口数量的增加、城镇化、信息化水平以及人们生活水平的不断提高，四川省县域社会基础不断加强，县域经济综合竞争力水平不断提高。与 2001 年相比，2018 年的人口密度增加了 19%，城镇化率提高了 136%，移动电话用户数增加了 18.5 倍，城乡居民储蓄存款余额增加了 18.69 倍。县域医疗、教育文化等社会服务水平也不断提高。2018 年县域平均每万人医院床位数和每万名中小学教师数分别较 2001 年增加了 69% 和 36%。县域交通、农业等基础设施提供的社会保障力不断增强。2018 年县域平均的等级公路密度和人均耕地面积分别较 2001 年增加了 215% 和 40%。

除每万名中小学生教师数指标外，其他各项社会因素指标都与 183 个县域经济综合竞争力指数呈显著的相关关系（表 7-11）。这说明县域社会基础、社会服务和保障等因素的不同是造成四川省县域经济综合竞争力水平分异格局的重要因素之一，不同综合竞争力水平类型县域在社会各因素上的差异显著。所以，社会因素是县域经济发展的重要支撑力，新时期要提高县域经济综合竞争力，就要注意加强其社会基础，完善和提高社会服务保障水平。

（四）制度政策因素的作用

制度政策因素在区域经济演化与格局形成中发挥着重要的推动性作用。四川省县域经济综合竞争力时空演化亦是如此。

改革开放以来的经济体制改革是四川省县域经济综合竞争力不断提升的重要动力之一。但对于不同县域而言，由于制度改革的力度、强度以及相同制度的作用效果不同，致使不同县域经济发展水平呈现出很大程度的不均衡。主要表现为：不同县域经济制度改革的先后时间顺序和供给量不同，一些制度改革和优惠的经济政策往往首先是在各方面条件较为优越的成都市县域试行，再逐步向其他地区推进。例如农村土地制度改革、全国统筹城乡综合配套改革试验区建设、中国（四川）自由贸易试验区建设等。同时，不同县域由于经济区位、经济基础以及相关的软硬件配套设施等的差异，导致相同制度接受阻力的大小和转换效果不同。例如许多山区县域、民族县域等，由于地处偏远、经济基础薄弱、许多软硬件配套设施（如交通、通信等）相对落后，以及人们的思想观念落后保守等诸多因素的限制，致使制度接受阻力大，制度转换率相对低下。

国家宏观层面的区域发展战略及政策、不同层级的行政单元内部及其相互之间的发展战略，都会对区域经济时空格局的形成演化产生不容忽视的影响。21 世纪以来，国家层面上的发展战略及政策对四川省县域经济发展产生了重要影响。如“西部大开发”“一带一路”“长江经济带”和“成渝经济区 / 成渝城市群 / 成渝地区双城经济圈建设”等区域发展战略和新型城镇化发展战略、乡村振兴战略、脱贫攻坚战略、主体功能区战略等一系列战略的深入实施，对推动四川省县域经济发展、缩小县域之间的差距具有重要作用。同时，四川省制定并实施的“多级多点”[1]“扩权强县”[70-71]“一干多支、五区协同”[66]等战略政策对提升四川省县域经济综合竞争力、缩小县域差距同样发挥着巨大作用。

三、驱动作用的变化与差异分析

（一）驱动因素作用的变化

2001—2018 年，尽管县域经济实力、结构与效率、民生水平和发展基础 4 项分项指数的不断增长，使得四川省县域经济综合竞争力指数也不断增长，县域经济综合竞争力水平整体上持续不断提升（图 3-1），但各分项指数占综合竞争力指数的比例却呈不同变化趋势（图 7-2）。经济实力与民生水平指数呈不断上升趋势，其比例分别从 2001 年的 15.02% 和 16.52% 上升到 2018 年的 33.23% 和 30.64%。结构效率与发展基础指数呈现出一定的下降趋势，其比例分别从 2001 年的 29.46% 和 39.01% 下降到 2018 年的 19.62% 和 16.52%。这说明 21 世纪以来，经济实力及其带动的民生水平对四川省县域经济综合竞争力的贡献率不断提高，而结构效率与发展基础的贡献率则呈现下降趋势，也佐证了经济实力基础是推动县域经济不断演化提高的核心动力。当然经济结构效率需进一步优化提高，社会基础和服务保障需进一步加强和完善。

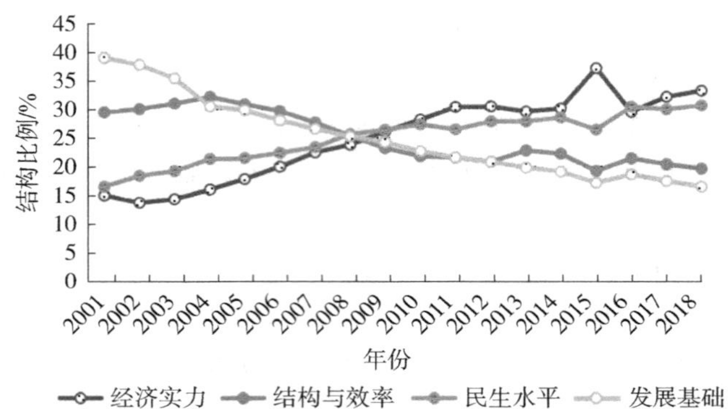

图 7-2 2001—2018 年四川省县域经济综合竞争力平均指数构成变化

（二）驱动因素作用的差异性

区位因素、经济因素、社会因素及政策制度因素的共同作用形成了县域经济综合竞争力的差异性，但对于不同的县域而言，不同因素的作用程度具有较大的差异性。对于综合竞争力高水平类型的县域而言，经济实力的贡献最大，所占比例为 41.14%，其次是结构与效率占比 20.75%，民生水平和发展基础分别占 19.78% 和 18.33%。中高水平和中等水平类型县域的经济综合竞争力中，经济实力的比例也最高，分别为 30.71% 和 31.45%，中高水平类型的结构效率比例高于中等水平，为 25.46%。对于中低水平和低水平类型县域而言，贡献率最高的都是民生水平，比例分别为 31.87% 和 41.53%，其次是发展基础，比例分别为 24.73% 和 25.06%，经济实力的贡献率最低（表 7-13）。

综合竞争力水平不同类型县域之间的差异主要体现在经济实力上，高水平类型县域经济实力指数分别是中高水平、中等水平、中低水平和低水平的 2.28 倍、2.93 倍、6.22 倍和 15.28 倍；其次是结构效率，高水平类型县域结构效率指数分别是中高水平、中等水平、中低水平、低水平的 1.39 倍、

2.02 倍、2.50 倍、3.61 倍；不同类型县域在民生水平和发展基础上的差异要相对小一些（图 7-3）。这一结果与第四章四大类型县域经济分项竞争力分析的结果（图 4-6）及第六章五大经济区县域经济分项竞争力分析的结果（图 6-9）是一致的，进一步表明经济实力基础因素是造成县域经济综合竞争力分异的最重要因素，当然也是中低水平、低水平类型县域经济综合竞争力提升的最主要制约因素。

表 7-13　不同类型县域经济综合竞争力分项指数及其比重

项目	县域类型	综合竞争力	经济实力	结构与效率	民生水平	发展基础
指数	高水平	0.166 1	0.068 3	0.034 5	0.032 9	0.030 4
	中高水平	0.097 8	0.030 0	0.024 9	0.023 0	0.019 9
	中等水平	0.074 2	0.023 3	0.017 1	0.016 2	0.017 5
	中低水平	0.057 0	0.011 0	0.013 8	0.018 2	0.014 1
	低水平	0.042 0	0.004 5	0.009 6	0.017 4	0.010 5
比重 /%	高水平	100.00	41.14	20.75	19.78	18.33
	中高水平	100.00	30.71	25.46	23.52	20.32
	中等水平	100.00	31.45	23.07	21.88	23.60
	中低水平	100.00	19.27	24.13	31.87	24.73
	低水平	100.00	10.65	22.76	41.53	25.06

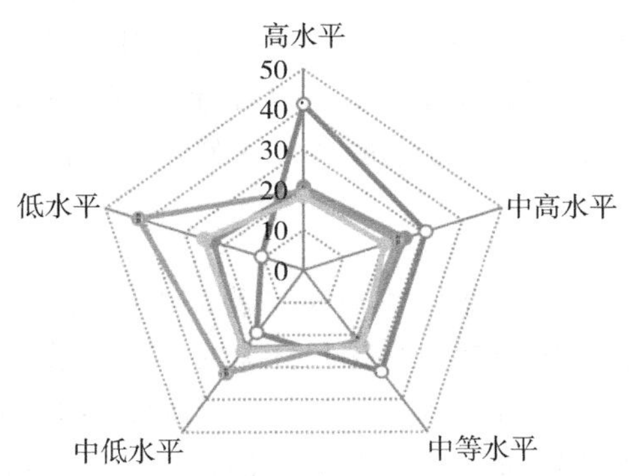

图 7-3　不同类型县域经济综合竞争力分项指数构成

四、主要结论与讨论

（一）主要结论

在定性分析的基础上，本章运用相关分析对各驱动因素与四川省县域经济综合竞争力时空演化和分异的作用关系进行了定量检验。主要结论为：

（1）区位因素在四川省县域经济综合竞争力时空演化和差异格局形成中发挥着重要的基础性作用。在自然区位上，综合竞争力指数平原县＞丘陵县＞盆周山区县＞民族县；在经济区位上，绝大部分高水平和中高水平类型县域集中分布在成都市及其周边位于成都平原、靠近交通干线的区域范围；在行政区位上，省会城市县域和城市主城区县域的综合竞争力水平均高于其他类型县域。

（2）经济因素特别是经济实力，在四川省县域经济综合竞争力时空演化和差异格局形成中起着决定性作用。21世纪以来，经济实力及其带动的民生水平对四川省县域经济综合竞争力的贡献率不断提高，经济实力是推动县域经济综合竞争力演化提高的核心动力。综合竞争力水平不同类型县域之间的差异主要体现在经济实力上，经济实力是形成县域差异的最重要因素，也是中低水平、低水平县域经济综合竞争力提升的最主要制约因素。

（3）社会基础、社会服务保障等社会因素和制度政策在县域经济综合竞争力水平时序演化和空间分异中起着重要的保障和支撑作用。

（4）在驱动因素作用的变化和差异性上，21世纪以来，经济实力和民生水平对四川省县域经济综合竞争力的贡献率不断提高，结构效率与发展基础的贡献率呈下降趋势。对于综合竞争力高水平、中高水平和中等水平类型的县域而言，经济实力的贡献率最大，其次是结构与效率；对于中低水平和低水平类型县域，民生水平的贡献率最高，其次是发展基础，经济实力最低。

（二）讨论

（1）在定性分析的基础上，本章定量验证了区位、经济、社会各因素对四川省县域经济综合竞争力时空演化和分异的作用关系。但由于量化的困难，对制度政策因素的作用关系未做量化验证。因此，如何量化分析制度政策因素对县域经济发展的作用机制是有待进一步研究、探讨的问题。

（2）对各因素与四川省县域经济综合竞争力时空演化和分异的作用关系分析是基于截面数据的统计分析。由于相关指标数据的可获得性、指标间的多重共线性等问题，没有做基于面板数据运用更为复杂计量模型开展的驱动机制分析。这是今后县域经济综合竞争力时空演化和分异驱动机制研究需进一步探索的重要方法。

（3）一般而言，一个区域的民生水平与其经济实力的大小是紧密相关的，因此得出结论“民生水平对中低水平和低水平类型县域经济综合竞争力的贡献率（即比重）最高，其次是发展基础，而经济实力最低”似乎有些矛盾。但事实上，该结论是符合中低水平和低水平县域实际的。由前面几章的分析可知，综合竞争力处于中低水平和低水平类型的县域大部分是地处偏远、自然条件恶劣的山区县域和民族县域，这些县域虽在经济实力上较弱，但大多属于老、少、边等特殊类型地区，有着特殊的政治地位和生态价值，有来自中央和地方政府的扶贫攻坚及民生建设等政策优势，对其民生条件的改善及基础设施建设等起着重要的支撑作用[37]，而这无疑提高了民生水平在其综合竞争力中的比重和作用。同时，相对较弱的经济实力也提高了相对较高的民生水平在其综合竞争力中的比重。

第八章　四川省县域经济综合竞争力提升对策

一、提升县域经济综合竞争力的基本原则

（一）科学、系统、全面发展原则

县域是特定区域内的各种因素和过程相结合的一个复杂系统。四川省县域经济综合竞争力时空演化及分异格局是包括区位、经济、社会、制度政策等诸多因素相互影响、相互作用的结果。所以，要实现县域经济的科学、健康发展，必须认清其所处的客观环境条件，包括资源条件、交通条件、区位条件、风俗习惯、文化以及国家和地区的经济发展政策、相关法律法规等。这些客观条件都在不同程度地影响着县域经济发展，有的作为优势条件会促进县域经济发展，有的则是县域经济发展的重要“瓶颈”和制约。发展县域经济必须对此有充分的认识，充分发挥优势条件，努力克服劣势和不足，才能使其有好的发展。同时，作为一个特定层次的区域经济系统，县域经济有其自身发展的规律，因此在发展中需要不断探索、认识并遵循县域经济发展、演变的趋势和规律，促进县域经济的健康、快速发展。

发展县域经济，不仅仅是一个经济问题，更是一个社会问题，还与相关的制度政策等紧密关联。县域经济的发展状况，不仅影响和决定着县域居民的消费水平和生活状况，而且影响和决定着其社会、文化事业的发展；反之，县域社会、文化事业的发展状况及基础设施条件等，又不可避免地对县域经济发展产生影响。因此，县域经济发展不能就经济论经济，而要从经济、社会、文化等全面协调的高度考虑，既要大力发展县域经济，通过发展县域经

济促进县域基础设施、教育、卫生、文化及社会保障等事业的发展，又要重视社会事业的发展，通过文化科技的不断提升和基础设施的不断建设和完善，推动县域经济发展。在资源开发利用中，既要注重对自然资源和地理区位等优势的开发利用，还要注意对人力资源及文化资源等的发掘和利用，同时还要注重相关的体制机制及政策的创新和改革，以更好地支持并促进县域经济全面、协调发展。

（二）差异化、特色化原则

四川省地域广阔，县域数量多，各县域在地理环境、自然资源以及人口、经济社会发展水平、风俗习惯、宗教信仰等方面的差异非常大。因此，县域经济发展不可能有统一的模式，各县域要认清自身客观条件，找准自己的位置，充分利用和发挥自身的特色和优势，走差异化、特色化发展之路。如四川省“四大类型县域”“五大经济区县域”和“21 个市（州）县域”在经济发展战略规划目标、产业定位和布局、软硬件环境设施建设以及制度政策等方面是有很大差异的。在市场竞争日益激烈的背景下，特色就是生命力，也是竞争力。各县域要立足自身实际，充分发挥当地的区位、资源、经济、市场和技术等方面的比较优势和地方特色，扬长避短，培育和发展自身的优势产业和支柱产业，将区域优势转化为竞争优势，增强县域竞争力。

（三）区域协调发展原则

县域经济并非孤立的经济单元，而是处于区域经济的有机联系之中。发展县域经济，不能自我孤立或封闭，而是必须立足于县域自身，面向全市（或全州）、全省和全国，找准自身在大区域（如成渝城市群、成渝地区双城经济圈、长江经济带、“一带一路”等）分工中的定位，确立比较优势和产业分工，积极融入大区域的经济发展之中。要充分利用区域中心城市的辐射带动作用，主动参与区域分工协作，实现资源共享、优势互补，实现区域内县域的共同发展。要重视并积极推进新型城镇化，强化城区和县城同步建设发展，积极深入实施乡村振兴战略，推动城乡统筹协调发展。

依照区域协调发展的思想，不同县域之间的差距不宜过大，否则，将不利于促进区域之间的共同发展和社会和谐。而差异悬殊、不平衡性特征突出是四川省以及各市（州）县域经济发展的主要特征之一。为此，四川省县域经济发展必须要重视、支持和推动落后县（市）的发展，特别是那些县域经济综合竞争力很弱的民族县、贫困县、山区县和革命老区县等，要由点及面，开展梯级合作。应在国家和省市的政策指导下，通过财政、金融等政策的支持和倾斜，逐步缩小县域间的差异，促进县域经济的共同发展和社会和谐。

（四）可持续发展原则

县域经济可持续发展原则强调，人与自然环境的关系是互为依存、协调发展的和谐关系，经济增长不能以损害环境作为代价；经济发展除数量增长外，还包括质量、效益的提高；经济发展与社会进步应基本同步，经济社会的可持续发展要以良好的生态环境为基础。显然，作为一种发展思想和模式，可持续发展首先强调的是发展，当然相较于传统的“发展观”，这里的“发展”追求的是一种更为科学合理的持续发展。近些年来，四川省县域经济虽然有了较大发展，但整体水平不高和不均衡特征仍然突出。对于大部分县域而言，只有加快县域经济发展，才能解决物质和精神文明建设过程中遇到的诸多问题，才有可能逐步消除贫困，提高人民的生活水平，并为持续发展提供必要的能力和条件。因此，对于四川省县域经济而言，发展是第一要务。经济发展是实现社会、生态可持续发展的前提条件，坚持可持续发展不能以牺牲经济发展速度为代价，必须保持较快的经济增长速度。当然，在县域经济发展过程中，应坚持发展速度与效益的统一，正确处理好经济社会发展与环境保护之间的关系，不能一味地追求经济增长而不顾环境污染、生态破坏和资源浪费等问题，通过转变经济增长方式和调整经济结构，尽可能达到在实现经济发展的同时促进环境保护，实现县域经济、社会和生态可持续发展。

（五）市场导向和政府推动相结合原则

在市场经济条件下，县域经济发展必须以市场为导向，产品培育、产业结构调整等必须要以市场为导向，围绕市场占有份额和市场竞争力做文章，发展市场潜力大和开发前景好的产业、产品。在我国城市消费正处于升级转换的新时代背景下，积极推进产业和供给的转换升级，加强消费升级与产业升级的联动，可以推动县域经济高质量发展。同时，市场是开放的，没有严格的区域界限，县域经济发展不能局限于本县域，而要跳出县域范围，在更大的区域内进行资源配置，促进资金、技术、信息、人才在不同区域之间的流动，把握大城市、中心城市产业发展带来的机遇，积极承接产业转移。既要考虑市（州）内、省内消费结构及其变化趋势，又要面向国内外市场，培育和发展特色鲜明、市场竞争力较强的品牌产品和服务，不断为县域经济发展增添活力。

县域经济发展中要坚持市场化原则，以发挥市场在资源配置中的主导性作用。同时，绝不能忽视政府在县域经济发展中所起的重要作用。因为在现实经济中，市场失灵是客观存在的，是市场本身所无法克服的。况且在许多县域，市场本身就是不健全和不完善的，这就更加要求充分有效地发挥政府的作用，弥补市场缺陷。特别是对于那些经济落后、制约因素多、自身发展能力很弱的县域而言，尤其需要政府的力量去克服发展中的一些节点性障碍，打破长期以来一直处于低水平均衡的状况，推动县域经济发展。当然，政府作用对县域经济发展虽不可替代，但在现实经济中，特别是在转型时期，政府失灵的现象也普遍存在，以至于对一些县域的经济发展甚至造成了负面的影响和作用。因此，县域经济发展迫切需要政府转变职能，尽可能克服一些政策等的消极影响[72]，提高政策效果和工作效率，发挥政府在县域经济发展中的积极推动作用。

二、四川省县域经济综合竞争力提升对策

（一）培育和完善县域产业体系，促进产业结构优化和转型升级

产业发展是县域经济发展的载体，培育和完善具有竞争力的产业体系，是提升县域经济竞争力的关键。各县域要结合自身在区位、资源禀赋、技术资金等方面的优势，合理定位和规划好其产业，确定和培育主导产业、支柱产业和潜在优势产业，形成一定的具有自身特色和竞争优势的产业体系。产业基础较好的县域应注重其产业结构的进一步优化和产业结构的转型升级，在产业发展中，注重与科技、信息技术的融合，促进新型业态的发育成长。要强化区域内产业分工与协作，形成产业配套及关联的集成效应，形成适合本地发展的特色产业集群，推动县域产业升级和县域经济发展。对于工业基础相对薄弱的县域，应采取多种形式的机制政策（如建立产业园区，完善创业服务和扶持政策等）吸引工业企业的进驻，主动承接发达地区产业的梯度转移。农产品主产区县应注重以优势特色农业为主线，促进县域农业结构的调整和优化。通过特色农产品加工基地的建设，培育和发展有竞争优势的农产品加工业，在空间布局上积极引导农产品加工业向县域范围布局，这样就

有了靠近农产品原料产地的优势，在增强其竞争力的同时，也能带动周边农村的发展。

（二）推动新型城镇化，促进城乡融合发展，释放县域发展新动能

推动新型城镇化是提升县域经济的重要方向和突破口。新型城镇化要以城乡统筹、城乡融合为导向，协调好大中小城市、小城镇和新型农村社区的联动和共同发展。四川大部分县域的城镇化水平还比较低，在城镇化方面潜力很大。2020 年 5 月 29 日，国家发展改革委印发《关于加快开展县城城镇化补短板强弱项工作的通知》[73]。借此机遇，四川省要加强县域范围内的基础设施建设和重大工程建设，提升县城在教育、医疗、商贸和数字信息等领域的公共服务水平，并加强中心镇建设，增强县城和乡镇的凝聚力和吸引力，推动县域城镇化，促进县域经济发展。同时，要引导和鼓励资本、科技和人才进入乡村，促进农村三次产业的融合发展；建设美丽新乡村，积极培育农村新产业新业态，探索农村产业融合发展新载体、新模式，加快推进农业农村现代化，推动城乡统筹协调发展。

（三）科学统筹县域经济系统，缩小区域差距，促进县域经济全面协调发展

县域经济要打破壁垒，谋求跨行政区域共赢[10]。随着市场经济体制改革的深化和市场经济发展，市场机制在资源配置范围上更加广泛。而大部分的县域在行政区划、传统思维等因素的影响下，其发展仍旧注重在县域自身的行政区划范围内进行。所以，在经济进入新常态、竞争日趋激烈的背景下，县域经济的高质量发展需要跳出自身的行政区划边界，充分整合与利用区域内外的资源和市场，融合县域经济和城市经济，将县域经济放到大区域内［如全市（州）—全省—全国］来统筹县域发展，走共同发展的道路。

基于此，四川省各县域一方面要从要素、产业、乡镇等各方面进行科学统筹，优化产业结构、城镇结构，促进要素流动的畅通，推动县域经济综合发展。另一方面，要从“一带一路”、成渝地区双城经济圈、全省、全市（州）的战略高度，根据中央和省级关于县域经济发展的制度、规划及相关政策，统筹县域经济发展，实现经济圈、省、市（州）等区域县域经济的全面协调发展。四川省县域经济综合竞争力评价及分析结果显示，综合竞争力水平在全省、市（州）及不同类型县域间的差异显著甚至巨大，不同县域在不

同的方面各有优劣。这种状况要求县域间要相互合作、取长补短，通过跨越行政区划的经济规划促使要素在不同县域之间的自由流动，逐步形成不同区域县域之间的协作与协调。通过“强县城战略”“强中心镇战略”，在区域内培育县域经济发展增长极，并充分发挥其扩散效应，使各县域都能在协作与协调中受益。如长江经济带、成渝地区双城经济圈、成都“一小时经济圈”、成都环线经济圈建设，绵（涪城区、游仙区）—江（江油市）—安（安州区）—北（川）同城化建设等，将形成不同区域间的合作机制，在更大范围内促进各县域的共同发展[74]。又如，四川省许多县域都具有一定的生态旅游和历史文化资源，全省通过重点区域推动县域旅游整合发展，以大香格里拉、大九寨沟、大成都、大峨眉、攀西、秦巴、川南七大地区为重点区域，整合全省县域旅游连线连片发展，打造出了具有一定扩散效应的、各具特色的旅游圈[74]，带动县域经济发展。还有一些民族县域、丘陵县域、山区县域、平坝县域、高原县域、藏区县域等，可以利用其在自然资源、交通及区位等条件上的相近和共同之处，统筹整合其共有的特色农产品，形成具有竞争优势的规模化、标准化、产业化、特色化的生产基地，提高农产品的整体市场竞争力，提升县域经济。

（四）持续加强基础设施和人力资源建设，构筑更坚实的发展基础

基础设施作为县域经济体赖以生存和发展的基础和保障，是县域经济重要的组成部分。前述研究发现，自 2011 年以来，发展基础对县域经济综合竞争力的贡献趋弱。因此，各县域应在已有基础上，进一步加强基础设施建设，构筑更坚实的县域经济发展基础。各县域应通过加大道路建设、提高路网密度、提高道桥建设标准，不断提升在水、电、气、通信服务和污水垃圾方面的基础设施建设，来提升自身的综合承载能力，通过加强公共服务配套设施建设（如医院、学校、农贸市场等）来完善县域服务功能，以增强自身吸引力。同时，各县域还应重视和加强农村基础设施的建设，促进城乡共同发展。

人力资源基础往往关乎着县域经济发展的潜力与后劲。因而重视和加强教育投资特别是基础教育投资和职业教育投资对县域经济发展尤为重要。同时，针对四川省各县域农村人口素质仍需提高和农村人口相对富裕的状况，应强化对农村劳动力和外出打工人员的培训，培养“有技能、走得出”的农村技能型和经营型实用人才，推进劳务输出；培养“用得上、留得住”的新型农民；通过建立农村实用人才库，评定农民技术等级职称、颁发证书等方

式，构建农村人才的激发机制，为县域农村人才开发创造良好的政策环境[18]。此外，还要依托项目多种方式，积极引进和培养高技术人才和管理人才等，促进县域经济发展。

（五）积极探索体制和制度创新，激发县域经济活力

21世纪以来，四川省相当部分县域经济活力不足，共有88个（近50%）的县域经济综合竞争力水平类型属于中低或低水平的路径依赖或低水平负向演化型。这除了与其市场条件、区位条件和资源禀赋等因素有关外，还与体制、制度等方面的因素紧密相关。特别是在目前经济增长放缓的“新常态”背景下，创新驱动、变革驱动已成为促进经济增长的主要动力之一。由于数据可得性的限制，本次分析评价中体制、制度方面的指标并不多，但各县域在发展过程中绝不能忽视通过对体制和制度创新的探索和尝试，来激发县域经济增长活力。例如针对许多地震灾区的县域如平武县、盐亭县、北川县和青川县等，如何在灾后援建项目、资金等减少的情况下使其县域经济保持持续增长已成为一个难题。还有许多特殊类型县域（如民族县域、资源型县域、老工业基地县域等）近年来表现出的经济增长活力不足等问题。因此，各县域应结合全省在县域经济发展方面的相关改革，如扩权强县试点、统筹城乡综合配套改革、投资体制改革、差别化的县域经济考核机制等[1]，积极尝试和探索在投融资制度、土地产权管理、企业经营体制、审批制度、公共产品和服务供给制度等方面的创新和变革，激发县域经济的发展活力。如积极主动采取相应的政策调整和制度安排，培育和促进新技术、新业态、新模式的发育成长；积极探索一些农村土地承包经营权抵押、农民住房财产权抵押担保等方面的体制机制创新和改革，解决农村居民的资金难问题；通过对金融机构的调控、引导和改革，加大对县域经济和民生工程的金融支持力度；在政府管理中简政放权，充分发挥市场在资源配置中的作用；积极引导和促进民营经济发展；改善和优化投资环境，吸引更多的民间资本、区外资本投入到县域经济建设中来，多方面、多渠道地缓解县域经济发展面临的资金难题。

（六）充分发挥政府的作用

一些国外地区经济的发展经验和国内较为成功的县域（百强县）经济发展模式表明[75]，政府在地区经济或县域经济发展中发挥着重要的不可或缺的作用。政府部门不仅为县域经济发展提供公共服务和公共产品，更重要的是

政府要根据实际制定大区域或县域产业中长期发展规划，明确发展方向、目标和产业定位；采用一定的区域政策如产业政策、科技政策、支农政策等对县域经济发展进行调控和引导，对一些地区（如欠发达地区和特殊类型区）给予一定的政策上的倾斜和资金、项目上的支持。前面的分析表明，四川省县域经济综合竞争力差距悬殊，总体而言，综合竞争力处于中低水平和低水平类型的县域数量多，大部分年份比重在60%以上。对于这些县域而言，不利的区位、脆弱的自然环境条件和落后的经济使其县域经济系统在结构、速度效率以及基础条件上形成低水平相互制约，在很大程度上制约着当地县域经济的发展，这就需要政府的力量帮助这些县域突破社会经济发展中的一些节点障碍，推动县域经济发展。对于四川省一些欠发达的民族县、山区县而言，要实现县域经济发展的突破和提升，应更好地去把握和利用来自中央政府层面的许多政策红利和支持，如战略资源创新开发试验区、扶贫区、少数民族地区、生态涵养区等的政策。同时，地方政府结合特定时期内的地方经济发展特征和问题，应及时地制定出适合当地发展的长短期规划等，充分发挥地方政府在县域经济发展中的主体作用。

第九章　绵阳市县域生态环境与经济协调发展时空演变

一、研究背景及意义

（一）研究背景

自 2012 年党的十八大首次提出“美丽中国”并将生态文明纳入“五位一体”的总体布局中以来，生态文明建设已上升到国家战略的高度，生态文明、循环发展、绿色发展已成为国家和区域经济社会发展的重要关注点。区域生态环境是经济发展的重要基础和载体，协调好经济发展与生态环境的关系，已成为实现区域经济可持续发展的关键问题之一。因此，生态环境和经济协调发展问题已成为近年来备受各国政府关注和国内外学者们不断深入研究的热点问题。

（二）国内外研究现状

近年来，国内外诸多学者从不同角度出发，对生态环境与经济发展间的耦合协调关系进行了广泛而深入的研究。在研究区域上，大多以省域[76]和流域[77,78]研究为主；在研究方法上，能值理论[79]、系统动力学[80]、生态足迹分析[81]、熵值法[82]、神经网络[83]、GIS 及遥感定量测量[84]等模型与方法均被引入；在研究内容上，既有对生态环境与经济耦合协调发展的因子贡献度分析，也有对二者耦合关系的时序研究[85]，还有学者深化到农业[86]、工业[87]、旅游[88]、土地利用[89]等领域，扩展为引入社会[90]、人口[91]、水资源[92]等子系统构建多维体系耦合模型。

梳理已有相关研究可以发现，国内外在生态与经济耦合协调关系的研究上呈现出方法的多样化、模型化趋势，在研究内容上也表现出多指标基础上的综合化倾向，在研究尺度上出现了从较大区域范围（如省域、流域等）向更小尺度县域、乡镇等范围的转变，在研究维度上从注重时序演化向注重时序变化和空间分异的多维度相结合发展。

（三）研究目的及意义

综合相关研究，在研究维度上主要集中于协调度、耦合关系及时序变化分析，对空间分异的分析研究较少；在研究层次和尺度上，县域层次上的研究较少，较少揭示更为深入的格局特征和演化机理；且不同地区具有不同的特征，一般的规律不一定适合所有区域。绵阳市作为四川省第二大城市，近年来在经济快速发展和城镇化建设过程中，特别是在经历了重大地震灾害后的恢复重建和发展过程中，其生态环境与经济发展的协调耦合关系究竟如何？这种耦合关系在县域之间的时空演变、地域差异和演变机理又如何？这些问题的研究对绵阳市建设西部经济文化生态强市、实现可持续发展以及全面建设小康社会等具有重要意义。而已有文献对绵阳市生态环境与经济发展协调关系的相关研究还很少见。

基于此，在县域层次上对绵阳市生态环境与经济协调发展的时空演变进行实证研究，不仅期望在理论上对相关问题的研究提供一些有益的补充和发展，更为重要的是，旨在从多个角度更加具体、客观、准确地揭示和反映绵阳市不同县域的环境经济协调发展状况、变化趋势及协调机理，为各县（市、区）有效促进生态环境与经济协调发展以及相关政策、规划的制定提供实践参考依据。

二、绵阳市概况

（一）辖区范围

绵阳市位于四川省西北部，涪江中上游地带，是国家批准建设的我国唯一的科技城。绵阳市呈北、西、南、东条带状分布，东西宽约 144 km，南北长约 296 km，辖 5 县（三台县、梓潼县、盐亭县、北川县、平武县）3 区（涪城区、游仙区、安州区）1 市（江油市），面积 2.02 万 km^2（图 9-1），山区、丘陵区和平坝区面积分别占 61.0%、20.4% 和 18.6%[93]。

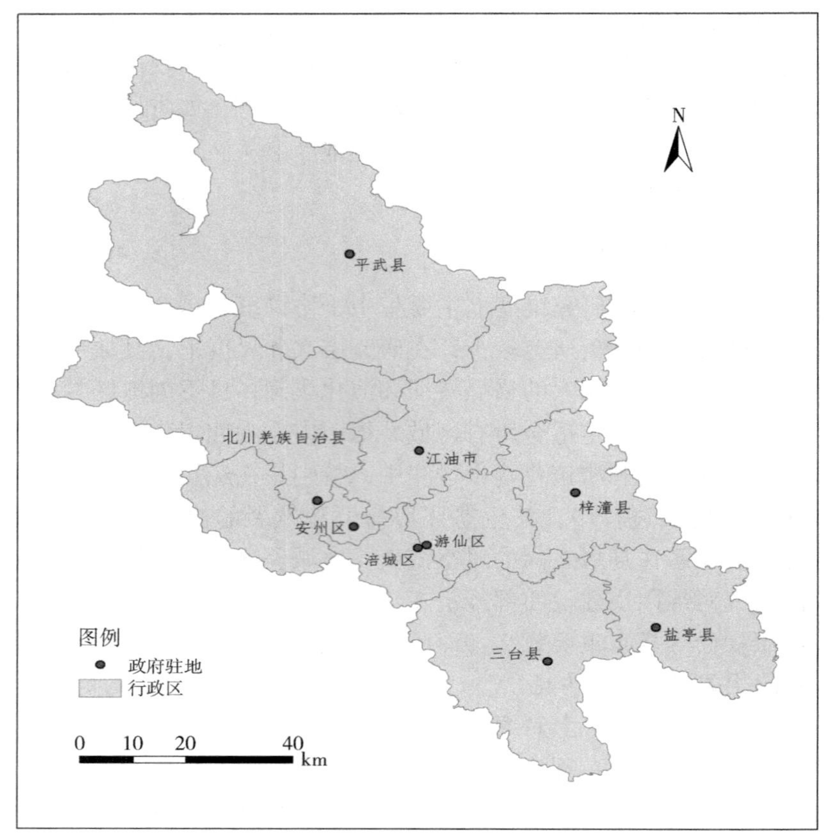

图 9-1　绵阳市行政区图

（二）社会经济发展

绵阳市是四川省第二大经济体。2018 年，全市地区生产总值 2 305.96 亿元，人口 485.7 万人，经济密度为 1 136.67 万元 /km^2，人口密度为 239 人 /km^2。2005—2018 年，绵阳市社会经济有了很大发展，地区生产总值从 2005 年的 482.97 亿元增加到 2018 年的 2 305.96 亿元，人均社会消费品零售总额从 3 276 元增加到 19 690 元，城镇居民可支配收入和农村居民纯收入分别从 8 201 元 / 人和 3 179 元 / 人增加到 34 411 元 / 人和 16 101 元 / 人。

（三）生态环境状况

绵阳市属北亚热带季风气候区，四季分明、气候温润，生态环境良好。

全市境内有大小河流、溪沟共 3 000 余条，河网密度 1.48 km/km^2。2019 年，绵阳市主要流域出境断面水质达标率达到 100%，城市绿地率达到 37.51%，森林覆盖率达到 55.45%[93]。

三、研究方法与数据来源

（一）构建测评指标体系

地区生态环境和经济发展是涉及该地区资源环境及社会经济活动等诸多因素的极为复杂的两个既有区别又紧密联系的子系统。基于此，遵循系统性、科学性、代表性、比例对应性以及数据可获得性等原则，紧密结合绵阳市县域实际，参考相关研究成果中，使用频度和效度较高的指标，分别从生态环境子系统和经济子系统两大层面构建了绵阳市县域生态环境与经济协调发展综合测评指标体系。这一体系共包括 22 项基本指标（表 9–1）。其中，生态环境子系统方面又从生态环境的要素禀赋、压力及响应三个维度选取了包括人均耕地面积、人均工业二氧化硫排放量、城镇生活污水集中处理率等在内的 10 项指标；经济子系统方面从经济规模、结构与潜力、质量与效益三个维度选取了包括地区生产总值、第二产业产值结构、城乡居民人均可支配收入等在内的 12 项指标。

表 9–1　绵阳市县域生态环境与经济协调发展测评指标体系

子系统	要素层	指标层	类型	权重
生态环境系统	要素	人均耕地面积 /（hm^2/ 人）	正向	0.096 8
		森林覆盖率 /%	正向	0.114 6
		人均自然保护区面积 /（hm^2/ 人）	正向	0.196 2
	压力	人均工业二氧化硫排放量 /（t/ 人）	逆向	0.057 8
		人均规模以上工业企业取水量 /（m^3/ 人）	逆向	0.094 7
		人均工业生产能源消费量 /（t 标准煤 / 人）	逆向	0.064 0
		单位耕地面积化肥施用量 /（t/hm^2）	逆向	0.091 2
	响应	城镇生活污水集中处理率 /%	正向	0.078 5
		单位工业增加值能耗比上年增减率 /%	正向	0.013 6
		每万人污水、生活垃圾处理厂数 /（座 / 万人）	正向	0.192 6

子系统	要素层	指标层	类型	权重
经济系统	规模	地区生产总值 GDP/ 万元	正向	0.142 0
		人均公共财政收入 /（元 / 人）	正向	0.132 6
		人均社会固定资产投资总额 /（元 / 人）	正向	0.107 9
	结构与潜力	第二产业产值结构 /%	正向	0.039 7
		第三产业产值结构 /%	正向	0.070 1
		城镇化率 /%	正向	0.115 7
		地区生产总值增长率 /%	正向	0.021 4
		工业增加值增长率 /%	正向	0.024 9
	质量与效益	人均地区生产总值 /（元 / 人）	正向	0.099 1
		城乡居民人均可支配收入 /（元 / 人）	正向	0.061 6
		人均社会消费品零售总额 /（元 / 人）	正向	0.107 4
		人均公共财政支出 /（元 / 人）	正向	0.077 7

（二）评价单元及数据来源

根据研究目的，以绵阳市所辖 5 县 1 市 3 区共 9 个县域作为分析评价的基本单元；同时，为了反映绵阳市县域生态环境与经济协调发展的平均状况，增加了一个评价单元——绵阳市县域平均状况，这样共有 10 个评价单元。

考虑到指标数据的可获得性、统一性、权威性和科学性，评价数据以公开统计数据为基础，原始数据资料来源于公开出版的各种统计资料，主要有 2004—2019 年的《绵阳市统计年鉴》《四川省统计年鉴》和《中国统计年鉴》。对于个别年份相关统计数据缺失的指标数据，部分是通过查取并参考绵阳市国民经济和社会发展统计公报、绵阳市各县（市、区）统计公报资料等进行插值，使数据具有较好的连续性和相对较高的可靠性。

（三）研究方法与步骤

1. 数据预处理

因本次测评的时间跨度长达 14 年，在此期间价格的变化是很大的。为了更加客观地反映研究单元在此期间的经济发展状况，必须充分考虑不同年份物价水平对相关指标数据的影响。为此，基于数据的可获得性，运用全国定基价格指数对相关经济指标数据进行了调整。用历年居民消费物价指数（1978 年为基年）对涉及受价格影响的有关指标进行调整，其中对固定资产投资额运用固定资产投资价格指数（1990 年为基年）进行了计算调整。

为了克服由于原始指标数据间的量纲不同对统计分析结果产生的影响，运用极差标准化方法对原始数据按指标（即变量）进行标准化处理。处理后的指标数据值都在 0～1。测评指标有正向和逆向之分，正向指标数据越大对评价结果越有利，逆向指标越小对评价结果越有利，其标准化公式[44]如下：

正向指标：

$$x_{ij} = \frac{X_{ij} - \min(X_{ij})}{\max(X_{ij}) - \min(X_{ij})} \tag{9-1}$$

逆向指标：

$$x_{ij} = \frac{\max(X_{ij}) - X_{ij}}{\max(X_{ij}) - \min(X_{ij})} \tag{9-2}$$

式中：x_{ij}——第 i 个县域单元的第 j 项指标的标准化后的数值；

X_{ij}——第 i 个县域的第 j 项指标的数据原值；

$\max(X_{ij})$、$\min(X_{ij})$——所有评价单元中第 j 项指标的最大值和最小值。

2. 指标权重计算

确定权重对于综合指数评价来说非常重要，赋权方法通常有主观赋权法和客观赋权法两类。客观赋权法根据各指标间的关联程度或各指标所含信息量大小来确定指标权重大小，即其赋权原始信息主要来自客观环境。在对原始数据标准化的基础上，本书采用客观赋权法——熵权法来确定各指标的权重。信息论中，熵是对信息量大小的一种测量，信息量越大，熵值越小；信息量越小，熵值越大。熵值法可以避免主观赋权法的主观性和片面性，在综合考虑各因素的基础上，可以准确反映综合评价体系中各指标所含的信息量[94,95]。具体步骤为：

（1）指标说明：设 r 为序列年份，要测算评价的有 n 个单元和 m 个指标，则 x_{ij} 为第 i 个县（市、区）的第 j 项指标值的标准化值（i=1, 2, ⋯, n; j=1, 2, ⋯, m）。此处，$n = 10 \times 14 = 140$，生态环境子系统中 m=10，经济子系统中 m=12。

（2）计算第 j 项指标下第 i 个县域占该指标的比重：

$$p_{ij} = \frac{x_{ij}}{\sum_{i=1}^{n} x_{ij}} \tag{9-3}$$

式中：i=1, 2, …, n；j=1, 2, …, m。

（3）计算第 j 项指标的熵值：

$$h_j = -k\sum_{i=1}^{n} p_{ij} \ln p_{ij} \tag{9-4}$$

式中：k——常数，$k>0$，k=1/ln$n$；$h_j \geqslant 0$。

（4）计算第 j 项指标的差异系数。对于第 j 项指标而言，其差异值越大，对系统的影响就越大，熵值也越小。差异系数定义为

$$k_j = \frac{1-h_j}{m-\sum_{j=1}^{m} h_j} \tag{9-5}$$

（5）计算第 j 项指标权重：

$$w_j = \frac{k_j}{\sum_{j=1}^{m} k_j} \tag{9-6}$$

式中：w_j——指标权重值。

3. 生态环境和经济发展综合指数测评模型

运用多目标综合指数评价模型对绵阳市县域生态环境系统与经济系统分别进行综合评价。公式为

$$e(x) = \sum_{j=1}^{m} w_{ej} x_{ej} \tag{9-7}$$

$$g(x) = \sum_{j=1}^{m} w_{gj} x_{gj} \tag{9-8}$$

式中：$e(x)$——生态环境子系统综合评价指数；

$g(x)$——经济子系统综合评价指数；

w_{ej}、w_{gj}——生态环境子系统和经济子系统各指标权重；

x_{ej}、x_{gj}——生态环境子系统和经济子系统各指标标准化值。

4. 生态环境与经济发展耦合度模型

耦合是来源于物理学的概念，主要指系统间相互影响与作用的现象[96]。耦合度则是对系统间作用程度的度量。耦合度高意味着子系统各要素间紧密联系、互为促进，从而增强了系统整体的经济产出和生态功能；耦合度低则意味着子系统各要素间联系不紧密，甚至出现相互制约、相互干扰，从而降

低了系统整体的经济产出和生态功能。区域生态环境与经济发展之间必然存在相互影响和作用的耦合关系。所以参考相关文献 [97,98]，借鉴物理学中的容量耦合系数模型，运用生态环境与经济发展耦合度模型来测算研究区生态环境与经济发展的耦合关系。公式为

$$C=\left\{\frac{e(x)g(x)}{\left[\frac{e(x)+g(x)}{2}\right]^{2}}\right\}^{\frac{1}{2}} \tag{9-9}$$

式中：C——耦合度，且 $0\leqslant C\leqslant 1$。

$e(x)$、$g(x)$——生态环境子系统和经济发展子系统综合评价指数，两指数间的离散程度越小，耦合度越高，C 值越大；相反，两指数间的离散程度越大，耦合度越低，C 值越小。借鉴已有研究 [99]，本书划分了绵阳市生态环境子系统与经济子系统之间的耦合度等级标准（表 9-2）。

表 9-2　绵阳市生态环境与经济发展耦合度等级划分

耦合等级	良好耦合	中级耦合	初级耦合	勉强耦合	不耦合	极不耦合
耦合度（C）	0.8～1.0	0.7～0.79	0.6～0.69	0.5～0.59	0.4～0.49	0.0～0.39

5. 生态环境与经济协调发展模型

耦合度虽可以反映子系统间交互作用程度的强弱，但不能反映它们之间协调水平的高低，或者说是无法反映子系统间是在何种综合水平之下达到协调的 [100]。子系统间可能都是在较高发展水平上的协调，也可能都是在较低发展水平下的协调，但这是完全不一样的两种协调。因而，在计算耦合度的基础上，进一步引入协调发展度模型 [101]，以更真实、更清楚地反映区域生态环境与经济发展是在何种发展状态和水平下实现交互协调的。计算公式为

$$H=\sqrt{C\cdot T} \tag{9-10}$$

$$T=ae(x)+bg(x) \tag{9-11}$$

式中：H——生态环境 - 经济协调发展度；

T——生态环境 - 经济发展综合评价指数；

a、b——待定系数。对于绵阳市各县域而言，认为经济发展与生态环境同样重要，因此 $a=b=0.5$。

基于以上计算，为了更准确、更科学地表征绵阳市各县域生态环境与经济发展两子系统间的耦合协调关系、发展水平和阶段，参照已有研究成果[97-101]，根据协调发展度 H 以及生态环境综合指数额 $e(x)$ 和经济发展综合指数 $g(x)$ 的大小，结合研究区实际，将生态环境与经济协调发展水平划分为失调衰退类、过渡发展类和协调发展类 3 个大类、8 个协调等级和 24 个基本类型（表 9-3）。

表 9-3　生态环境与经济发展协调度分类及判别标准

大类	亚类	协调度	基本类型	e、g 对比
协调发展类 Ⅲ	优质协调发展类 Ⅲ 8	0.90～1.00	优质协调发展类经济滞后型 Ⅲ 8e	$e>g$
			优质协调发展类环境经济同步型 Ⅲ 8eg	$e=g$
			优质协调发展类环境滞后型 Ⅲ 8g	$e<g$
	良好协调发展类 Ⅲ 7	0.70～0.89	良好协调发展类经济滞后型 Ⅲ 7e	$e>g$
			良好协调发展类环境经济同步型 Ⅲ 7eg	$e=g$
			良好协调发展类环境滞后型 Ⅲ 7g	$e<g$
	中级协调发展类 Ⅲ 6	0.60～0.69	中级协调发展类经济滞后型 Ⅲ 6e	$e>g$
			中级协调发展类环境经济同步型 Ⅲ 6eg	$e=g$
			中级协调发展类环境滞后型 Ⅲ 6g	$e<g$
	初级协调发展类 Ⅲ 5	0.50～0.59	初级协调发展类经济滞后型 Ⅲ 5e	$e>g$
			初级协调发展类环境经济同步型 Ⅲ 5eg	$e=g$
			初级协调发展类环境滞后型 Ⅲ 5g	$e<g$
过渡发展类 Ⅱ	勉强协调发展类 Ⅱ 4	0.40～0.49	勉强协调发展类经济滞后型 Ⅱ 4e	$e>g$
			勉强协调发展类环境经济同步型 Ⅱ 4eg	$e=g$
			勉强协调发展类环境滞后型 Ⅱ 4g	$e<g$
失调衰退类 Ⅰ	轻度失调衰退类 Ⅰ 3	0.30～0.39	轻度失调衰退类经济损益型 Ⅰ 3e	$e>g$
			轻度失调衰退类环境经济共损型 Ⅰ 3eg	$e=g$
			轻度失调衰退类环境损益型 Ⅰ 3g	$e<g$
	中度失调衰退类 Ⅰ 2	0.15～0.29	中度失调衰退类经济损益型 Ⅰ 2e	$e>g$
			中度失调衰退类环境经济共损型 Ⅰ 2eg	$e=g$
			中度失调衰退类环境损益型 Ⅰ 2g	$e<g$
	严重失调衰退类 Ⅰ 1	0.00～0.14	严重失调衰退类经济损益型 Ⅰ 1e	$e>g$
			严重失调衰退类环境经济共损型 Ⅰ 1eg	$e=g$
			严重失调衰退类环境损益型 Ⅰ 1g	$e<g$

注：e、g——生态环境综合指数和经济发展综合指数；在实际判别中，若 $|e-g|<0.02$，则认为环境、经济是同步的或无差异的。

四、结果与分析

（一）绵阳市时序演变

1. 生态环境综合指数

2005—2018 年，绵阳市生态环境综合指数总体表现为前 4 年的微弱下降和后 10 年的缓慢上升（图 9-2）。其间，综合指数从 0.383 4 上升到了 0.488 1，增幅为 28.32%。其中 2005—2009 年综合指数呈微弱下降，2010 年开始一直呈上升趋势。2010—2011 年（指数 0.353 0～0.410 2）和 2014—2017 年（指数 0.415 8～0.484 6）两个时段上升幅度相对大一些（表 9-4）。

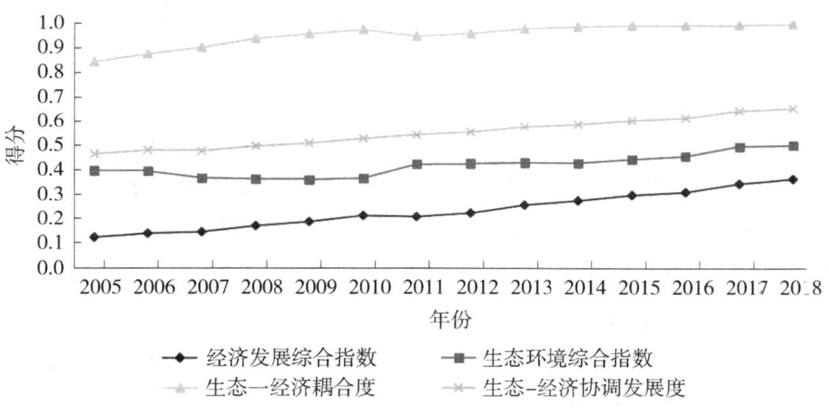

图 9-2　2005—2018 年绵阳市生态环境与经济发展耦合协调关系变化趋势

表 9-4　2005—2018 年绵阳市生态环境与经济发展耦合协调关系演变

年份	g	e	e/g	T	C	H	协调发展类型
2018	0.351 0	0.488 1	1.390 5	0.419 6	0.986 6	0.643 4	中级协调发展类 经济滞后型 Ⅲ 6e
2017	0.331 6	0.484 6	1.461 3	0.408 1	0.982 3	0.633 1	
2016	0.296 8	0.443 1	1.492 9	0.369 9	0.980 3	0.602 2	
2015	0.284 9	0.430 7	1.511 8	0.357 8	0.979 0	0.591 8	初级协调发展类 经济滞后型 Ⅱ 5e
2014	0.262 0	0.415 8	1.586 9	0.338 9	0.973 9	0.574 5	
2013	0.243 3	0.416 1	1.710 6	0.329 7	0.965 0	0.564 1	
2012	0.209 5	0.412 8	1.969 8	0.311 2	0.945 2	0.542 3	
2011	0.194 5	0.410 2	2.108 6	0.302 4	0.934 2	0.531 5	
2010	0.199 1	0.353 0	1.773 4	0.276 0	0.960 3	0.514 9	

年份	g	e	e/g	T	C	H	协调发展类型
2009	0.173 0	0.346 9	2.005 9	0.259 9	0.942 3	0.494 9	勉强协调发展类经济滞后型 Ⅱ 4e
2008	0.155 8	0.349 5	2.242 9	0.252 7	0.923 6	0.483 1	
2007	0.130 3	0.353 5	2.712 4	0.241 9	0.887 3	0.463 3	
2006	0.124 1	0.380 8	3.068 8	0.252 4	0.861 1	0.466 2	
2005	0.108 1	0.383 4	3.545 5	0.245 8	0.828 5	0.451 2	

注：e——生态环境综合指数；g——经济发展综合指数；T——生态环境 - 经济发展综合评价指数；C——生态环境 - 经济发展耦合度；H——生态环境 - 经济协调发展度。

2. 经济发展综合指数

在研究期（2005—2018 年），绵阳市经济发展综合指数呈持续上升态势（图 9-2），从 2005 年的 0.108 1 升到了 2018 年的 0.351 0，增加了 2.25 倍。其中，2010—2012 年的增幅较其他年份更小（表 9-4）。

比较两指数可知，尽管绵阳市经济发展综合指数在 14 年间增幅较生态环境综合指数更大，但各年份的生态环境综合指数大于经济发展综合指数，e/g 均大于 1。随着经济的不断发展，e/g 不断下降，由 2005 年的 3.545 5 下降到了 2018 年的 1.390 5（表 9-4）。

3. 生态环境与经济发展耦合度和协调度

2005—2018 年，绵阳市生态环境与经济发展耦合度总体呈不断缓慢上升趋势（图 9-2），从 2005 年的 0.828 5 上升到了 2018 年的 0.986 6。自 2008 年起，耦合度都在 0.92 以上。根据耦合度等级划分标准（表 9-2），绵阳市生态环境子系统与经济子系统在研究期均处于良好的耦合状态，两子系统间相互影响、相互作用的联系强，并随着时间的推移联系更加紧密。

在研究期，绵阳市生态环境与经济发展协调度整体呈持续上升趋势（图 9-2），从 2005 年的 0.451 2 上升到了 2018 年的 0.643 4，协调发展类型从最初的勉强协调发展类 Ⅱ 4 演变到如今的中级协调发展类 Ⅲ 6（表 9-4）。分阶段看，2005—2009 年，协调发展度在 0.45～0.50，协调类型为勉强协调发展类 Ⅱ 4；经济发展综合指数 g 较小，而生态环境综合指数 e 较大，e/g 均大于 2，因而协调类型为勉强协调发展类经济严重滞后型 Ⅱ 4e。2010—2015 年，协调发展度在 0.51～0.60，协调类型为初级协调发展类 Ⅲ 5；经济发展综合指数 g 仍小于生态环境综合指数 e，但差距较上一阶段缩小了，e/g 在 1.5～2，因而协调类型为初级协调发展类经济中度滞后型 Ⅲ 5e。2016—2018 年，协调发展度在 0.60～0.65，协调类型为中级协调发展类Ⅲ 6；经济发展仍显滞后，但差距进一步缩小，*e*/*g* 在 1.3～1.5，因而协调类型为中级协调发展类经济轻度滞后型Ⅲ 6e。由此可见，2005—2018 年，良好的生态环境基础和快速的经济发展，使绵阳市的生态环境与经济协调发展水平不断提高，但绵阳市经济总体上滞后于生态环境，或者说绵阳市良好的生态环境可以为其经济更快、更好地发展提供支持和基础保障。

（二）县域时序演变

1. 生态环境综合指数

2005—2018 年，绵阳市 9 县域的生态环境综合指数总体呈上升趋势，同时又表现出一定的阶段性波动，上升幅度和波动状况在不同县域间的表现不同（图 9-3）。在上升幅度上，与 2005 年相比，14 年间上升幅度最大的是江油市，增幅为 105.91%；其次是梓潼县（51.80%）、平武县（46.97%）、三台县（40.76%）和盐亭县（37.44%）；其他县域均小于 25%；涪城区上升幅度最小（4.97%）。从波动程度看，2005—2010 年大部分县域的生态环境综合指数呈下降趋势，特别在 2008—2010 年下降特征较为明显，表明发生在 2008 年的大地震对绵阳市县域的生态环境有一定的影响；从 2010 年起，9 县域的生态环境指数都呈现出上升态势，但涪城区、游仙区和安州区等在之后的不同时段又出现小幅下降。值得注意的是，江油市的生态环境指数在研究期内呈现出持续稳定上升的态势，并在 2013 年超过了涪城区，且在近几年进一步拉大了与涪城区之间的差距（表 9-5）。

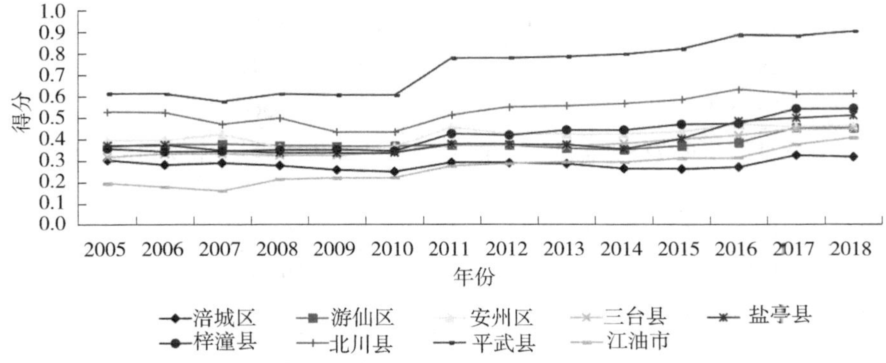

图 9-3　2005—2018 年绵阳市 9 县域生态环境综合指数变化

表 9-5　2005—2018 年绵阳市 9 县域生态环境与经济发展耦合协调关系演变

	年份	g	e	e/g	T	C	H	协调类型
涪城区	2018	0.782 2	0.324 0	0.414 2	0.553 1	0.910 2	0.709 5	良好协调发展类环境滞后型 Ⅲ 7g
	2017	0.772 2	0.331 9	0.429 8	0.552 0	0.917 0	0.711 5	
	2016	0.686 0	0.276 5	0.403 0	0.481 2	0.905 0	0.659 9	中级协调发展类环境滞后型 Ⅲ 6g
	2015	0.688 4	0.267 3	0.388 3	0.477 8	0.897 7	0.654 9	
	2014	0.656 8	0.269 2	0.409 9	0.463 0	0.908 2	0.648 5	
	2013	0.570 4	0.291 6	0.511 3	0.431 0	0.946 3	0.638 6	
	2012	0.585 1	0.295 4	0.504 9	0.440 3	0.944 3	0.644 8	
	2011	0.514 9	0.298 3	0.579 5	0.406 6	0.963 9	0.626 0	
	2010	0.572 4	0.254 7	0.445 0	0.413 6	0.923 3	0.618 0	
	2009	0.514 2	0.263 2	0.511 8	0.388 7	0.946 4	0.606 5	
	2008	0.453 8	0.283 0	0.623 6	0.368 4	0.972 8	0.598 7	初级协调发展类环境滞后型 Ⅲ 5g
	2007	0.421 9	0.295 0	0.699 2	0.358 4	0.984 2	0.594 0	
	2006	0.403 2	0.286 8	0.711 5	0.345 0	0.985 7	0.583 2	
	2005	0.370 5	0.308 7	0.833 1	0.339 6	0.995 8	0.581 5	
游仙区	2018	0.478 6	0.460 0	0.961 3	0.469 3	0.999 8	0.685 0	中级协调发展类环境经济同步型 Ⅲ 6eg
	2017	0.452 8	0.461 0	1.018 0	0.456 9	1.000 0	0.675 9	
	2016	0.396 0	0.392 1	0.990 0	0.394 1	1.000 0	0.627 7	
	2015	0.412 7	0.375 8	0.910 6	0.394 3	0.998 9	0.627 6	中级协调发展类环境滞后型Ⅲ 6g
	2014	0.343 6	0.357 9	1.041 4	0.350 7	0.999 8	0.592 2	初级协调发展类环境经济同步型Ⅲ 5eg
	2013	0.323 3	0.363 7	1.125 0	0.343 5	0.998 3	0.585 5	初级协调发展类经济滞后型 Ⅲ 5e
	2012	0.280 4	0.379 2	1.352 2	0.329 8	0.988 7	0.571 0	
	2011	0.259 8	0.380 3	1.463 7	0.320 1	0.982 1	0.560 7	
	2010	0.247 1	0.374 0	1.513 5	0.310 5	0.978 9	0.551 4	
	2009	0.227 5	0.373 5	1.642 2	0.300 5	0.970 0	0.539 9	
	2008	0.196 4	0.376 2	1.915 4	0.286 3	0.949 4	0.521 4	
	2007	0.175 0	0.384 1	2.195 4	0.279 5	0.927 4	0.509 2	
	2006	0.161 8	0.382 3	2.362 7	0.272 1	0.914 2	0.501 4	
	2005	0.149 3	0.374 5	2.507 9	0.261 9	0.902 9	0.486 3	勉强协调发展类经济滞后型Ⅱ 4e

	年份	g	e	e/g	T	C	H	协调类型
安州区	2018	0.394 7	0.471 4	1.194 2	0.433 1	0.996 1	0.656 8	中级协调发展类经济滞后型Ⅲ 6e
	2017	0.368 2	0.464 8	1.262 4	0.416 5	0.993 3	0.643 2	
	2016	0.333 3	0.477 6	1.433 1	0.405 4	0.984 0	0.631 6	
	2015	0.366 9	0.441 4	1.202 8	0.404 2	0.995 8	0.634 4	
	2014	0.273 8	0.431 6	1.575 9	0.352 7	0.974 7	0.586 3	初级协调发展类经济滞后型 Ⅲ 5e
	2013	0.254 8	0.429 2	1.684 5	0.342 0	0.966 9	0.575 1	
	2012	0.192 7	0.430 9	2.236 0	0.311 8	0.924 2	0.536 8	
	2011	0.177 1	0.462 5	2.611 5	0.319 8	0.894 9	0.535 0	
	2010	0.175 7	0.371 6	2.114 3	0.273 6	0.933 8	0.505 5	
	2009	0.162 2	0.361 8	2.230 3	0.262 0	0.924 6	0.492 2	勉强协调发展类经济滞后型Ⅱ 4e
	2008	0.119 0	0.366 7	3.080 3	0.242 9	0.860 3	0.457 1	
	2007	0.099 8	0.429 6	4.302 9	0.264 7	0.782 3	0.455 1	
	2006	0.088 6	0.399 9	4.514 2	0.244 3	0.770 6	0.433 9	
	2005	0.071 4	0.401 3	5.616 6	0.236 3	0.716 4	0.411 5	
三台县	2018	0.317 9	0.456 3	1.435 3	0.387 1	0.983 9	0.617 1	中级协调发展类经济滞后型Ⅲ 6e
	2017	0.295 6	0.455 0	1.539 6	0.375 3	0.977 2	0.605 6	
	2016	0.275 3	0.425 6	1.546 0	0.350 5	0.976 7	0.585 1	初级协调发展类经济滞后型 Ⅲ 5e
	2015	0.314 8	0.407 3	1.293 6	0.361 1	0.991 8	0.598 4	
	2014	0.232 9	0.386 0	1.657 0	0.309 5	0.968 9	0.547 6	
	2013	0.207 4	0.373 1	1.799 1	0.290 2	0.958 4	0.527 4	
	2012	0.172 3	0.376 9	2.186 7	0.274 6	0.928 1	0.504 8	
	2011	0.163 9	0.378 1	2.306 5	0.271 0	0.918 6	0.494 9	勉强协调发展类经济滞后型Ⅱ 4e
	2010	0.149 5	0.346 4	2.316 9	0.247 9	0.917 8	0.477 0	
	2009	0.133 9	0.331 1	2.471 6	0.232 5	0.905 7	0.458 9	
	2008	0.113 1	0.330 8	2.923 9	0.221 9	0.871 6	0.439 8	
	2007	0.095 8	0.338 6	3.533 6	0.217 2	0.829 3	0.424 4	
	2006	0.086 2	0.338 1	3.920 7	0.212 1	0.804 8	0.413 2	
	2005	0.064 9	0.324 2	4.997 8	0.194 5	0.745 5	0.380 8	轻度失调衰退类经济损益型Ⅰ 3e

	年份	g	e	e/g	T	C	H	协调类型
盐亭县	2018	0.289 5	0.518 0	1.789 7	0.403 7	0.959 1	0.622 3	中级协调发展类经济滞后型Ⅲ 6e
	2017	0.272 5	0.506 7	1.859 6	0.389 6	0.953 8	0.609 6	
	2016	0.254 5	0.491 9	1.933 1	0.373 2	0.948 0	0.594 8	初级协调发展类经济滞后型 Ⅲ 5e
	2015	0.309 9	0.408 7	1.319 1	0.359 3	0.990 5	0.596 6	
	2014	0.208 7	0.360 3	1.726 8	0.284 5	0.963 8	0.523 6	
	2013	0.189 0	0.381 3	2.017 1	0.285 2	0.941 5	0.518 2	
	2012	0.157 9	0.381 3	2.415 4	0.269 6	0.910 1	0.494 2	勉强协调发展类经济滞后型Ⅱ 4e
	2011	0.146 4	0.384 2	2.623 8	0.265 3	0.894 0	0.487 0	
	2010	0.129 2	0.343 7	2.660 5	0.236 5	0.891 2	0.459 1	
	2009	0.106 5	0.340 9	3.201 5	0.223 7	0.851 7	0.436 5	
	2008	0.090 0	0.342 9	3.810 1	0.216 4	0.811 6	0.419 1	
	2007	0.068 5	0.353 2	5.156 8	0.210 8	0.737 7	0.394 4	轻度失调衰退类经济损益型Ⅰ 3e
	2006	0.058 5	0.379 8	6.490 9	0.219 2	0.680 2	0.386 1	
	2005	0.044 2	0.376 9	8.523 8	0.210 6	0.613 1	0.359 3	
梓潼县	2018	0.330 4	0.550 7	1.666 7	0.440 6	0.968 2	0.653 1	中级协调发展类经济滞后型Ⅲ 6e
	2017	0.313 5	0.549 1	1.751 5	0.431 3	0.962 0	0.644 1	
	2016	0.282 2	0.480 5	1.702 9	0.381 4	0.965 6	0.606 8	
	2015	0.338 3	0.476 5	1.408 5	0.407 4	0.985 5	0.633 6	
	2014	0.226 7	0.449 2	1.981 2	0.338 0	0.944 3	0.564 9	初级协调发展类经济滞后型 Ⅲ 5e
	2013	0.230 2	0.449 4	1.952 5	0.339 8	0.946 5	0.567 1	
	2012	0.176 5	0.425 1	2.408 3	0.300 8	0.910 6	0.523 4	
	2011	0.169 3	0.432 3	2.553 9	0.300 8	0.899 3	0.520 1	
	2010	0.168 6	0.351 4	2.084 2	0.260 0	0.936 2	0.493 4	勉强协调发展类经济滞后型Ⅱ 4e
	2009	0.144 3	0.358 1	2.481 5	0.251 2	0.904 9	0.476 8	
	2008	0.114 6	0.356 1	3.106 1	0.235 4	0.858 4	0.449 5	
	2007	0.093 1	0.350 3	3.763 8	0.221 7	0.814 5	0.424 9	
	2006	0.080 5	0.348 2	4.323 7	0.214 4	0.781 2	0.409 2	
	2005	0.064 8	0.362 8	5.601 5	0.213 8	0.717 0	0.391 5	轻度失调衰退类经济损益型Ⅰ 3e

	年份	g	e	e/g	T	C	H	协调类型
北川县	2018	0.338 1	0.621 0	1.837 0	0.479 6	0.955 5	0.676 9	中级协调发展类经济滞后型Ⅲ 6e
	2017	0.313 6	0.618 3	1.971 4	0.465 9	0.945 1	0.663 6	
	2016	0.288 9	0.641 0	2.218 8	0.464 9	0.925 5	0.656 0	
	2015	0.373 2	0.591 6	1.585 1	0.482 4	0.974 0	0.685 5	
	2014	0.245 2	0.573 5	2.338 9	0.409 4	0.916 1	0.612 4	
	2013	0.228 6	0.562 3	2.460 0	0.395 4	0.906 6	0.598 7	初级协调发展类经济滞后型 Ⅲ 5e
	2012	0.216 0	0.557 4	2.580 7	0.386 7	0.897 3	0.589 1	
	2011	0.218 4	0.520 5	2.382 8	0.369 4	0.912 6	0.580 7	
	2010	0.304 6	0.441 6	1.449 5	0.373 1	0.983 0	0.605 6	中级协调发展类经济滞后型Ⅲ 5e
	2009	0.261 1	0.439 8	1.684 5	0.350 4	0.966 9	0.582 1	初级协调发展类经济滞后型 Ⅲ 5e
	2008	0.139 8	0.505 1	3.613 9	0.322 4	0.824 0	0.515 4	
	2007	0.084 9	0.476 9	5.616 5	0.280 9	0.716 4	0.448 6	勉强协调发展类经济滞后型Ⅱ 4e
	2006	0.079 9	0.531 5	6.652 7	0.305 7	0.674 1	0.453 9	
	2005	0.069 9	0.535 6	7.658 2	0.302 8	0.639 2	0.439 9	
平武县	2018	0.319 8	0.910 8	2.847 8	0.615 3	0.877 1	0.734 6	良好协调发展类经济滞后型 Ⅲ 7e
	2017	0.291 5	0.890 5	3.054 9	0.591 0	0.862 1	0.713 8	
	2016	0.257 5	0.894 7	3.474 0	0.576 1	0.833 2	0.692 8	中级协调发展类经济滞后型Ⅲ 6e
	2015	0.333 9	0.829 8	2.485 4	0.581 8	0.904 6	0.725 5	良好协调发展类经济滞后型 Ⅲ 7e
	2014	0.240 0	0.805 1	3.354 5	0.522 6	0.841 2	0.663 0	中级协调发展类经济滞后型Ⅲ 6e
	2013	0.224 2	0.793 7	3.539 6	0.509 0	0.828 9	0.649 5	
	2012	0.193 2	0.787 1	4.073 1	0.490 2	0.795 6	0.624 5	
	2011	0.190 4	0.786 5	4.131 6	0.488 4	0.792 2	0.622 0	
	2010	0.217 9	0.611 6	2.806 4	0.414 8	0.880 2	0.604 2	
	2009	0.174 7	0.613 1	3.508 7	0.393 9	0.830 9	0.572 1	初级协调发展类经济滞后型 Ⅱ 5e
	2008	0.111 9	0.618 1	5.526 2	0.365 0	0.720 4	0.512 8	
	2007	0.099 8	0.582 8	5.838 0	0.341 3	0.706 7	0.491 1	勉强协调发展类经济滞后型Ⅱ 4e
	2006	0.091 6	0.618 4	6.749 2	0.355 0	0.670 5	0.487 9	
	2005	0.080 8	0.619 7	7.666 0	0.350 3	0.639 0	0.473 1	

	年份	g	e	e/g	T	C	H	协调类型
江油市	2018	0.513 4	0.413 7	0.805 7	0.463 5	0.994 2	0.678 9	中级协调发展类 环境滞后型Ⅲ 6g
	2017	0.485 4	0.382 5	0.787 9	0.434 0	0.992 9	0.656 4	
	2016	0.438 0	0.320 9	0.732 7	0.379 5	0.988 0	0.612 3	
	2015	0.449 7	0.317 7	0.706 4	0.383 7	0.985 1	0.614 8	
	2014	0.378 2	0.299 3	0.791 3	0.338 7	0.993 2	0.580 0	初级协调发展类 环境滞后型Ⅲ 5g
	2013	0.356 2	0.300 4	0.843 4	0.328 3	0.996 4	0.572 0	
	2012	0.297 1	0.293 1	0.986 4	0.295 1	1.000 0	0.543 2	初级协调发展类 环境经济同步型Ⅲ 5eg
	2011	0.275 1	0.282 1	1.025 5	0.278 6	0.999 9	0.527 8	
	2010	0.266 4	0.227 5	0.853 9	0.246 9	0.996 9	0.496 1	勉强协调发展类 环境滞后型Ⅱ 4g
	2009	0.242 9	0.225 4	0.928 0	0.234 2	0.999 3	0.483 7	勉强协调发展类 环境经济同步型Ⅱ 4eg
	2008	0.209 0	0.219 3	1.049 4	0.214 1	0.999 7	0.462 7	
	2007	0.198 6	0.165 2	0.831 9	0.181 9	0.995 8	0.425 6	勉强协调发展类 环境滞后型Ⅱ 4g
	2006	0.186 4	0.183 2	0.982 9	0.184 8	1.000 0	0.429 8	勉强协调发展类 环境经济同步型Ⅱ 4eg
	2005	0.166 3	0.200 9	1.208 3	0.183 6	0.995 5	0.427 5	勉强协调发展类 经济滞后型Ⅱ 4e

2. 经济发展综合指数

2005—2018 年，绵阳市 9 县域的经济发展综合指数呈持续、较大幅度地上升趋势，增幅均在 1 倍以上（图 9-4）。其中，增幅最高的盐亭县为 5.55 倍，其次是安州区（4.53 倍）和梓潼县（4.10 倍），三台县和北川县增幅分别为 3.90 倍和 3.83 倍，涪城区最低（1.11 倍），其他 3 个县的增幅均为 2 倍多。

各县域的阶段性变化特征：2005—2010 年为快速增长期，特别是 2008—2010 年，大部分县域的经济发展综合指数表现出跳跃式增长；自 2011 年起，增速回落后又持续上升，在 2015 年出现波峰，2016 年回落后又缓慢上升。9 县域中，江油市和游仙区经济发展综合指数的波动幅度最小，经济发展稳定性持续性强（表 9-5）。

绵阳市 9 县域生态环境综合指数与经济发展综合指数的相对变化速率可通过其比值 e/g 的变化反映出来。若比值 e/g 下降，则表明经济指数上升的速度大于生态环境指数上升的速度；若比值 e/g 上升，则表明经济指数上升的速

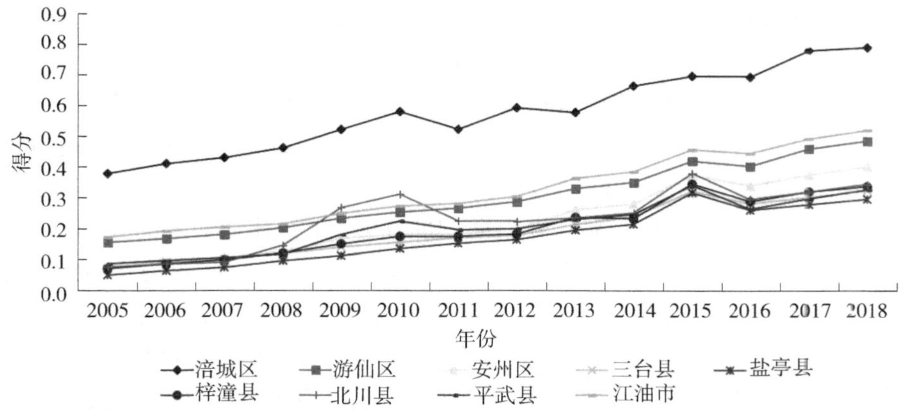

图 9-4　2005—2018 年绵阳市 9 县域经济发展综合指数

度小于生态环境指数上升的速度。2005—2018 年，绵阳市 9 县域 e/g 值总体呈不断下降趋势，但 e/g 值下降幅度在不同年份的不同县域间表现出很大差异（图 9-5）。总体特征是期初 e/g 值越大的县域下降幅度越大，如盐亭县、北川县、平武县、安州区、梓潼县和三台县；期初 e/g 值较小的县域下降幅度也相对较小，如涪城区、江油市和游仙区。这表明在研究期内，9 县域经济综合指数上升的速度总体上大于生态环境上升的速度（表 9-5）。

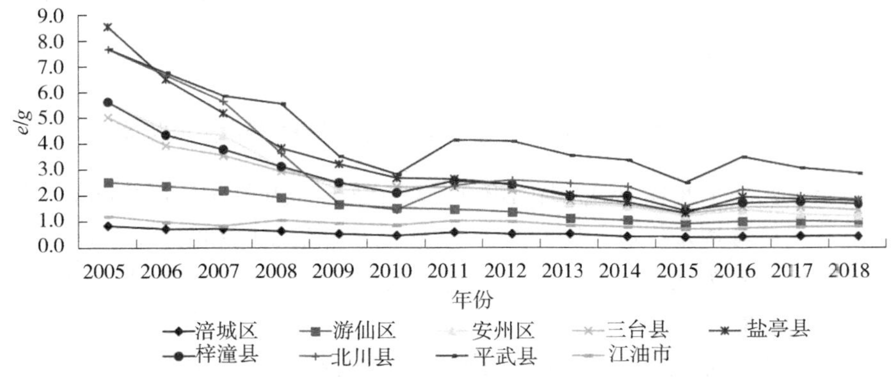

图 9-5　2005—2018 年绵阳市 9 县域生态环境与经济综合指数比值变化

3. 生态环境与经济发展耦合度和协调度

2005—2018 年，绵阳市县域生态环境与经济发展之间的联系更加紧密，互动作用不断加强。根据 2005—2018 年绵阳市 9 县域生态环境与经济发展耦合度的变化特征（图 9-6），可将其分为三种类型：高度耦合基础上的不同变化（江油市、游仙区和涪城区）、中级耦合基础上的波动上升（安州区、三台县和梓潼县）和中级耦合基础上的波动上升（北川县、平武县和盐亭县）。在同一耦合类型中，不同县域的变化也存在差异。如江油市表现为在高度耦合基础上的波动，耦合度波动范围在 0.98～1.00 之间；游仙区表现为在高度耦合基础上的缓慢上升，耦合度由期初的 0.902 9 上升到期末的 0.999 8；涪城区则表现为在高度耦合基础上的缓慢下降，耦合度由期初的 0.995 8 下降到期末的 0.910 2。安州区、三台县和梓潼县从 2005 年的初级耦合（耦合度 0.71～0.75）上升到了 2018 年的高度耦合（0.96～0.99）。北川县、平武县和盐亭县则从 2005 年的中级耦合（0.61～0.64）上升到了 2018 年的良好耦合（平武县 0.88）和高度耦合（北川县和盐亭县，0.95～0.96）（表 9-5）。

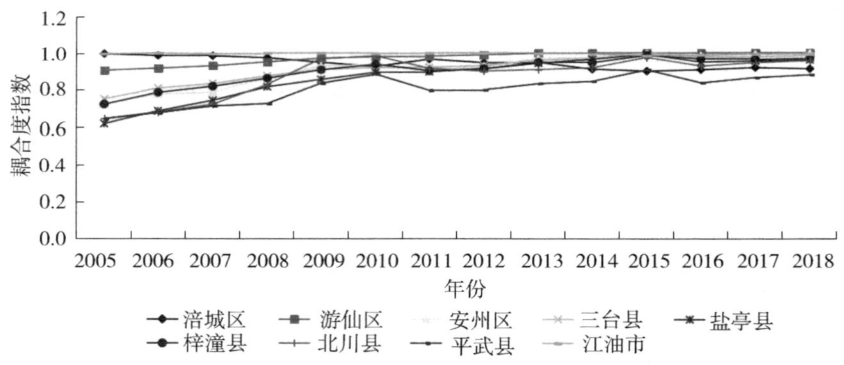

图 9-6　2005—2018 年绵阳市 9 县域生态环境与经济耦合度变化

同期（2005—2018 年），绵阳市 9 县域生态环境与经济发展之间的协调水平均随时间延续逐步提高（图 9-7）。14 年间，除涪城区和游仙区的协调度指数上升幅度分别为 22.01% 和 40.86% 外，其他县域均在 50% 以上，且盐亭县最高，为 73.18%（表 9-5）。

根据生态环境与经济协调发展水平的演化特征（表 9-5），可将绵阳市 9 县域划分为四种类型。

第一类：涪城区：初级协调发展类（2005—2008 年）—中级协调发展类（2009—2016 年）—良好协调发展类（2017—2018 年）。

第二类：游仙区、安州区和江油市：勉强协调发展类—初级协调发展类—中级协调发展类。只是游仙区在 2006 年就达到了初级协调发展水平，安州区和江油市则分别在 2010 年和 2011 年达到初级水平。3 个区市都是在 2015 年达到了中级协调发展水平。

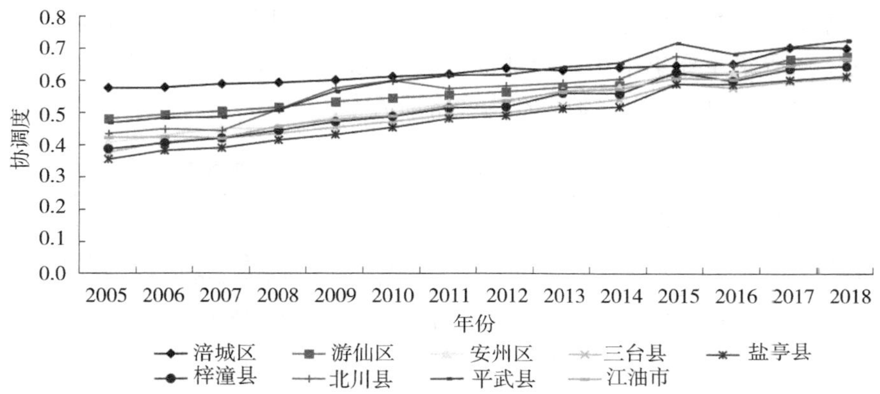

图 9-7 2005—2018 年绵阳市 9 县域生态环境与经济协调发展水平变化

第三类：北川县和平武县，协调水平波动较大，类型存在反复交替。北川县：勉强协调发展类（2005—2007 年）—初级协调发展类（2008—2009 年）—中级协调发展类（2010 年）—初级协调发展类（2011—2013 年）—中级协调发展类（2014—2018 年）；平武县：勉强协调发展类（2005—2007 年）—初级协调发展类（2008—2009 年）—中级协调发展类（2010—2014 年）—良好协调发展类（2015 年）—中级协调发展类（2016 年）—良好协调发展类（2017—2018 年）。

第四类：梓潼县、三台县和盐亭县：轻度失调衰退类—勉强协调发展类—初级协调发展类—中级协调发展类。梓潼和三台县在 2006 年就达到了勉强协调水平，盐亭县 2008 年达到该水平。梓潼县、三台县和盐亭县分别是在 2011 年、2012 年和 2013 年达到初级协调水平。梓潼县 2015 年达到了中级协调水平，三台和盐亭县都是在 2017 年达到该水平。

为了从总体上更清楚地反映绵阳市 9 县域在 2005—2018 年生态环境与经济发展协调水平和类型，进一步统计了 9 县域 14 年共 126 个样本的协调类型（表 9-6）。统计结果显示，样本中有 5 个是失调衰退关系，35 个是过渡发展关系，86 个是协调发展关系；协调发展类型中，初级、中级和良好协调发展类分别为 41 个、40 个和 5 个。表明绵阳市生态环境与经济协调发展的年份居多，占总样本的 68%，不协调的年份较少；协调发展水平主要集中在 6 级和 7 级，即初级和中级协调等级水平。样本中有 94 个是经济滞后型或经济损益型，占样本总量的74.60%；有23个是环境滞后型，占样本总量的18.25%，主要包括涪城区的14个样本和江油市的部分年份样本。由此可见，近14年来，绵阳市各县域生态环境与经济发展之间的协调水平不断趋于上升，但目前的协调等级主要集中于中级和良好协调发展类；县域中普遍存在生态环境与经济发展不同步，更多地表现为经济滞后型。

表9-6　2005—2018年绵阳市9县域生态环境与经济协调发展类型总体统计

<table>
<tr><td rowspan="2">协调类型</td><td>失调衰退类Ⅰ</td><td>过度发展类Ⅱ</td><td colspan="3">协调发展类Ⅲ</td><td rowspan="2">环境经济同步型或共损型eg</td><td rowspan="2">经济滞后型或经济损益型e</td><td rowspan="2">环境滞后型或环境损益型g</td></tr>
<tr><td>轻度失调衰退类Ⅰ 3</td><td>勉强协调发展类Ⅱ 4</td><td>初级协调发展类Ⅲ 5</td><td>中级协调发展类Ⅲ 6</td><td>良好协调发展类Ⅲ 7</td></tr>
<tr><td>样本数/个</td><td>5</td><td>35</td><td>41</td><td>40</td><td>5</td><td>9</td><td>94</td><td>23</td></tr>
<tr><td>比重/%</td><td>3.97</td><td>27.28</td><td>32.54</td><td>31.75</td><td>3.97</td><td>7.14</td><td>74.60</td><td>18.25</td></tr>
</table>

（三）县域空间分异

为反映绵阳市生态环境与经济发展耦合协调关系和水平在9个县域之间的分异性特征，结合以上时序特征分析，选取2005年、2010年、2015年和2018年4个年份进行分析。为方便制图，将9个县域分别表示为：C1涪城区、C2游仙区、C3安州区、C4三台县、C5盐亭县、C6梓潼县、C7北川县、C8平武县、C9江油市（图9-8～图9-11）。

1. 生态环境综合指数

绵阳市9县域的生态环境质量总体良好。生态环境综合指数除江油市和涪城区在个别年份稍低（0.2）外，其他县域均在0.3以上。在同一年份，9县域生态环境方面的差异性较大，主要表现为指数最高的平武县、北川县与指数最低的涪城区、江油市之间的差距，且这种差距近年来进一步扩大，最高与最低指数差由2005年的0.41增加到2018年的0.59；其他县域间的差异性相对较小（图9-8）。

随着社会经济的发展，农业生产中化肥的施用；工业发展中对能源、水资源的消耗；以及工业废气、废水的排放等对生态环境的压力已经成了影响生态环境质量的重要因素。这一变化可从绵阳市9县域生态环境分项指数的变化（图9-9）中看出。生态环境压力指数均值在3项指数均值中所占比例

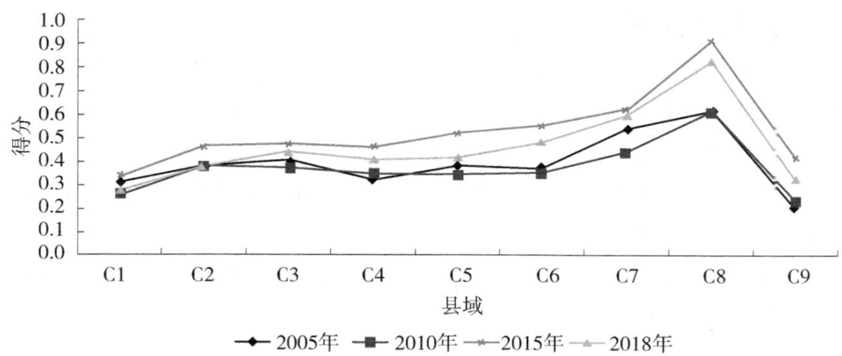

C1—涪城区；C2—游仙区；C3—安州区；C4—三台县；C5—盐亭县；C6—梓潼县；
C7—北川县；C8—平武县；C9—江油市。

图 9-8　绵阳市 9 县域生态环境综合指数

最大，说明县域间在 3 项生态环境分项指数方面均存在一定差异。其中，生态环境要素上的差距最大，生态环境要素平均指数最高的平武县（0.318 1）、北川县（0.159 4）与指数最低的涪城区（0.009 7）、江油市（0.063 5）之间有多倍的差距。2018 年，平武县、北川县的森林覆盖率分别为 77%、57%，人均自然保护区面积分别为 11.8 亩 / 人、4.39 亩 / 人，人均耕地面积分别为 3.00 亩 / 人、1.15 亩 / 人，而涪城区、江油市的森林覆盖率分别为 24%、49%，人均耕地面积分别为 0.27 亩 / 人、1.35 亩 / 人，江油市的人均自然保护区面积为 0.56 亩 / 人。期初年份的差距更大。

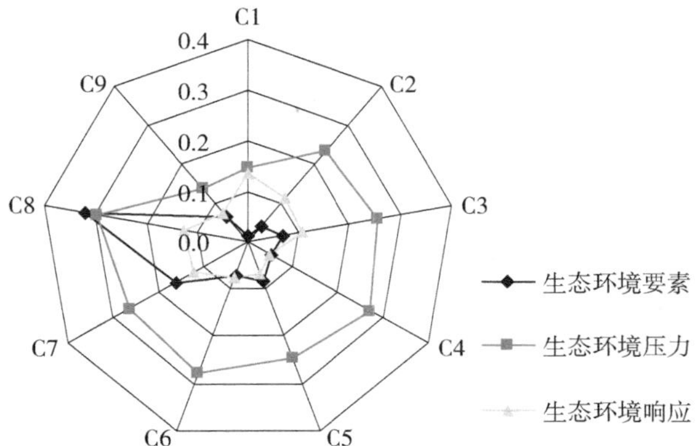

图 9-9　绵阳市 9 县域生态环境分项指数均值

2. 经济发展综合指数

绵阳市9县域经济发展综合指数差异性显著，且差距逐步增大。最低指数的盐亭县与最高指数的涪城区之间的指数差从2005年的0.326 3增加到2018年的0.492 8。根据经济发展指数的差异性特征（图9-10），可将9县域分成4个梯队：涪城区一直居于领先地位（2018年指数0.782 2），江油市（指数0.513 4）和游仙区（指数0.478 6）居于中上游，安州区、三台县、梓潼县、北川县和平武县居于中游或中游偏下（指数在0.3～0.4），盐亭县居于末位（指数0.289 5）。

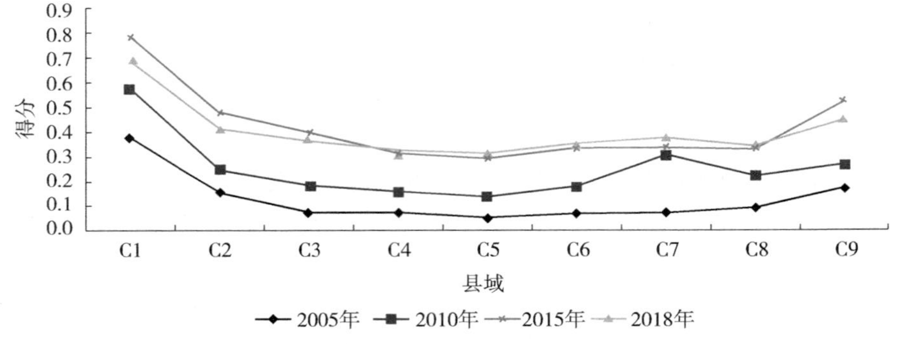

图9-10 绵阳市9县域经济发展综合指数

从绵阳市9县域经济发展的分项指数（图9-11）中可以看出，除涪城区在经济规模、结构与潜力、质量三方面均与其他县域形成较大差距外，江油

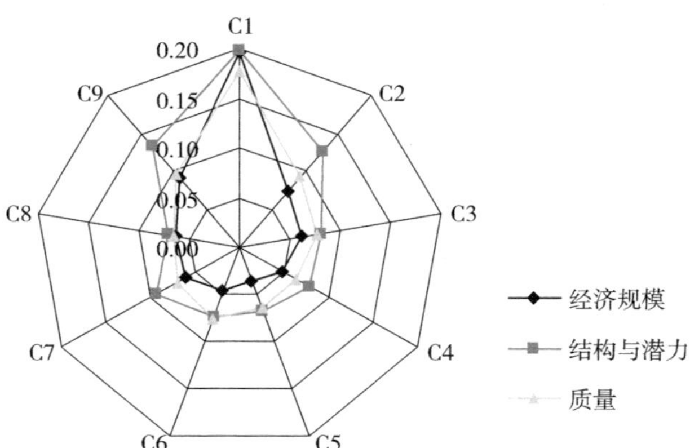

图9-11 绵阳市9县域经济发展分项指数均值

市和游仙区与其他县域的显著差距主要表现在经济结构与潜力上，说明经济结构与增长潜力是造成这些县域经济滞后的最重要的因素。

3. 生态环境与经济发展耦合度和协调度

2005 年，绵阳市 9 县域生态环境与经济发展耦合度存在显著的不均衡性，涪城区、游仙区和江油市均处于良好耦合，安州区、三台县和梓潼县处于中级耦合，盐亭县、北川县和平武县则处于初级耦合（图 9-12）；2010 年，除涪城区、游仙区和江油市外的其他 6 个县域的耦合度都有大幅的上升，均达到了良好耦合，县域间的差距缩小；2015 年，这 6 个县域的耦合度进一步上升，差距进一步缩小；2018 年，各县域的耦合度除平武县（指数 0.877 1）外，都在 0.9 以上，生态环境与经济发展之间的联系达到了高度耦合状态。其中，值得关注的是涪城区的耦合度相较于期初出现了下降。

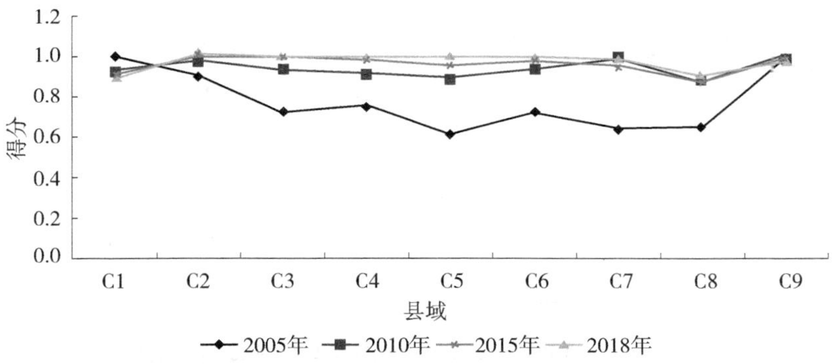

图 9-12　绵阳市 9 县域的生态环境与经济发展耦合度

2005—2018 年，绵阳市 9 县域生态环境与经济发展协调水平及相应协调类型存在显著差异，这种差异在不同年份表现各异，但差异性逐步缩小（图 9-13）。在协调水平上，协调度指数极差从 2005 年的 0.222 2 缩小到 2018 年的 0.117 4。在协调类型上，涪城区凭借其优越的经济发展实力在 2005 年就达到了初级协调发展水平；游仙区、江油市和安州区依靠其相对较好的经济发展达到了勉强协调发展水平；北川县和平武县的经济发展水平虽较弱，但仍凭借其优越的生态环境条件也达到了勉强协调发展水平；三台县、梓潼县和盐亭县的生态环境条件既不突出，经济发展水平也较弱，因而处于轻度失调衰退水平。2005—2010 年，各县域生态环境综合指数变化幅度很小

（图 9-8），经济发展综合指数上升幅度较大（图 9-10）。得益于经济的较快发展，涪城区、北川县和平武县在 2010 年达到了中级协调发展水平，游仙区和安州区达到了初级协调发展水平，江油市、梓潼县、三台县和盐亭县则达到了勉强协调发展水平。2010—2015 年，在经济进一步较快发展的作用下，平武县在 2015 年率先达到了良好协调发展水平，游仙区、安州区、梓潼县和江油市都达到了中级协调发展水平，盐亭县和三台县的协调度也接近于中级水平的边缘，涪城区和北川县则保持了中级水平。2015—2018 年，大部分县域的经济发展速度减缓（涪城区、游仙区、江油市相对快一些），而生态环境指数有较为显著的上升（除涪城区外），因而在 2018 年，涪城区进一步达到了良好协调发展水平，平武县则继续保持了该水平，其他县域也都达到或保持了中级协调发展水平。

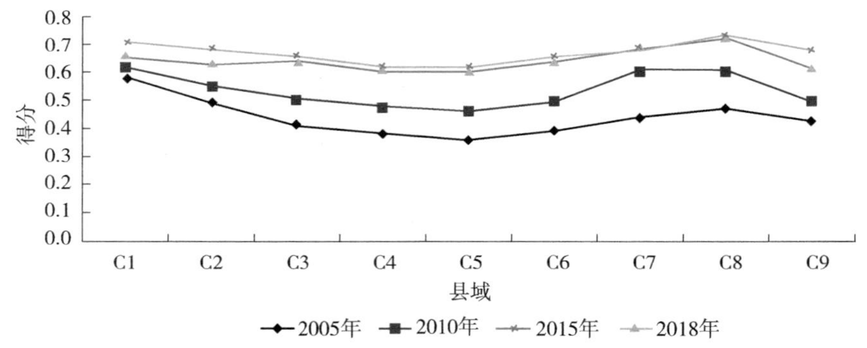

图 9-13　绵阳市 9 县域的生态环境与经济发展协调度

同时，绵阳市 9 县域生态环境与经济发展的具体协调关系（用生态环境综合指数与经济发展综合指数的对比 *e/g* 值来表征）也不同。根据 *e/g* 值（图 9-14），可将 9 县域划分为三种类型：经济滞后型或损益型（$e/g>1$）、环境滞后型或损益型（$e/g<1$）、环境经济同步型或共损型（*e/g* 接近于 1）。涪城区在各年份均属于环境滞后型，且近年来环境滞后的程度在加重；江油市 2010 年以来也属于环境滞后型。表明对于这两个区市，特别是对于涪城区来说，随着经济的快速发展，生态环境的压力增大，生态环境保护和建设并没有做到同步。此外，除游仙区在 2015 年、2018 年接近环境经济同步型外，绵阳市其他县域在各年份均属于经济滞后型，不过近年来，滞后的程度在减弱。特别需要关注的是平武县，其 2018 年的 *e/g* 值仍较大，为 2.847 8。表明对于

这些县域而言，良好的生态环境基础未能转化为经济发展的积极优势。经济发展既是各县域生态环境与经济协调发展的主要驱动力，也是形成大部分县域协调度差异的重要制约。

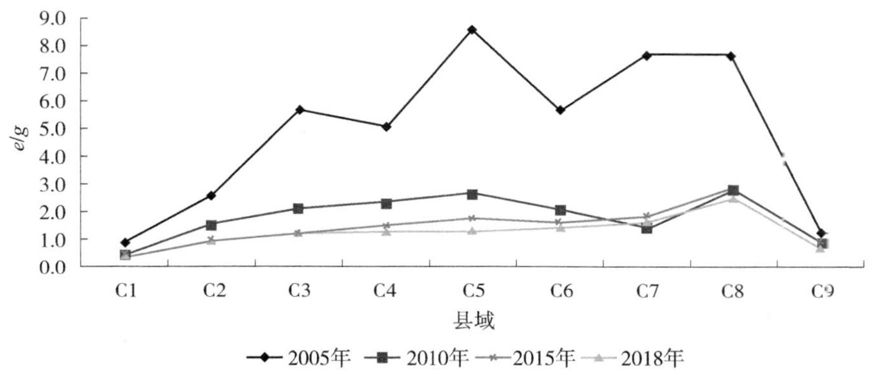

图 9-14　绵阳市 9 县域生态环境综合指数与经济发展综合指数比值

为更直观地反映绵阳市 9 县域生态环境与经济发展协调类型的空间分布特征，本书运用 ArcGIS 软件制作了 2005 年、2010 年、2015 年和 2018 年 4 个年份各县域协调度指数数字地图（图 9-15）。

根据图 9-15，结合上述分析，可知绵阳市中部平原县、北部山区县和民族县、南部丘陵县这 9 县域在生态环境与经济发展协调类型的时序演化、空间分布上存在明显的分异特征。结合这些特征可将 9 县域划分为四种类型（表 9-7）：第一类：涪城区、中部平坝区，协调水平最高、演化最快，经济实力最强但生态环境滞后；第二类：江油市、游仙区、安州区，中部平坝区，协调水平较高、演化较快，江油市经济实力较强但生态环境滞后，游仙区、安州区则经济相对滞后；第三类：平武县（北部山区县）、北川县（北部民族县），协调水平较高，演化较快但波动性强，生态环境优越但经济严重滞后；第四类：三台县、梓潼县、盐亭县，南部丘陵县，协调水平较低、演化较慢，经济滞后。

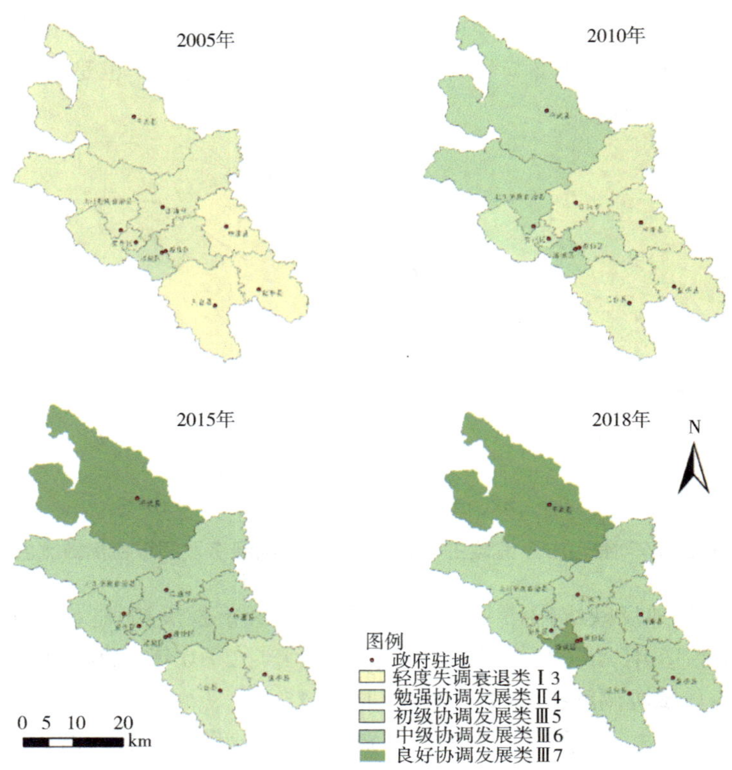

图 9-15　绵阳市 9 县域生态环境与经济发展协调类型演化格局

表 9-7　绵阳市 9 县域生态环境与经济协调发展演变与空间格局特征及分类

类别	县域	空间位置	协调水平	演化特征	演化路径	优势	制约
第一类	涪城区	中部平坝区	最高	最快	初级协调—中级协调—良好协调	经济实力最强	生态环境滞后
第二类	游仙区、安州区	中部平坝区	较高	较快	勉强协调—初级协调—中级协调		经济滞后
	江油市	中部平坝区	较高	较快	勉强协调—初级协调—中级协调	经济实力较强	生态环境滞后

类别	县域	空间位置	协调水平	演化特征	演化路径	优势	制约
第三类	平武县、北川县	北部山区县、北部民族县	较高	较快、波动性强	勉强协调—初级协调—中级协调—良好协调发—中级协调—良好协调 勉强协调—初级协调—中级协调—初级协调—中级协调	生态环境优越	经济严重滞后
第四类	梓潼县 三台县 盐亭县	南部丘陵县	较低	最慢	轻度失调衰退—勉强协调—初级协调—中级协调		经济滞后

五、绵阳市县域生态环境与经济协调发展时空演化机理

基于绵阳市 9 县域 2005—2018 年生态环境与经济协调发展的时序演化特征及其在 2005 年、2010 年、2015 年和 2018 年 4 个年份的分异特征和空间格局，结合绵阳市各县域实际情况，本书认为，政策调控、经济发展水平、经济结构、生态环境基础和区位条件等是影响绵阳市生态环境与经济耦合协调发展的重要因素。

1. 政策因素

宏观政策往往是区域发展的风向标[85]，也是影响区域生态环境保护建设、经济发展及生态环境与经济协调发展关系的重要因素。2006—2010 年，是国民经济和社会发展“十一五”规划期，该阶段虽是“转入科学发展的关键时期，更加注重增长方式转变，建设资源节约型、环境友好型社会”，但对于绵阳市经济发展薄弱的大部分县域而言，经济发展更为重要。加之“5·12”大地震灾后重建的紧迫性，绵阳市各县域经济在该阶段快速增长，大部分县域的经济发展综合指数都表现出跳跃式增长，而由于对生态环境的重视程度不够，各县域生态环境综合指数均出现了小幅下降。当然，在经济快速增长的带动下，各县域生态环境与经济发展协调指数出现了较大幅度的上升。2011—2015 年，是“推进经济结构战略性调整，加快转变发展方式的关键时期”，从国家到地方，对生态环境保护和建设的政策更加严格、力度更强。在

政策引导下，绵阳市各县域在努力实现经济快速发展的同时，更加注重发展方式的转变及对生态环境的保护。该阶段各县域生态环境综合指数、经济发展综合指数以及生态环境与经济发展协调度指数均呈上升态势。2016—2018 年，在环保政策的持续引导下，各县域生态环境综合指数持续上升，但受经济增长速度放缓的影响，协调度指数增速相对减缓。

2. 经济发展水平

在绵阳市各县域生态环境与经济协调发展过程中，经济发展既是驱动力量，也是制约因素。驱动力主要表现在绵阳市生态环境整体良好的条件下，9 县域经济发展速度的快慢和发展水平的高低直接影响其协调度变动的幅度和大小：纵向看，2005—2015 年，各县域经济发展综合指数持续上升，两子系统协调度指数也持续增加，2008—2010 年经济发展综合指数增速最快，协调指数增幅也最大；横向看，经济发展综合指数最高的几个区市（如涪城区、江油市和游仙区），也是协调度指数最高的。制约性影响主要表现为研究期内，除涪城区、江油市及游仙区近 5 年的 *e*/*g* 值小于 1 外，其他 7 个县域的 *e*/*g* 值均大于 1（图 9-5）。

在协调类型上，126 个样本中，有 94 个是经济滞后型或经济损益型。2005 年，除涪城区、江油市和游仙区之外的其他 6 个县域的 *e*/*g* 均大于或等于 5，2015 年虽下降了很多，但大部分仍大于或等于 1.5，平武县最高，为 2.847 8。2005—2018 年，各县域不论在经济总量指标（地区生产总值、公共财政收入、社会固定资产总投资），还是在人均指标（人均地区生产总值、人均社会消费品零售总额），均有 2 倍以上的增长；各县域之间，在 2005 年、2010 年、2015 年和 2018 年，平武县、梓潼县、盐亭县等县域与涪城区、江油市、游仙区之间在经济发展总量指标和人均指标上都存在成倍的差距。可见，绵阳市在生态环境整体良好的条件下，经济发展水平既是各县域生态环境和经济协调发展水平不断提高的重要动力，也是制约大部分县域协调度水平、造成县域之间差距的重要因素（表 9-8）。

表 9-8　绵阳市 9 县域 4 个年份经济发展指标数据

年份	指标	绵阳市	涪城区	游仙区	三台县	盐亭县	安州区	梓潼县	北川县	平武县	江油市
2018	地区生产总值 / 亿元	2 305.96	865.81	268.27	269.81	114.03	146.35	112.67	55.94	45.05	428.03
	公共财政收入 / 亿元	82.63	20.84	9.61	10.20	3.70	6.61	2.62	5.51	2.74	20.80
	社会固定资产总投资 / 亿元	1 661.39	620.28	220.26	138.04	84.13	149.85	92.57	53.18	53.14	249.94
	第二产业产值结构 /%	37.60	46.92	42.17	28.04	29.03	40.75	35.00	33.37	44.63	38.49
	第三产业产值结构 /%	42.92	50.28	46.49	41.92	37.34	38.30	38.90	46.72	35.87	50.47
	城镇化率 /%	48.36	78.75	55.00	38.90	39.61	50.52	39.46	41.40	33.24	58.38
2018	工业增加值增长速度 /%	8.69	8.10	8.69	8.58	9.95	9.09	15.07	7.56	8.00	8.60
	地区生产总值增长速度 /%	8.86	9.43	8.99	7.57	7.56	8.54	9.34	9.17	5.25	9.00
	人均地区生产总值 / 元	41 702	92 313	51 511	25 528	24 990	37 382	36 545	24 975	27 808	54 264
	城乡居民人均可支配收入	25 256	28 170	28 783	23 805	23 492	24 640	23 407	21 198	21 558	25 168
	人均社会消费品零售总额 / 元	19 690	49 910	19 952	16 772	14 347	19 476	15 454	9 035	10 972	21 296
	人均公共财政支出 / 元	7 040	3 072	5 092	5 506	7 471	5 963	6 260	11 616	11 916	6 467
	地区生产总值 / 亿元	1 700.33	627.43	188.25	205.20	86.20	109.74	85.30	40.19	35.28	322.74
	公共财政收入 / 亿元	242.99	39.00	21.41	47.49	26.26	21.07	18.51	19.12	13.30	36.84
2015	社会固定资产投资总额 / 亿元	1 154.09	424.93	160.01	91.93	60.44	101.03	70.71	38.84	43.62	162.59
	第二产业产值结构 /%	45.77	60.62	56.37	26.89	28.42	51.73	44.32	40.07	53.20	50.30
	第三产业产值结构 /%	31.83	36.04	29.59	39.05	33.44	24.05	26.05	35.96	25.26	37.05

年份	指标	绵阳市	涪城区	游仙区	三台县	盐亭县	安州区	梓潼县	北川县	平武县	江油市
2015	城镇化率	44.02	76.00	50.11	34.58	35.52	44.98	35.46	36.77	28.67	54.05
	工业增加值增长速度 /%	3.77	3.47	4.03	3.47	3.48	5.46	3.98	3.94	−3.16	4.42
	地区生产总值增长速度 /%	5.36	5.26	5.34	5.38	5.14	5.62	5.08	5.82	2.17	5.88
	人均地区生产总值 / 元	31 496	72 418	36 175	19 569	19 393	28 357	27 339	19 011	20 559	40 647
	城乡居民人均可支配收入	19 760	22 105	22 617	18 610	18 335	19 223	18 234	16 234	16 537	19 709
	人均社会消费品零售总额 / 元	15 535	38 291	16 913	12 920	11 087	15 262	11 890	7 482	7 707	18 264
	人均公共财政支出 / 元	5 748	4 455	4 078	4 526	5 822	5 444	6 051	8 989	7 727	4 643
2010	地区生产总值 / 亿元	968.91	358.27	98.43	131.49	56.84	55.89	47.47	23.44	19.07	178.01
	公共财政收入 / 亿元	45.21	26.01	2.18	3.28	0.93	2.11	1.10	1.82	1.34	6.45
	社会固定资产总投资 / 亿元	820.97	235.76	90.74	65.14	40.06	70.11	50.12	106.03	50.83	112.18
	第二产业产值结构 /%	44.23	60.16	51.19	33.96	30.63	42.97	40.86	41.42	48.45	48.43
	第三产业产值结构 /%	30.85	35.98	31.18	33.41	27.88	26.28	26.21	32.75	26.50	37.43
	城镇化率 /%	26.61	70.69	35.36	14.02	15.91	14.45	16.45	27.50	15.68	29.43
	工业增加值增长速度 /%	23.24	16.23	39.70	26.67	26.34	36.33	54.46	46.70	53.48	20.45
	地区生产总值增长速度 /%	14.22	12.74	19.40	12.71	11.71	15.67	19.92	20.84	19.63	13.17

年份	指标	绵阳市	涪城区	游仙区	三台县	盐亭县	安州区	梓潼县	北川县	平武县	江油市
2010	人均地区生产总值 / 元	18 015	44 634	20 158	12 072	11 686	14 306	14 557	11 316	11 352	22 055
	城乡居民人均可支配收入 / 元	10 728	12 463	12 813	10 119	9 867	10 031	9 761	8 250	3 710	10 266
	人均社会消费品零售总额 / 元	7 322	17 339	7 416	5 325	5 961	6 193	8 511	3 787	3 070	8 297
	人均公共财政支出 / 元	8 204	13 719	3 334	2 822	3 950	6 697	4 919	19 128	13 625	5 646
2005	地区生产总值 / 亿元	482.97	173.09	43.02	63.35	27.74	35.22	20.34	9.44	11.51	99.25
	公共财政收入 / 亿元	18.85	12.21	0.70	1.25	0.39	0.77	0.35	0.40	0.45	2.34
	社会固定资产总投资 / 亿元	150.32	60.93	18.64	11.79	4.81	8.52	4.68	5.73	9.87	25.36
	第二产业产值结构 /%	33.97	54.39	35.60	22.79	17.04	33.93	20.42	36.43	40.70	44.46
	第三产业产值结构 /%	32.07	40.75	37.11	34.27	26.97	26.83	31.77	26.51	25.65	38.77
	城镇化率 /%	23.18	67.30	33.20	11.80	13.60	14.94	15.04	12.50	12.83	27.38
	工业增加值增长速度 /%	10.09	22.28	9.20	−25.10	24.39	−0.59	2.71	40.61	33.64	3.62
	地区生产总值增长速度 /%	0.27	1.29	18.97	−9.39	−3.46	0.63	−3.23	12.44	19.08	−2.58
	人均地区生产总值 / 元	9 224	26 233	9 068	5 288	5 090	7 021	5 795	6 091	6 580	11 851
	城乡居民人均可支配收入 / 元	5 690	6 482	6 577	4 869	4 655	4 991	4 721	3 323	4 491	6 060
	人均社会消费品零售总额 / 元	3 276	8 002	3 275	2 183	1 822	3 137	3 568	1 717	1 712	4 070
	人均公共财政支出 / 元	1 097	3 672	410	434	600	661	638	1 470	1 381	604

注：地区生产总值增长速度和工业增加值增长速度按不变价格计算，其他为当年价格。

3. 经济结构

区域经济发展中，结构因素往往是影响甚至决定经济系统功能及发展水平的重要因素[37]。在结构演化上，绵阳市各县域的产业结构、城乡结构都发生了很大的变化。在第二产业产值结构上，涪城区、江油市和北川县有所下降，其他县域均有所上升；9县域的第三产业产值比重均有提高，且幅度都在10%左右或以上；城镇化率也有较大幅度的提高。可见，绵阳市各县域产业结构的不断演化调整、城镇化水平的逐步提高，促进了经济发展水平及其与生态环境协调发展水平的不断提高。同时，产业结构及城镇化水平等结构性因素也是形成绵阳市县域间差距的主要因素（图9-11）。2005年，涪城区的第二产业、第三产业产值比重和城镇化率均为9县域最高水平，分别为54.39%、40.75%和67.30%。而3项指标的最低值分别出现在盐亭、平武和三台县，分别为11.80%、12.50%和12.83%。指标值高低相差分别为37.35个百分点、15.10个百分点和55.51个百分点。2018年，第二产业、第三产业产值比重和城镇化率最高的分别为涪城区（46.92%）、江油市（50.47%）和涪城区（78.75%），分别比相应指标最低水平的三台县（28.04%）、平武县（35.87%）、平武县（33.24%）高出18.88个百分点、14.60个百分点和45.51个百分点（表9-8）。

4. 生态环境条件

区域生态环境是承载和支撑其经济发展及生态经济系统协调发展的基础[98]。绵阳市各县域良好的生态环境条件为其经济较快发展提供了基础保障，进而在经济的主推动力下各县域生态环境与经济协调发展水平不断提高。2005年，绵阳市森林覆盖率为57.78%，人均耕地面积、人均自然保护区面积分别为0.78亩/人、0.84亩/人。北川县和平武县的森林覆盖率最高，分别为88.72%和78.78%。北川县人均耕地面积、人均自然保护区面积分别为1.01亩/人和5.01亩/人，平武县分别为1.55亩/人和9.96亩/人。2015年，绵阳市森林覆盖率为53.50%，人均耕地面积、人均自然保护区面积分别为1.37亩/人和1.01亩/人。森林覆盖率最高的平武县和北川县分别为77.06%和57.03%，人均耕地面积、人均自然保护区面积平武县分别为3.00亩/人和11.80亩/人，北川县为分别为1.15亩/人和4.39亩/人。优越的生态环境条件使平武县和北川县早于其他经济水平相当的县域（如梓潼县等），在2008年就达到了初级协调发展水平，2010年达到了中级水平，且平武县在2016和

2018 年均达到了良好协调发展水平。

5. 自然区位条件

自然条件和区位交通条件较为显著地影响着绵阳市各县域生态环境与经济发展协调度的格局演化。协调发展水平最高、演化较快的第一类县域涪城区和协调发展水平较高、演化相对较快的第二类县域（包括游仙区、安州区和江油市）均属四川省的平原县域，各方面自然条件优越，社会经济发展基础好、水平高；同时这 4 个县域又处于成绵乐城际高速铁路、成绵高速及其复线和宝成铁路等交通大动脉上，与作为省会城市、国家中心城市和特大城市的成都市距离近、交通便捷，交通区位优势显著，受其辐射带动作用相对较强。协调发展水平较高、演化波动较大的第三类县域包括平武县和北川县，分属于盆周山区县和民族县，生态环境优越，人口压力小，虽不具有区位交通优势，但来自各级政府的政策支持较强。协调发展水平相对较低、演化较慢的梓潼县、三台县和盐亭县均属于第四类县域，均为丘陵县，既不具有优越的自然环境，区位交通条件也不显著，人口压力大、资源约束强，在政策扶持方面长期处于边缘化，这些因素均制约着县域发展 [102]。

六、促进绵阳市县域生态环境与经济协调发展的对策

1. 充分发挥政府政策引领、协调服务的作用

在国家及四川省宏观政策的大背景下，绵阳市及各县域在未来的发展规划、产业政策、重大项目评审及政府绩效考核中，应充分考虑并强化经济发展与生态环境之间的协调关系，从可持续发展的总体目标出发进行顶层设计、规划及管理，充分发挥县域生态环境与经济协调运作中的政策引领作用。同时，还必须充分发挥政府的监管和服务协调的职能，对于污染严重的企业和造成一定生态破坏的生产经营活动要及时制止或提出相关整改要求，督促社会单位和企业落实相关生态环境保护建设与污染防治达标责任，确保县域经济发展能在生态环境标准的制约下进行，实现生态、经济协调运作。

2. 积极转变经济发展方式，走可持续发展道路

虽然绵阳市各县域生态环境条件总体良好，但绝不能因此只注重经济的快速增长而忽视对生态环境的保护和建设。要通过培训、宣传等方式努力提高市、县、乡、镇各级领导干部和企业经营者的可持续发展意识，坚持经济发展速度与效益的统一，努力提高资源利用效率，注重经济发展质量，正确

处理好各县域经济发展与人口、资源、环境的关系，实现经济与生态环境的协调持续发展。各县域应大力推广使用清洁能源，加快产业与文化、生态环境等特色化、多样化的融合，发展特色产业。通过转变发展理念和发展方式，探索绿色发展、低碳发展与循环发展之路，实现经济增长与生态环境向更为优质的方向发展。

3. 调整优化产业结构，积极推动新型城镇化

产业发展是县域经济发展的载体。各县域应根据自身及周围县域的经济条件，深挖自身的优势产业，强化优势产业发展，规避弱势产业的发展制约，从而达到优势产业给弱势产业的带动发展。及时淘汰发展前景暗淡的高污染、高耗能产业，推动产业结构优化升级。对于工业基础较好的县域，如涪城区、江油市和安州区等，应注重工业结构的优化及产业结构的高级化；对于工业基础较为薄弱的县域，应采取多种政策吸引工业企业进驻，并主动承接其他发达地区产业的梯度转移，但必须要确保在维护县域生态平衡的条件下进行。以优势特色农业、生态农业为主线，促进县域农业结构的调整和优化，推动扶持特色农产品加工基地的建立，发挥农产品原料产地的就近优势，提高农产品附加值，增强农产品竞争力，带动周边农村地区发展。

工业化是城镇化的根本动力，城镇化是工业化的基本载体。各县域应根据自身工业化与城镇化的发展特点及协调状况，发挥优势，弥补不足，推动县域新型工业化与新型城镇化之间的良性互动[37]。同时，各县域要根据社会经济形势的变化发展，不断调整完善户籍制度、人口管理制度以及住房、教育、医疗等社会社障制度，吸引农村人口向城镇流动落户；同时，注重对各县城及乡镇的科学规划，在此基础上不断加强城镇基础设施建设，完善城镇功能，繁荣城镇经济，增强吸引力和集聚力，推动县域城镇化发展。

4. 因地制宜，探索差异化的生态经济协调发展之路

各县域要结合自身实际，根据各自生态环境、经济发展及二者之间的协调状况，依据各自的优势和劣势，积极探索适合本县域的差异化生态经济协调发展之路。

涪城区在经济发展方面遥遥领先，协调度较高，目前为良好协调发展类。但须关注其在各年份均属于环境滞后型，且近年来环境滞后的程度在加重。表现为 $e/g<1$ 且不断下降，由期初的 0.83 下降到近期的 0.4 左右。耦合度指数相较于期初也出现了下降。这说明涪城区近 14 年（2005—2018 年）的经济

快速发展过程对生态环境产生了一定的压力和影响，也表明相关的环境保护和建设措施或是没有跟上，或是保护建设措施效果的发挥具有时滞性等，从而出现环境滞后及耦合度的下降。所以，涪城区要积极转变经济发展方式，推广使用清洁能源，探索绿色发展和循环发展方式；要充分发挥自身的科技优势（2018 年科技创新综合指数 70% 以上）[93]，推动工业结构的优化及产业结构的高级化，促进工业结构向科技型、现代型转变，减轻环境压力；在发展中，要高度重视生态环境保护和建设，加大环保方面的投入，促进生态与经济协调运作的高质化。

江油市经济实力较强，协调度属中级协调发展类，近年来也出现了环境滞后，只是程度较轻（$0.7<e/g<1$）。值得一提的是，其生态环境指数近 14 年（2005—2018 年）持续稳定上升，并在 2013 年超过了涪城区，且在近几年进一步拉大了与涪城区之间的差距。这表明江油市在经济发展中及时淘汰高污染、高耗能产业，促进产业结构优化升级，对环境治理保护具有明显的效果。所以，江油市在发展中仍然要高度重视生态环境的保护和建设，进一步推动工业结构的优化及产业结构的高级化，转变经济增长方式，继续加大环境保护和建设方面的投入，促进生态与经济向良好协调互动发展。

游仙区和安州区都属于中级协调发展类，研究期前段时间内都属于经济滞后型（$e/g>1$），随着经济的不断发展，e/g 值持续下降，2014 年来，游仙区接近于 1，安州区大一些。基于此，游仙区和安州区应借助自身的自然和区位优势，在继续保持良好生态环境质量的前提下，积极承接来自成都经济圈的产业转移，促进工业的进一步发展，从而带动服务业及县域经济的发展；同时，要积极发展旅游业，把旅游业发展与生态环境建设有机结合起来，促进经济进一步发展，进而推动生态经济向良好协调转变。

得益于优越的生态环境条件，北川县和平武县协调度水平较高，目前分属中级和良好协调发展类，但两县域经济发展一直严重滞后，e/g 值由期初的 7.6 左右分别降到期末的 1.8 和 2.8。所以，北川县和平武县在发展中应更关注经济的发展，通过投融资制度、政策的创新变革，吸引投资，促进工业发展和工业结构优化；充分利用和发挥生态环境资源优势，挖掘具有地方特色的文化、历史及民族习俗等资源，大力推动旅游业、康养产业等相关服务业的发展，将生态环境优势转化为经济效益优势；同时，北川县和平武县作为民族县、山区县，还要充分把握和利用来自中央及地方各级政府的诸多政策，如扶贫区、生态涵养区、少数民族地区等的政策支持红利，实现县域经济发展的突破和提升，促进生态经济协调水平的提高。

三台县、梓潼县和盐亭县目前都属于中级协调发展类，生态环境条件良好，但都属经济滞后型，经济发展方面的制约性显著，*e*/*g* 值由期初的 5.0～8.5 降至期末的 1.4～1.8。3 个县域在未来发展中要注重突破经济方面的制约，积极承接产业转移，采取多种政策吸引投资，优化产业结构；积极发展生态农业，培育和支持农产品加工企业；结合资源特色发展旅游业及相关服务业；加强对城镇的规划布局和建设，推动城镇化进程，以此进一步提高生态经济协调发展水平。但要注意协调经济发展与人口、资源环境的关系。

七、主要结论与讨论

（一）主要结论

以县域为尺度，构建了绵阳市生态环境与经济协调发展测评指标体系，借鉴并引入耦合度模型，测算了绵阳市 9 县域 2005—2018 年的经济发展综合指数、生态环境综合指数、生态环境与经济发展耦合度、协调度指数，进而分析了其生态环境与经济发展及耦合协调水平的时序演变和空间分异。主要结论为：

（1）在时序演化上，绵阳市 9 县域生态环境与经济发展协调度随时间不断提高。其中，生态环境综合指数虽有阶段性波动但总体上呈上升趋势，经济发展综合指数呈持续上升，经济综合指数上升的速度总体上大于生态环境指数上升的速度（*e*/*g* 值不断下降）。

（2）在协调水平上，9 县域生态环境与经济发展协调水平虽不断上升，但目前的协调等级主要集中于中级协调发展类（7 个县域）和良好协调发展类（2 个县域），普遍存在生态环境与经济发展不同步，更多地表现为经济滞后型（占样本总量的 74.6%），环境滞后型（占比 18.25%）主要发生在涪城区和江油市部分样本。

（3）9 县域在生态环境、经济发展以及生态环境与经济发展协调水平上均存在显著差异，但协调水平上的差异性近年逐步缩小；9 县域生态环境总体良好，县域间生态环境方面的差异小于经济发展方面；在分项指标中，生态环境压力是影响生态环境质量的最重要因素，经济结构与增长潜力是造成大部分县域经济滞后的最重要因素。

（4）在协调机理上，经济发展既是9县域生态环境与经济发展协调水平不断提高的重要驱动力，也是制约大部分县域生态经济协调发展、造成县域之间差距的重要因素。同时，政策因素、产业结构和城镇化水平、自然区位条件也对县域协调水平有显著影响。

（5）9县域在生态环境与经济发展协调类型的时序演化、空间分布上存在明显的分异特征。结合这些特征，可将9县域划分为中部平原县、北部山区县和民族县、南部丘陵县的四种类型，为分类制定县域协调发展对策和措施提供依据和参考。

（二）讨论

（1）对照分析结果与绵阳市各县域实际，本书认为，耦合协调度模型能较客观地评价某一时期内研究区域的生态环境与经济发展协调水平及其时序演变趋势及空间分异特征，研究结果具有较高的参考价值。但要注意的是，研究结果仅具有相对可比性，即在特定时空范围内的可比性。研究结果并不能说明研究对象的绝对协调发展水平，如中级协调发展类是相对于绵阳市9县域这个特定研究对象范围在2005—2018年这个特定研究时段内的中级协调发展。研究的时空范围不同，选取的研究对象不同，都会影响指标原始值的分布区间，从而影响标准化值和研究结果。

（2）本书的指标体系特别是生态环境指数评价指标体系有待进一步完善。由于时序数据可得性的局限，环境指标体系中生态环境建设、空气质量等指标相对较少。未来，将通过遥感信息等获取这方面的数据，完善环境指标体系。这也是我们下一步努力的方向。

参考文献

[1] 中共四川省委组织部 . 多点多级支撑发展战略 [M]. 成都：四川人民出版社，2014

[2] 四川省人民政府办公厅印发关于推进平原地区丘陵地区盆周山区民族地区县域经济发展的指导意见的通知 [EB/OL].（2013-11-06）[2021-01-23]. http://www.sc.gov.cn/10462/10883/11066/2013/11/7/10284981.shtml.

[3] 关于支持百万人口大县改革发展的政策措施 [EB/OL].（2013-09-22）[2021-01-23]. http://www.sc.gov.cn/10462/10464/10856/10857/2013/9/23/10278346.shtml.

[4] 四川省人民政府办公厅关于印发 2014 年县域经济发展改革工作要点及责任分工方案的通知 [EB/OL].（2014-04-14）[2021-01-23]. http://www.sc.gov.cn/10462/10883/11066/2014/4/16/10298804.shtml.

[5] 四川省县域经济发展考核办法 [EB/OL].（2019-04-01）[2021-01-23]. http://www.kaijiang.gov.cn/show/2019/04/01/100622.html.

[6] 中共四川省委　四川省人民政府《关于推动县域经济高质量发展的指导意见》[EB/OL].（2019-07-30）[2021-01-23]. http://www.ddxyjj.com/zhuanti_xiangxi.asp?i=9584.

[7] 2014 年中国百强县市排行榜出炉　多为沿海城市 [EB/OL].（2014-10-21）[2021-01-23]. http://news.ycwb.com/2014-10/21/content_7976131.htm.

[8] 2019 年全国百强县（市）名单出炉 [R/OL].（2019-12-08）[2021-01-23]. https://www.guancha.cn/politics/2019_12_08_527765.shtml.

[9] 中国社会科学院发布 2020 全国经济百强县 [R/OL].（2020-12-03）[2021-01-23]. https://baijiahao.baidu.com/s?id=1685133867442800815&wfr=spider&for=pc.

[10] 2020 中国县域经济百强研究 [R/OL].（2020-08-12）[2021-01-23]. https://baijiahao.baidu.com/s?id=1674786688505481499&wfr=spider&for=pc.

[11] 2019 年中国县域经济 100 强排行榜 [EB/OL].（2019-7-22）[2021-01-23]. https://www.sohu.com/a/328472940_642249.

[12] 韩申山 . 县域经济竞争力研究综述 [J]. 新西部，2012（35）：44-45.

[13] 刘光阳，李根．国内县域经济研究 30 年之全景展示——基于 CNKI 1985—2017 年数据的可视化分析 [J]. 兰州学刊，2019（7）：118-138.

[14] 朱允卫，杨万江．县域综合竞争力的基本内涵及其评价指标体系研究 [J]. 浙江社会科学，2003（7）：173-177.

[15] 左继宏，胡树华．关于区域竞争力的指标体系设计研究 [J]. 武汉理工大学学报，2004（4）：64-67.

[16] 胡荣华，刘光平．江苏县域经济竞争力实证分析 [J]. 南京财经大学学报，2004（2）：106-110.

[17] 薄锡年．河北省县域经济综合竞争力研究 [D]. 保定：河北农业大学，2007.

[18] 刘进军，柳民，曲玮．甘肃县域经济综合竞争力评价 [M]. 北京：社会科学文献出版社，2014.

[19] 杨鹏．广西县域竞争力报告 [M]. 北京：社会科学文献出版社，2014.

[20] 姜锐．云南省县域经济发展综合评价及趋势分析 [J]. 当代经济，2017（12）：90-91.

[21] 成丹．新常态下县域经济发展量化评价与协调度分析 [J]. 经济研究参考，2017（29）：106-112.

[22] 段力誌，傅鸿源．基于改进的主成分分析法的县域竞争力综合评价研究 [J]. 统计与决策，2009（12）：64-67.

[23] 向东进，谢名义，俞伟悦．县域经济发展综合评价方法及其应用 [J]. 统计与决策，2010（4）：65-67.

[24] 刘英，武一．广东省县域潜力排名实证研究 [J]. 特区经济，2011（3）：27-28.

[25] 王钊，陈乙酉，刘晗．重庆市区县综合竞争力研究 [J]. 重庆大学学报（社会科学版），2015，21（1）：28-34.

[26] 王健，金浩，纪芬叶．河北省县域经济竞争力比较研究 [J]. 河北工业大学学报，2007（6）：75-79.

[27] 何林，邹江．灰色关联度分析法在县域经济发展中的应用探讨 [J]. 老字号品牌营销，2020（7）：41-42.

[28] 李欣，张平宇，刘晓琼，等．基于 BP 神经网络的沈阳经济区县域经济空间分异分析 [J]. 经济地理，2012，32（12）：79-84.

[29] 李研，刘艳芳，王程程．基于 AHP- 熵权 TOPSIS 法的湖北省县域资源环境承载力评价和空间差异分析 [J]. 资源与产业，2017，19（4）：41-51.

[30] 刘霖，秦宛顺．县域经济的判别分析与聚类分析——兼论政府层级效应与“温州模式”[J]. 统计研究，2005（1）：67-71.

[31] 吴玉鸣．县域经济增长集聚与差异：空间计量经济实证分析 [J]. 世界经济文汇，2007（2）：37-57.

[32] 周腰华．中国县域经济增长差异及其影响因素研究 [D]. 沈阳：沈阳农业大学，2016.

[33] 闵杰，刘勇，刘秀华．基于“3D”框架的成渝经济区经济增长差异研究 [J]. 西南大学学报（自然科学版），2016，38（10）：90-96.

[34] 赵铮，秦力．灾后重建地区县域经济竞争力评价——以四川绵阳市安县为例 [J]. 中国—东盟博览，2013（6）：1-2.

[35] 蒋华．基于发展水平差异的四川省县域经济聚类研究 [J]. 理论与改革，2013（6）：198-201.

[36] 李秀萍，韩剑萍．四川省四大类型县域经济综合竞争力评价与比较 [J]. 绵阳师范学院学报，2018，37（1）：31-35.

[37] 李秀萍，韩剑萍．四川省县域经济综合竞争力实证评价研究 [M]. 成都：西南财经大学出版社，2016.

[38] 张淑源，任志远．西部大开发 10 年来四川省经济差异时空变化分析 [J]. 经济地理，2011，31（6）：903-909.

[39] 赵全科．四川省县域经济发展的时空分异研究 [J]. 安徽农业科学，2017，45（29）：226-231.

[40] 邓小菲．四川省县域经济差异时空演化特征分析 [J]. 西南大学学报（自然科学版），2019，41（10）：72-78.

[41] 四川省统计局．四川统计年鉴 [Z]. 北京：中国统计出版社，2001—2019.

[42] 绵阳市统计局．绵阳统计年鉴 [Z]. 成都：四川人民出版社，2001—2019.

[43] 中华人民共和国统计局．中国统计年鉴 [Z]. 北京：中国统计出版社，2001—2019.

[44] 何晓群．现代统计方法与应用 [M]. 北京：中国人民大学出版社，1999.

[45] 王富喜，毛爱华，李赫龙，等．基于熵值法的山东省城镇化质量测度及空间差异分析 [J]. 地理科学，2013，33（11）：1323-1329.

[46] 杨丽，孙之淳．基于熵值法的西部新型城镇化发展水平测评 [J]. 经济问题，2015（3）：115-119.

[47] 韩剑萍，苟思远，黄庆旭，等．成渝城市群近 40 年城市规模分布演变——基于 K-S 检验的滚动样本回归 [J]. 经济地理，2019，39（8）：59-67.

[48] 刘妙龙，陈雨，陈鹏，等．基于位序钟理论的中国城市规模等级体系演化特征 [J]. 地理学报，2008，63（12）：1235-1245.

[49] 江孝君．中国区域经济差异的多尺度时空演化特征及驱动机制研究 [D]. 长春：东北师范大学，2019.

[50] 江孝君，杨青山，张郁，等．中国经济社会协调发展水平空间分异特征 [J]. 经济地理，2017，37（8）：17-26.

[51] 任英，谷国锋．东北地区县域经济差异时空特征及影响因素 [J]. 地域研究与开发，2018，37（4）：25-31.

[52] Anselin Luc. Local indicators of spatial association：LISA[J]. Geographical Analysis，1995，27（2）：93-115.

[53] 张学良．探索性空间数据分析模型研究 [J]. 当代经济管理，2007，29（2）：26-29.

[54] 高新才，高新雨，丁绪辉．基于 ESDA-GIS 的六盘山片区县域经济空间格局演变研究 [J]. 西北师范大学学报（自然科学版），2014，50（4）：111-116.

[55] 王静，张小雷，杜宏茹．新疆县域经济空间格局演化特征 [J]. 地理科学进展，2011，30（4）：470-478.

[56] 徐建华．现代地理学中的数学方法（第三版）[M]. 北京：高等教育出版社，2017

[57] 潘竟虎．甘肃省区域经济差异时空格局的 ESDA-GIS[J]. 兰州大学学报：自然科学版，2008，44（4）：45-50.

[58] 王晓彤．东北地区县域经济发展水平的时空差异及其影响因素分析 [D]. 长春：东北师范大学，2014.

[59] 平卫英，曾芳伊雯．基于 ESDA 的成渝经济区经济空间结构实证分析 [J]. 统计与决策，2016（21）：138-141.

[60] 夏永久，朱喜钢，储金龙．基于 ESDA 的安徽省县域经济综合竞争力空间演变特征研究 [J]. 经济地理，2011，31（9）：1427-1431，1438.

[61] 李丁，冶小梅，汪胜兰，等．基于 ESDA-GIS 的县域经济空间差异演化及驱动力分析——以兰州—西宁城镇密集区为例 [J]. 经济地理，2013，33（5）：23，31-36.

[62] 曾冰．区域经济分析与 ArcGIS 软件应用 [M]. 南昌：江西人民出版社，2018：203.

[63] 贾松青，林凌．四川区域综合竞争力报告 2009：西部大开发十周年与成渝增长极崛起 [M]. 北京：社会科学文献出版社，2010.

[64] 成都市人民政府．关于贯彻落实《成都经济区区域合作框架协议》[EB/OL]. [2022-04-21]. http://gk.chengdu.gov.cn/govInfoPub/detail.action?id=304153&tn=2.

[65] 四川省人民政府办公厅关于印发五大经济区“十三五”发展规划的通知（川办发〔2016〕62 号）[EB/OL].（2016-09-02）[2021-07-22]. http://www.sc.gov.cn/10462/c103046/2016/9/7/75bf77cbe30e4020a15f67c0ffc5981c.shtml.

[66] 四川省人民政府．四川构建“一干多支、五区协同”区域发展新格局 [EB/OL].（2018-07-02）[2021-07-22]. http://www.sc.gov.cn/10462/10464/10797/2018/7/2/10454229.shtml.

[67] 中共四川省委组织部 . 多点多极支撑发展战略 [M]. 成都：四川人民出版社，2014

[68] 顾朝林 . 人文地理学导论 [M]. 北京：科学出版社，2012.

[69] 崔功豪，魏清泉，陈宗兴 . 区域分析与区域规划 [M]. 北京：高等教育出版社，2018.

[70] 四川省人民政府 . 四川省人民政府关于深化和扩大扩权强县试点工作的通知 [EB/OL].（2009-05-09） [2020-12-23]. http://www.sc.gov.cn/10462/10464/10684/13652/2009/5/8/10369809.shtml.

[71] 四川省人民政府 . 四川省人民政府关于进一步深化和扩大扩权强县试点改革的通知 [EB/OL].（2014-07-15） [2020-12-23]. http://www.sc.gov. cn/10462/10883/11066/2014/7/15/10307400.shtml.

[72] 王辅刚 . 强县论：推进县域科学发展的思考与实践 [M]. 北京：中国社会出版社，2009.

[73] 国家发展改革委印发《关于加快开展县城城镇化补短板强弱项工作的通知》[N/OL].（2020-05-29）[2021-01-23]. https://www.ndrc.gov.cn/xxgk/zcfb/tz/202006/t20200603_1229778.html.

[74] 韩剑萍 . 四川省县域经济发展的优势、制约与对策 [J]. 绵阳师范学院学报，2017（1）：15-22.

[75] 焦立新，金怀玉 . 基于发展要素的县域经济竞争力评价 [M]. 合肥：合肥工业大学出版社，2011.

[76] 黄木易，程志光 . 区域城市化与社会经济耦合协调发展度的时空特征分析——以安徽省为例 [J]. 经济地理，2012，32（2）：77-81.

[77] 张军民，唐亚平 . 基于能值分析的 MODS 生态耦合机理研究——以玛纳斯河流域为例 [J]. 人文地理，2009，24（3）：122-124.

[78] 郭婧，周学斌，任君，等 . 青海省湟水谷地经济发展与生态环境耦合协调度的时空分异 [J]. 水土保持研究，2018，25（6）：242-250.

[79] 孙兴丽 . 河北省 2005—2014 年生态经济系统发展趋势及可持续性评价 [J]. 生态经济 2016，32（4）：100-104.

[80] 方创琳，鲍超 . 黑河流域水—生态—经济发展耦合模型及应用 [J]. 地理学报，2004，59（5）：781-790.

[81] 党小虎，刘国彬，赵晓光 . 黄土丘陵区县南沟流域生态恢复的生态经济耦合过程及可持续性分析 [J]. 生态学报，2008，28（12）：6321-6333.

[82] 何伟军，杨淼，袁亮，等 . 基于熵值法的武陵山片区生态经济发展状况评价 [J]. 生态科学：2016，35（2）：143-149.

[83] 陈端吕，彭保发，熊建新 . 洞庭湖区生态经济系统的耦合特征研究 [J]. 地理科学：2013，33（11）：1338-1346.

[84] 曹诗颂，赵文吉，段福洲 . 秦巴特困连片区生态资产与经济贫困的耦合关系 [J]. 地理研究：2015，34（7）：1295-1309.

[85] 孔伟，任亮，王淑佳，等 . 河北省生态环境与经济协调发展的时空演变 [J]. 应用生态学报，2016，27（9）：2941-2949.

[86] 王继军，郭满才，姜志德，等 . 农业生态经济系统耦合过程模型的建立及应用 [J]. 生态学报，2010，30（9）：2371-2378.

[87] 邱虹，朱南，张为波 . 中国省域工业生态经济效率实证分析——基于两阶段效率评价模型 [J]. 生态经济，2016，32（8）：41-46.

[88] 闵曙辉，张郴 . 江苏省旅游经济与生态环境协调发展评价研究 [J]. 南京工业职业技术学院学报，2016，16（1）：54-58.

[89] 梁红梅，刘卫东，刘会平，等 . 深圳市土地利用社会经济效益与生态环境效益的耦合关系研究 [J]. 地理科学，2008（5）：636-641.

[90] 杨成忠，李小玲 . 城市经济—生态—社会协调度评价及空间差异分析 [J]. 国土与自然资源研究，2016（3）：38-43.

[91] 党建华，瓦哈甫 • 哈力克，张玉萍，等 . 吐鲁番地区人口—经济—生态耦合协调发展分析 [J]. 中国沙漠，2015，35（1）：260-266.

[92] 方创琳，黄金川，步伟娜 . 西北干旱区水资源约束下城市化过程及生态效应研究的理论探讨 [J]. 干旱区地理，2004（1）：1-7.

[93] 李白出生地　中国科技城——绵阳市情简介（2021 年）[EB/OL].（2021-04-27）[2021-05-01]. http://www.my.gov.cn/mlmy/mygk/sqjj/index.html.

[94] 魏丽莉 . 西北民族地区城镇化质量的测度与评价——以甘肃省临夏州为例 [J]. 兰州学刊，2014（12）5：185-190.

[95] 王洋，方创琳，王振波 . 中国县域城镇化水平的综合评价及类型区划分 [J]. 地理研究，2014（12）：1305-1316.

[96] 王毅，丁正山，余茂军，等 . 基于耦合模型的现代服务业与城市化协调关系量化分析——以江苏省常熟市为例 [J]. 地理研究，2015，34（1）：97-108.

[97] 李裕瑞，王婧，刘彦随，等 . 中国"四化"协调发展的区域格局及其影响因素 [J]. 地理学报，2014，69（2）：199-212.

[98] 李苒，曹明明，胡胜，等 . 县域生态环境与经济协调发展的时空演替分析——以陕西省榆林市为例 [J]. 人文地理，2014（5）：101-108.

[99] 易平，方世明．地质公园社会经济与生态环境效益耦合协调度研究——以嵩山世界地质公园为例 [J]. 资源科学，2014，36（1）：206-216.

[100] 李苒．区域生态环境与经济协调发展研究 [D]. 西安：西北大学，2006.

[101] 廖重斌．环境与经济协调发展的定量评判及其分类体系——以珠江三角洲城市群为例 [J]. 热带地理，1999（2）：76-82.

[102] 敬全林．四川丘陵地区县域经济发展研究报告 [R/OL].（2016-01-10）[2021-01-20]. http://www.ddxyjj.com/search.asp.